Yf 11835

THÉATRE CLASSIQUE

DES FRANÇAIS.

TOME XX.

THÉATRE

CHOISI

DE VOLTAIRE.

TOME QUATRIÈME.

THÉATRE
CHOISI
DE VOLTAIRE.

TOME QUATRIÈME.

PARIS,

CHEZ TREUTTEL ET WÜRTZ, RUE DE LILLE, N° 17;

ET MÊME MAISON DE COMMERCE,

A STRASBOURG, GRAND'RUE, N° 15. — LONDRES, 30, SOHO-SQUARE.

1831.

ORESTE,

TRAGÉDIE

Représentée, pour la première fois, le 12 janvier 1750.

AVERTISSEMENT.

Cette pièce est une imitation de Sophocle, aussi exacte que la différence des mœurs et les progrès de l'art ont pu le permettre. Elle fut jouée en 1750 avec beaucoup de succès. L'auteur fut seulement obligé de changer le dénouement. Voici ce qu'il dit de ce changement dans une note qui se trouvait à la fin de plusieurs éditions d'*Oreste* :

« Quoique cette catastrophe, imitée de So-
« phocle, soit sans aucune comparaison plus théâ-
« trale et plus tragique que l'autre manière dont
« on a joué la fin de la pièce, cependant j'ai été
« obligé de préférer sur le théâtre cette seconde
« leçon, toute faible qu'elle est, à la première.
« Rien n'est plus aisé, et plus commun parmi
« nous, que de jeter du ridicule sur une action
« théâtrale à laquelle on n'est pas accoutumé. Les
« cris de Clytemnestre, qui faisaient frémir les
« Athéniens, auraient pu, sur un théâtre mal
« construit et confusément rempli de jeunes gens,
« faire rire des Français; et c'est ce que préten-
« dait une cabale un peu violente. Cette action
« théâtrale a fait beaucoup d'effet à Versailles,
« parce que la scène, quoique trop étroite, était
« libre, et que le fond plus rapproché laissait en-

AVERTISSEMENT.

« tendre Clytemnestre avec plus de terreur, et
« rendait sa mort plus présente. Mais je doute
« que l'exécution eût pu réussir à Paris. »

Voici donc la manière dont on a gâté la fin de la pièce de Sophocle :

On dit que dans ce trouble on voit les Euménides,
Sourdes à la prière, et de vengeance avides,
Ministres des arrêts prononcés par le sort,
Marcher autour d'Oreste, en appelant la mort.

IPHISE.

Il vient : il est vengé; je le vois.

ÉLECTRE.

Cher Oreste,
Je peux vous embrasser. Dieux! quel accueil funeste!
Quels regards effrayants!

ORESTE.

O terre, entr'ouvre-toi :
Clytemnestre, Tantale, Atrée, attendez-moi;
Je vous suis aux enfers, éternelles victimes, etc.

Crébillon était censeur des pièces de théâtre : M. de Voltaire fut donc obligé de lui présenter sa tragédie. *Monsieur,* lui dit Crébillon en la lui rendant, *j'ai été content du succès d'Electre; je souhaite que le frère vous fasse autant d'honneur que la sœur m'en a fait.*

A la première représentation, on applaudit avec transport un morceau imité de Sophocle. M. de Voltaire s'élança sur le bord de sa loge : *Courage, Athéniens,* s'écria-t-il, *c'est du Sophocle.*

ÉPITRE

A

MADAME LA DUCHESSE DU MAINE.

Madame, vous avez vu passer ce siècle admirable, à la gloire duquel vous avez tant contribué par votre goût et par vos exemples; ce siècle qui sert de modèle au nôtre en tant de choses, et peut-être de reproche, comme il en servira à tous les âges. C'est dans ces temps illustres que les Condé, vos aïeux, couverts de tant de lauriers, cultivaient et encourageaient les arts; où un Bossuet immortalisait les héros et instruisait les rois; où un Fénélon, le second des hommes dans l'éloquence, et le premier dans l'art de rendre la vertu aimable, enseignait avec tant de charmes la justice et l'humanité; où les Racine, les Despréaux présidaient aux belles-lettres, Lully à la musique, le Brun à la peinture*. Tous ces arts, Madame, furent accueillis surtout dans votre palais. Je me souviendrai toujours que, presque au sortir de l'enfance, j'eus le bonheur d'y entendre quelquefois un homme dans qui l'érudition la plus

---

* On peut ajouter Mignard.

profonde n'avait point éteint le génie, et qui cultiva l'esprit de monseigneur le duc de Bourgogne, ainsi que le vôtre et celui de M. le duc du Maine; travaux heureux dans lesquels il fut si puissamment secondé par la nature. Il prenait quelquefois devant V. A. S. un Sophocle, un Euripide; il traduisait sur-le-champ en français une de leurs tragédies. L'admiration, l'enthousiasme dont il était saisi, lui inspiraient des expressions qui répondaient à la mâle et harmonieuse énergie des vers grecs, autant qu'il est possible d'en approcher dans la prose d'une langue à peine tirée de la barbarie, et qui, polie par tant de grands auteurs, manque encore pourtant de précision, de force et d'abondance. On sait qu'il est impossible de faire passer dans aucune langue moderne la valeur des expressions grecques; elles peignent d'un trait ce qui exige trop de paroles chez tous les autres peuples. Un seul terme y suffit pour représenter ou une montagne toute couverte d'arbres chargés de feuilles, ou un dieu qui lance au loin ses traits, ou les sommets des rochers frappés souvent de la foudre. Non-seulement cette langue avait l'avantage de remplir d'un mot l'imagination, mais chaque terme, comme on sait, avait une mélodie marquée, et charmait l'oreille, tandis qu'il étalait à l'esprit de grandes peintures. Voilà pourquoi toute traduction d'un poète grec est toujours faible, sèche et indigente. C'est du caillou et de la brique avec quoi on veut imiter des palais de porphyre. Cependant M. de Malézieu, par des efforts que produisait un enthousiasme subit, et par un récit véhément, semblait suppléer à la pauvreté de la langue, et mettre dans sa déclamation toute l'ame des grands hommes d'Athènes. Permettez-moi, Madame, de rappeler ici ce qu'il pensait de ce peuple inventeur, ingénieux et sensible, qui enseigna tout aux Romains ses vainqueurs, et qui, long-temps après sa ruine et celle de l'empire romain, a servi encore à tirer l'Europe moderne de sa grossière ignorance.

Il connaissait Athènes mieux qu'aujourd'hui quelques voyageurs ne connaissent Rome après l'avoir vue. Ce nombre prodigieux de statues des plus grands maîtres, ces colonnes qui ornaient les marchés publics, ces monuments de génie et de grandeur, ce théâtre superbe et immense, bâti dans une grande place, entre la ville et la citadelle, où les ouvrages des Sophocle et des Euripide étaient écoutés par les Périclès et par les Socrate, et où des jeunes gens n'assistaient pas debout et en tumulte; en un mot, tout ce que les Athéniens avaient fait pour les arts en tous les genres, était présent à son esprit. Il était bien loin de penser comme ces hommes ridiculement austères, et ces faux politiques qui blâment encore les Athéniens d'avoir été trop somptueux dans leurs jeux publics, et qui ne savent pas que cette magnificence même enrichissait Athènes, en attirant dans son sein une foule d'étrangers qui venaient l'admirer et prendre chez elle des leçons de vertu et d'éloquence.

Vous engageâtes, Madame, cet homme d'un esprit presque universel à traduire avec une fidélité pleine d'élégance et de force l'*Iphigénie en Tauride* d'Euripide. On la représenta dans une fête qu'il eut l'honneur de donner à V. A. S., fête digne de celle qui la recevait et de celui qui en faisait les honneurs; vous y représentiez Iphigénie. Je fus témoin de ce spectacle; je n'avais alors nulle habitude de notre théâtre français; il ne m'entra pas dans la tête qu'on pût mêler de la galanterie dans ce sujet tragique : je me livrai aux mœurs et aux coutumes de la Grèce d'autant plus aisément, qu'à peine j'en connaissais d'autres; j'admirai l'antique dans toute sa noble simplicité. Ce fut-là ce qui me donna la première idée de faire la tragédie d'*OEdipe*, sans même avoir lu celle de Corneille. Je commençai par m'essayer, en traduisant la fameuse scène de Sophocle qui contient la double confidence de Jocaste et d'OEdipe. Je la lus à quelques-uns de mes amis qui fréquentaient les spectacles, et à quelques acteurs : ils m'assurèrent que ce morceau ne pourrait jamais réussir en France; ils m'exhortèrent à lire Corneille, qui l'avait soigneusement évité, et me dirent tous que, si je ne mettais, à son exemple, une intrigue amoureuse dans *OEdipe*, les comédiens mêmes ne pourraient pas se charger de mon ouvrage. Je lus donc l'*OEdipe* de Corneille, qui, sans être mis au rang de

Cinna et de *Polyeucte*, avait pourtant alors beaucoup de réputation. J'avoue que je fus révolté d'un bout à l'autre ; mais il fallut céder à l'exemple et à la mauvaise coutume. J'introduisis, au milieu de la terreur de ce chef-d'œuvre de l'antiquité, non pas une intrigue d'amour, l'idée m'en paraissait trop choquante, mais au moins le ressouvenir d'une passion éteinte : je ne répéterai point ce que j'ai dit ailleurs sur ce sujet.

V. A. S. se souvient que j'eus l'honneur de lire *Œdipe* devant elle : la scène de Sophocle ne fut assurément pas condamnée à ce tribunal ; mais vous, et M. le cardinal de Polignac, et M. de Malézieu, et tout ce qui composait votre cour, vous me blâmâtes universellement, et avec très-grande raison, d'avoir prononcé le mot d'amour dans un ouvrage où Sophocle avait si bien réussi sans ce malheureux ornement étranger ; et ce qui seul avait fait recevoir ma pièce, fut précisément le seul défaut que vous condamnâtes.

Les comédiens jouèrent à regret l'*Œdipe*, dont ils n'espéraient rien. Le public fut entièrement de votre avis : tout ce qui était dans le goût de Sophocle fut applaudi généralement ; et ce qui ressentait un peu la passion de l'amour, fut condamné de tous les critiques éclairés. En effet, Madame, quelle place pour la galanterie que le parricide et l'inceste qui désolent une famille, et la contagion qui ravage un pays ! Et quel exemple plus frappant du ridicule de notre théâtre et du pouvoir de l'habitude, que Corneille, d'un côté, qui fait dire à Thésée :

> Quelque ravage affreux qu'étale ici la peste,
> L'absence aux vrais amants est encor plus funeste;

et moi qui, soixante ans après lui, viens faire parler une vieille Jocaste d'un vieil amour; et tout cela pour complaire au goût le plus fade et le plus faux qui ait jamais corrompu la littérature?

Qu'une Phèdre, dont le caractère est le plus théâtral qu'on ait jamais vu, et qui est presque la seule que l'antiquité ait représentée amoureuse; qu'une Phèdre, dis-je, étale les fureurs de cette passion funeste; qu'une Roxane, dans l'oisiveté du sérail, s'abandonne à l'amour et à la jalousie; qu'Ariane se plaigne au ciel et à la terre d'une infidélité cruelle; qu'Orosmane tue ce qu'il adore : tout cela est vraiment tragique. L'amour furieux, criminel, malheureux, suivi de remords, arrache de nobles larmes. Point de milieu : il faut, ou que l'amour domine en tyran, ou qu'il ne paraisse pas; il n'est point fait pour la seconde place. Mais que Néron se cache derrière une tapisserie pour entendre les discours de sa maîtresse et de son rival; mais que le vieux Mithridate se serve d'une ruse comique pour savoir le secret d'une jeune personne aimée par ses deux enfants; mais que Maxime, même dans la pièce de *Cinna,* si remplie de beautés mâles et vraies, ne découvre en lâche une conspiration si importante, que parce qu'il est imbécillement amoureux d'une femme dont il devait connaître la passion pour Cinna, et qu'on dise pour raison :

. . . . L'amour rend tout permis ;
Un véritable amant ne connaît point d'amis ;

mais qu'un vieux Sertorius aime je ne sais quelle Viriate, et qu'il soit assassiné par Perpenna, amoureux de cette Espagnole : tout cela est petit et puéril, il le faut dire hardiment; et ces petitesses nous mettraient prodigieusement au-dessous des Athéniens, si nos grands maîtres n'avaient racheté ces défauts, qui sont de notre nation, par les sublimes beautés qui sont uniquement de leur génie.

Une chose, à mon sens, assez étrange, c'est que les grands poètes tragiques d'Athènes aient si souvent traité des sujets où la nature étale tout ce qu'elle a de touchant, une *Electre*, une *Iphigénie*, une *Mérope*, un *Alcméon*, et que nos grands modernes, négligeant de tels sujets, n'aient presque traité que l'amour, qui est souvent plus propre à la comédie qu'à la tragédie. Ils ont cru quelquefois ennoblir cet amour par la politique : mais un amour qui n'est pas furieux est froid, et une politique qui n'est pas une ambition forcenée est plus froide encore. Des raisonnements politiques sont bons dans Polybe, dans Machiavel;

la galanterie est à sa place dans la comédie et dans des contes : mais rien de tout cela n'est digne du pathétique et de la grandeur de la tragédie.

Le goût de la galanterie avait dans la tragédie prévalu au point qu'une grande princesse, qui par son esprit et par son rang semblait en quelque sorte excusable de croire que tout le monde devait penser comme elle, imagina qu'un adieu de Titus et de Bérénice était un sujet tragique : elle le donna à traiter aux deux maîtres de la scène. Aucun des deux n'avait jamais fait de pièce dans laquelle l'amour n'eût joué un principal ou un second rôle; mais l'un n'avait jamais parlé au cœur que dans les seules scènes du *Cid,* qu'il avait imitées de l'espagnol; l'autre, toujours élégant et tendre, était éloquent dans tous les genres, et savant dans cet art enchanteur de tirer de la plus petite situation les sentiments les plus délicats : aussi le premier fit de Titus et de Bérénice un des plus mauvais ouvrages qu'on connaisse au théâtre; l'autre trouva le secret d'intéresser pendant cinq actes, sans autre fonds que ces paroles : *Je vous aime, et je vous quitte.* C'était, à la vérité, une pastorale entre un empereur, une reine et un roi, et une pastorale cent fois moins tragique que les scènes intéressantes du *Pastor fido.* Ce succès avait persuadé tout le public et tous les auteurs que l'amour seul devait être à jamais l'ame de toutes les tragédies.

Ce ne fut que dans un âge plus mûr que cet homme éloquent comprit qu'il était capable de mieux faire, et qu'il se repentit d'avoir affaibli la scène par tant de déclarations d'amour, par tant de sentiments de jalousie et de coquetterie, plus dignes, comme j'ai déjà osé le dire, de Ménandre que de Sophocle et d'Euripide. Il composa son chef-d'œuvre d'*Athalie*; mais quand il se fut ainsi détrompé lui-même, le public ne le fut pas encore. On ne put imaginer qu'une femme, un enfant et un prêtre, pussent former une tragédie intéressante : l'ouvrage le plus approchant de la perfection qui soit jamais sorti de la main des hommes, resta long-temps méprisé; et son illustre auteur mourut avec le chagrin d'avoir vu son siècle éclairé, mais corrompu, ne pas rendre justice à son chef-d'œuvre.

Il est certain que si ce grand homme avait vécu, et s'il avait cultivé un talent qui seul avait fait sa fortune et sa gloire, et qu'il ne devait pas abandonner, il eût rendu au théâtre son ancienne pureté, il n'eût point avili, par des amours de ruelle, les grands sujets de l'antiquité. Il avait commencé l'*Iphigénie en Tauride,* et la galanterie n'entrait point dans son plan : il n'eût jamais rendu amoureux ni Agamemnon, ni Oreste, ni Electre, ni Téléphonte, ni Ajax; mais ayant malheureusement quitté le théâtre avant que de l'épurer, tous ceux qui le suivirent imitèrent et outrèrent ses défauts, sans atteindre à aucune de ses beautés. La morale des opéras de Quinault entra dans presque toutes les scènes tragiques : tantôt c'est un Alcibiade, qui avoue que *dans ses tendres moments il a toujours éprouvé qu'un mortel peut goûter un bonheur achevé;* tantôt c'est une Amestris, qui dit que,

> . . . . La fille d'un grand roi
> Brûle d'un feu secret sans honte et sans effroi.

Ici un Agnonide

> De la belle Chrysis en tout lieu suit les pas,
> Adorateur constant de ses divins appas.

Le féroce Arminius, ce défenseur de la Germanie, proteste *qu'il vient lire son sort dans les yeux d'Isménie;* et vient dans le camp de Varus pour voir *si les beaux yeux de cette Isménie daignent lui montrer leur tendresse ordinaire.* Dans *Amasis,* qui n'est autre chose que la *Mérope* chargée d'épisodes romanesques, une jeune héroïne qui, depuis trois jours, a vu, un moment, dans une maison de campagne, un jeune inconnu dont elle est éprise, s'écrie avec bienséance :

> C'est ce même inconnu : pour mon repos, hélas!
> Autant qu'il le devait il ne se cacha pas;
> Et pour quelques moments qu'il s'offrit à ma vue,
> Je le vis, j'en rougis; mon ame en fut émue.

Dans *Athénaïs,* un prince de Perse se déguise pour

aller voir sa maîtresse à la cour d'un empereur romain. On croit lire enfin les romans de mademoiselle Scudéri, qui peignait des bourgeois de Paris sous le nom de héros de l'antiquité.

Pour achever de fortifier la nation dans ce goût détestable, et qui nous rend ridicules aux yeux de tous les étrangers sensés, il arriva, par malheur, que M. de Longepierre, très-zélé pour l'antiquité, mais qui ne connaissait pas assez notre théâtre, et qui ne travaillait pas assez ses vers, fit représenter son *Electre*. Il faut avouer qu'elle était dans le goût antique; une froide et malheureuse intrigue ne défigurait pas ce sujet terrible; la pièce était simple et sans épisode : voilà ce qui lui valait, avec raison, la faveur déclarée de tant de personnes de la première considération, qui espéraient qu'enfin cette simplicité précieuse, qui avait fait le mérite des grands génies d'Athènes, pourrait être bien reçue à Paris, où elle avait été si négligée.

Vous étiez, Madame, aussi-bien que feu madame la princesse de Conti, à la tête de ceux qui se flattaient de cette espérance; mais malheureusement les défauts de la pièce française l'emportèrent si fort sur les beautés qu'il avait empruntées de la Grèce, que vous avouâtes à la représentation que c'était une statue de Praxitèle défigurée par un moderne. Vous eûtes le courage d'abandonner ce qui en effet n'était pas digne d'être soutenu, sachant très-bien que la faveur prodiguée aux mauvais ouvrages, est aussi contraire aux progrès de l'esprit que le déchaînement contre les bons. Mais la chute de cette *Electre* fit en même temps grand tort aux partisans de l'antiquité : on se prévalut très-mal à propos des défauts de la copie contre le mérite de l'original; et, pour achever de corrompre le goût de la nation, on se persuada qu'il était impossible de soutenir, sans une intrigue amoureuse et sans des aventures romanesques, ces sujets que les Grecs n'avaient jamais déshonorés par de tels épisodes; on prétendit qu'on pouvait admirer les Grecs dans la lecture, mais qu'il était impossible de les imiter sans être condamné par son siècle : étrange contradiction! car si en effet la lecture en plaît, comment la représentation en peut-elle déplaire?

Il ne faut pas, je l'avoue, s'attacher à imiter ce que les anciens avaient de défectueux et de faible. Il est même très-vraisemblable que les défauts où ils tombèrent, furent relevés de leur temps. Je suis persuadé, Madame, que les bons esprits d'Athènes condamnèrent, comme vous, quelques répétitions, quelques déclamations dont Sophocle avait chargé son *Électre :* ils durent remarquer qu'il ne fouillait pas assez dans le cœur humain. J'avouerai encore qu'il y a des beautés propres, non-seulement à la langue grecque, mais aux mœurs, au climat, au temps, qu'il serait ridicule de vouloir transplanter parmi nous. Je n'ai point copié l'*Electre* de Sophocle, il s'en faut beaucoup; j'en ai pris, autant que je l'ai pu, tout l'esprit et toute la substance. Les fêtes que célébraient Egisthe et Clytemnestre, et qu'ils appelaient les festins d'Agamemnon, l'arrivée d'Oreste et de Pylade, l'urne dans laquelle on croit que sont renfermées les cendres d'Oreste, l'anneau d'Agamemnon, le caractère d'Electre, celui d'Iphise, qui est précisément la Chrysothemis de Sophocle, et surtout les remords de Clytemnestre, tout est puisé dans la tragédie grecque; car lorsque celui qui fait à Clytemnestre le récit de la prétendue mort d'Oreste lui dit : *Eh quoi, Madame, cette mort vous afflige?* Clytemnestre répond : *Je suis mère, et par-là malheureuse; une mère, quoique outragée, ne peut haïr son sang :* elle cherche même à se justifier devant Electre du meurtre d'Agamemnon : elle plaint sa fille; et Euripide a poussé encore plus loin que Sophocle l'attendrissement et les larmes de Clytemnestre. Voilà ce qui fut applaudi chez le peuple le plus judicieux et le plus sensible de la terre : voilà ce que j'ai vu senti par tous les bons juges de notre nation. Rien n'est en effet plus dans la nature qu'une femme criminelle envers son époux, et qui se laisse attendrir par ses enfants, qui reçoit la pitié dans son cœur altier et farouche, qui s'irrite, qui reprend la dureté de son caractère quand on lui fait des reproches trop violents, et qui s'apaise ensuite par les soumissions et par les larmes : le germe de ce personnage était dans Sophocle et dans Euripide, et je l'ai développé. Il n'appartient qu'à l'ignorance, et à la présomption, qui en est la suite, de dire qu'il n'y a rien à imiter dans les anciens : il n'y a point de beautés dont on ne trouve chez eux les semences.

Je me suis imposé surtout la loi de ne pas m'écarter de cette simplicité tant recommandée par les Grecs, et si difficile à saisir : c'était-là le vrai caractère de l'invention et du génie ; c'était l'essence du théâtre. Un personnage étranger, qui dans l'*Œdipe* ou dans *Electre* ferait un grand rôle, qui détournerait sur lui l'attention, serait un monstre aux yeux de quiconque connaît les anciens et la nature, dont ils ont été les premiers peintres. L'art et le génie consistent à trouver tout dans son sujet, et non pas à chercher hors de son sujet. Mais comment imiter cette pompe et cette magnificence vraiment tragique des vers de Sophocle, cette élégance, cette pureté, ce naturel, sans quoi un ouvrage (bien fait d'ailleurs) serait un mauvais ouvrage?

J'ai donné au moins à ma nation quelque idée d'une tragédie sans amour, sans confidents, sans épisodes : le petit nombre des partisans du bon goût m'en sait gré ; les autres ne reviennent qu'à la longue, quand la fureur de parti, l'injustice de la persécution et les ténèbres de l'ignorance, sont dissipées. C'est à vous, Madame, à conserver les étincelles qui restent encore parmi nous de cette lumière précieuse que les anciens nous ont transmise. Nous leur devons tout : aucun art n'est né parmi nous, tout y a été transplanté : mais la terre qui porte ces fruits étrangers, s'épuise et se lasse; et l'ancienne barbarie, aidée de la frivolité, percerait encore quelquefois malgré la culture; les disciples d'Athènes et de Rome deviendraient des Goths et des Vandales, amollis par les mœurs des Sybarites, sans cette protection éclairée et attentive des personnes de votre rang. Quand la nature leur a donné ou du génie, ou l'amour du génie, elles encouragent notre nation, qui est plus faite pour imiter que pour inventer, et qui cherche toujours dans le sang de ses maîtres les leçons et les exemples dont elle a besoin. Tout ce que je desire, Madame, c'est qu'il se trouve quelque génie qui achève ce que j'ai ébauché, qui tire le théâtre de cette mollesse et de cette afféterie où il est plongé, qui le rende respectable aux esprits les plus austères, digne du théâtre d'Athènes, digne du très-petit nombre de chefs-d'œuvre que nous avons, et enfin du suffrage d'un esprit tel que le vôtre, et de ceux qui peuvent vous ressembler.

PERSONNAGES.

ORESTE, fils de Clytemnestre et d'Agamemnon.
ÉLECTRE, } sœurs d'Oreste.
IPHISE,
CLYTEMNESTRE, épouse d'Égisthe.
ÉGISTHE, tyran d'Argos.
PYLADE, ami d'Oreste.
PAMMÈNE, vieillard attaché à la famille d'Agamemnon.
DIMAS, officier des gardes.
Suite.

Le théâtre doit représenter le rivage de la mer; un bois, un temple, un palais et un tombeau d'un côté, et de l'autre, Argos dans le lointain.

ORESTE,
TRAGÉDIE.

ACTE PREMIER.

SCÈNE I.

IPHISE, PAMMÈNE.

IPHISE.

Est-il vrai, cher Pammène? et ce lieu solitaire,
Ce palais exécrable où languit ma misère,
Me verra-t-il goûter la funeste douceur
De mêler mes regrets aux larmes de ma sœur?
La malheureuse Electre, à mes douleurs si chère,
Vient-elle avec Egisthe au tombeau de mon père?
Egisthe ordonne-t-il qu'en ces solennités
Le sang d'Agamemnon paraisse à ses côtés?
Serons-nous les témoins de la pompe inhumaine
Qui célèbre le crime, et que ce jour amène?

PAMMÈNE.

Ministre malheureux d'un temple abandonné,
Du fond de ces déserts où je suis confiné,
J'adresse au ciel des vœux pour le retour d'Oreste;
Je pleure Agamemnon : j'ignore tout le reste.

O respectable Iphise! ô pur sang de mon roi!
Ce jour vient tous les ans répandre ici l'effroi.
Les desseins d'une cour en horreurs si fertile
Pénètrent rarement dans mon obscur asile.
Mais on dit qu'en effet Egisthe soupçonneux
Doit entraîner Electre à ces funèbres jeux;
Qu'il ne souffrira plus qu'Electre en son absence
Appelle par ses cris Argos à la vengeance.
Il redoute sa plainte; il craint que tous les cœurs
Ne réveillent leur haine au bruit de ses clameurs;
Et, d'un œil vigilant épiant sa conduite,
Il la traite en esclave, et la traîne à sa suite.

IPHISE.

Ma sœur esclave! ô Ciel! ô sang d'Agamemnon!
Un barbare à ce point outrage encor ton nom!
Et Clytemnestre, hélas! cette mère cruelle,
A permis cet affront qui rejaillit sur elle!

PAMMÈNE.

Peut-être votre sœur avec moins de fierté
Devait de son tyran braver l'autorité,
Et, n'ayant contre lui que d'impuissantes armes,
Mêler moins de reproche et d'orgueil à ses larmes.
Qu'a produit sa fierté? que servent ses éclats?
Elle irrite un barbare, et ne nous venge pas.

IPHISE.

On m'a laissé du moins, dans ce funeste asile,
Un destin sans opprobre, un malheur plus tranquille.
Mes mains peuvent d'un père honorer le tombeau,
Loin de ses ennemis, et loin de son bourreau :
Dans ce séjour de sang, dans ce désert si triste,

Je pleure en liberté ; je hais en paix Egisthe.
Je ne suis condamnée à l'horreur de le voir
Que lorsque, rappelant le temps du désespoir,
Le soleil à regret ramène la journée
Où le ciel a permis ce barbare hyménée,
Où ce monstre, enivré du sang du roi des rois,
Où Clytemnestre...

SCÈNE II.

ÉLECTRE, IPHISE, PAMMÈNE.

IPHISE.
Hélas ! est-ce vous que je vois,
Ma sœur ?...

ÉLECTRE.
Il est venu ce jour où l'on apprête
Les détestables jeux de leur coupable fête.
Electre leur esclave, Electre votre sœur,
Vous annonce en leur nom leur horrible bonheur.

IPHISE.
Un destin moins affreux permet que je vous voie ;
A ma douleur profonde il mêle un peu de joie ;
Et vos pleurs et les miens ensemble confondus...

ÉLECTRE.
Des pleurs ! Ah ! ma faiblesse en a trop répandus.
Des pleurs ! Ombre sacrée, ombre chère et sanglante,
Est-ce là le tribut qu'il faut qu'on te présente ?
C'est du sang que je dois, c'est du sang que tu veux :
C'est parmi les apprêts de tes indignes jeux,

Dans ce cruel triomphe où mon tyran m'entraîne,
Que, ranimant ma force, et soulevant ma chaîne,
Mon bras, mon faible bras osera l'égorger
Au tombeau que sa rage ose encore outrager.
Quoi! j'ai vu Clytemnestre, avec lui conjurée,
Lever sur son époux sa main trop assurée!
Et nous sur le tyran nous suspendons des coups
Que ma mère à mes yeux porta sur son époux!
O douleur! ô vengeance! ô vertu qui m'animes,
Pouvez-vous en ces lieux moins que n'ont pu les crimes?
Nous seules désormais devons nous secourir :
Craignez-vous de frapper? craignez-vous de mourir?
Secondez de vos mains ma main désespérée;
Fille de Clytemnestre, et rejeton d'Atrée,
Venez.

IPHISE.

Ah! modérez ces transports impuissants;
Commandez, chère Electre, au trouble de vos sens;
Contre nos ennemis nous n'avons que des larmes :
Qui peut nous seconder? comment trouver des armes?
Comment frapper un roi de gardes entouré,
Vigilant, soupçonneux, par le crime éclairé?
Hélas! à nos regrets n'ajoutons point de craintes;
Tremblez que le tyran n'ait écouté vos plaintes.

ÉLECTRE.

Je veux qu'il les écoute; oui, je veux dans son cœur
Empoisonner sa joie, y porter ma douleur; *

---

* Longepierre dit, dans son *Électre* :

Puissent mes cris troubler leur odieuse joie!

ACTE I, SCÈNE II.

Que mes cris jusqu'au ciel puissent se faire entendre;
Qu'ils appellent la foudre, et la fassent descendre;
Qu'ils réveillent cent rois indignes de ce nom,
Qui n'ont osé venger le sang d'Agamemnon.
Je vous pardonne, hélas, cette douleur captive,
Ces faibles sentiments de votre ame craintive :
Il vous ménage au moins. De son indigne loi
Le joug appesanti n'est tombé que sur moi.
Vous n'êtes point esclave, et d'opprobres nourrie;
Vos yeux ne virent point ce parricide impie,
Ces vêtements de mort, ces apprêts, ce festin,
Ce festin détestable, où, le fer à la main,
Clytemnestre... ma mère... ah! cette horrible image
Est présente à mes yeux, présente à mon courage.
C'est là, c'est en ces lieux, où vous n'osez pleurer,
Où vos ressentiments n'osent se déclarer,
Que j'ai vu votre père, attiré dans le piége,
Se débattre et tomber sous leur main sacrilége. *
Pammène, aux derniers cris, aux sanglots de ton roi,
Je crois te voir encore accourir avec moi;
J'arrive. Quel objet! une femme en furie
Recherchait dans son flanc les restes de sa vie.
Tu vis mon cher Oreste enlevé dans mes bras,
Entouré des dangers qu'il ne connaissait pas,
Près du corps tout sanglant de son malheureux père;
A son secours encore il appelait sa mère.

---

* Dans l'*Électre* de Longepierre on lit :

...... C'est ici qu'arrêté dans le piége,
Mon père succomba sous un fer sacrilége.

Clytemnestre, appuyant mes soins officieux,
Sur ma tendre pitié daigna fermer les yeux;
Et, s'arrêtant du moins au milieu de son crime,
Nous laissa loin d'Egisthe emporter la victime.
Oreste, dans ton sang, consommant sa fureur,
Egisthe a-t-il détruit l'objet de sa terreur?
Es-tu vivant encore? as-tu suivi ton père?
Je pleure Agamemnon, je tremble pour un frère.
Mes mains portent des fers; et mes yeux, pleins de pleurs,
N'ont vu que des forfaits et des persécuteurs.

PAMMÈNE.

Filles d'Agamemnon, race divine et chère,
Dont j'ai vu la splendeur et l'horrible misère,
Permettez que ma voix puisse encore en vous deux
Réveiller cet espoir qui reste aux malheureux.
Avez-vous donc des Dieux oublié les promesses?
Avez-vous oublié que leurs mains vengeresses
Doivent conduire Oreste en cet affreux séjour,
Où sa sœur avec moi lui conserva le jour?
Qu'il doit punir Egisthe au lieu même où vous êtes,
Sur ce même tombeau, dans ces mêmes retraites,
Dans ces jours de triomphe, où son lâche assassin
Insulte encore au roi, dont il perça le sein?
La parole des Dieux n'est point vaine et trompeuse;
Leurs desseins sont couverts d'une nuit ténébreuse;
La peine suit le crime : elle arrive à pas lents. *

ÉLECTRE.

Dieux, qui la préparez, que vous tardez long-temps!

---

* Dans l'*Électre* de Longepierre :

 Leur bras sait tôt ou tard atteindre sa victime.

ACTE I, SCÈNE II.

IPHISE.

Vous le voyez, Pammène, Egisthe renouvelle
De son hymen sanglant la pompe criminelle.

ÉLECTRE.

Et mon frère, exilé de déserts en déserts,
Semble oublier son père, et négliger mes fers.

PAMMÈNE.

Comptez les temps; voyez qu'il touche à peine l'âge
Où la force commence à se joindre au courage :
Espérez son retour, espérez dans les Dieux.

ÉLECTRE.

Sage et prudent vieillard, oui, vous m'ouvrez les yeux.
Pardonnez à mon trouble, à mon impatience;
Hélas! vous me rendez un rayon d'espérance.
Qui pourrait de ces Dieux encenser les autels,
S'ils voyaient sans pitié les malheurs des mortels,
Si le crime insolent, dans son heureuse ivresse,
Ecrasait à loisir l'innocente faiblesse?
Dieux, vous rendrez Oreste aux larmes de sa sœur;
Votre bras suspendu frappera l'oppresseur.
Oreste, entends ma voix, celle de ta patrie,
Celle du sang versé qui t'appelle, et qui crie :
Viens du fond des déserts, où tu fus élevé,
Où les maux exerçaient ton courage éprouvé!
Aux monstres des forêts ton bras fait-il la guerre?
C'est aux monstres d'Argos, aux tyrans de la terre,
Aux meurtriers des rois, que tu dois t'adresser :
Viens, qu'Electre te guide au sein qu'il faut percer.

IPHISE.

Renfermez ces douleurs, et cette plainte amère;
Votre mère paraît.

ÉLECTRE.

Ai-je encore une mère?

SCÈNE III.

CLYTEMNESTRE, ÉLECTRE, IPHISE.

CLYTEMNESTRE.

Allez; que l'on me laisse en ces lieux retirés :
Pammène, éloignez-vous; mes filles, demeurez.

IPHISE.

Hélas! ce nom sacré dissipe mes alarmes.

ÉLECTRE.

Ce nom, jadis si saint, redouble encor mes larmes.

CLYTEMNESTRE.

J'ai voulu sur mon sort et sur vos intérêts
Vous dévoiler enfin mes sentiments secrets.
Je rends grâce au destin, dont la rigueur utile
De mon second époux rendit l'hymen stérile,
Et qui n'a pas formé dans ce funeste flanc
Un sang que j'aurais vu l'ennemi de mon sang.
Peut-être que je touche aux bornes de ma vie;
Et les chagrins secrets dont je fus poursuivie,
Dont toujours à vos yeux j'ai dérobé le cours,
Pourront précipiter le terme de mes jours.
Mes filles devant moi ne sont point étrangères;
Même en dépit d'Egisthe elles m'ont été chères :
Je n'ai point étouffé mes premiers sentiments;

ACTE I, SCÈNE III.

Et, malgré la fureur de ses emportements,
Electre, dont l'enfance a consolé sa mère
Du sort d'Iphigénie, et des rigueurs d'un père,
Electre qui m'outrage, et qui brave mes lois,
Dans le fond de mon cœur n'a point perdu ses droits.

ÉLECTRE.

Qui! vous, Madame, ô Ciel! vous m'aimeriez encore?
Quoi! vous n'oubliez point ce sang qu'on déshonore?
Ah! si vous conservez des sentiments si chers,
Observez cette tombe, et regardez mes fers.

CLYTEMNESTRE.

Vous me faites frémir; votre esprit inflexible
Se plaît à m'accabler d'un souvenir horrible:
Vous portez le poignard dans ce cœur agité;
Vous frappez une mère, et je l'ai mérité.

ÉLECTRE.

Eh bien! vous désarmez une fille éperdue.
La nature en mon cœur est toujours entendue.
Ma mère, s'il le faut, je condamne à vos pieds
Ces reproches sanglants trop long-temps essuyés.
Aux fers de mon tyran par vous-même livrée,
D'Egisthe dans mon cœur je vous ai séparée.
Ce sang que je vous dois, ne saurait se trahir:
J'ai pleuré sur ma mère, et n'ai pu vous haïr.
Ah! si le Ciel enfin vous parle et vous éclaire,
S'il vous donne en secret un remords salutaire,
Ne le repoussez pas: laissez-vous pénétrer
A la secrète voix qui vous daigne inspirer;
Détachez vos destins des destins d'un perfide;
Livrez-vous tout entière à ce dieu qui vous guide:

ORESTE.

Appelez votre fils; qu'il revienne en ces lieux
Reprendre de vos mains le rang de ses aïeux;
Qu'il punisse un tyran, qu'il règne, qu'il vous aime,
Qu'il venge Agamemnon, ses filles, et vous-même;
Faites venir Oreste.

CLYTEMNESTRE.

Electre, levez-vous;
Ne parlez point d'Oreste, et craignez mon époux.
J'ai plaint les fers honteux dont vous êtes chargée;
Mais d'un maître absolu la puissance outragée
Ne pouvait épargner qui ne l'épargne pas;
Et vous l'avez forcé d'appesantir son bras.
Moi-même, qui me vois sa première sujette,
Moi, qu'offensa toujours votre plainte indiscrète,
Qui tant de fois pour vous ai voulu le fléchir,
Je l'irritais encore, au lieu de l'adoucir.
N'imputez qu'à vous seule un affront qui m'outrage;
Pliez à votre état ce superbe courage;
Apprenez d'une sœur comme il faut s'affliger,
Comme on cède au destin, quand on veut le changer.
Je voudrais, dans le sein de ma famille entière,
Finir un jour en paix ma fatale carrière;
Mais si vous vous hâtez, si vos soins imprudents
Appellent en ces lieux Oreste avant le temps,
Si d'Egisthe jamais il affronte la vue,
Vous hasardez sa vie, et vous êtes perdue;
Et, malgré la pitié dont mes sens sont atteints,
Je dois à mon époux plus qu'au fils que je crains.

ÉLECTRE.

Lui, votre époux? ô Ciel! lui, ce monstre? Ah! ma mère,

ACTE I, SCÈNE III.

Est-ce ainsi qu'en effet vous plaignez ma misère?
A quoi vous sert, hélas! ce remords passager?
Ce sentiment si tendre était-il étranger?
Vous menacez Electre, et votre fils lui-même!
    (*A Iphise.*)
Ma sœur! et c'est ainsi qu'une mère nous aime?
    (*A Clytemnestre.*)
Vous menacez Oreste!... Hélas! loin d'espérer
Qu'un frère malheureux nous vienne délivrer,
J'ignore si le Ciel a conservé sa vie;
J'ignore si ce maître abominable, impie,
Votre époux, puisque ainsi vous l'osez appeler,
Ne s'est pas en secret hâté de l'immoler.

IPHISE.

Madame, croyez-nous; je jure, j'en atteste
Les Dieux dont nous sortons, et la mère d'Oreste,
Que, loin de l'appeler dans ce séjour de mort,
Nos yeux, nos tristes yeux sont fermés sur son sort.
Ma mère, ayez pitié de vos filles tremblantes,
De ce fils malheureux, de ses sœurs gémissantes;
N'affligez plus Electre : on peut à ses douleurs
Pardonner le reproche, et permettre les pleurs.

ÉLECTRE.

Loin de leur pardonner, on nous défend la plainte;
Quand je parle d'Oreste, on redouble ma crainte.
Je connais trop Egisthe et sa férocité;
Et mon frère est perdu, puisqu'il est redouté.

CLYTEMNESTRE.

Votre frère est vivant, reprenez l'espérance :
Mais s'il est en danger, c'est par votre imprudence.

Modérez vos fureurs, et sachez aujourd'hui,
Plus humble en vos chagrins, respecter mon ennui.
Vous pensez que je viens, heureuse et triomphante,
Conduire dans la joie une pompe éclatante.
Electre, cette fête est un jour de douleur :
Vous pleurez dans les fers, et moi dans ma grandeur.
Je sais quels vœux forma votre haine insensée.
N'implorez plus les Dieux; ils vous ont exaucée.
Laissez-moi respirer.

SCÈNE IV.

CLYTEMNESTRE, *seule*.

L'aspect de mes enfants
Dans mon cœur éperdu redouble mes tourments.
Hymen, fatal hymen! crime long-temps prospère,
Nœuds sanglants qu'ont formés le meurtre et l'adultère!
Pompe jadis trop chère à mes vœux égarés!
Quel est donc cet effroi dont vous me pénétrez?
Mon bonheur est détruit, l'ivresse est dissipée;
Une lumière horrible en ces lieux m'a frappée.
Qu'Egisthe est aveuglé, puisqu'il se croit heureux!
Tranquille, il me conduit à ces funèbres jeux;
Il triomphe, et je sens succomber mon courage.
Pour la première fois je redoute un présage;
Je crains Argos, Electre, et ses lugubres cris,
La Grèce, mes sujets, mon fils, mon propre fils.
Ah! quelle destinée, et quel affreux supplice,
De former de son sang ce qu'il faut qu'on haïsse,

De n'oser prononcer sans des troubles cruels
Les noms les plus sacrés, les plus chers aux mortels!
Je chassai de mon cœur la nature outragée;
Je tremble au nom d'un fils : la nature est vengée.

SCÈNE V.

ÉGISTHE, CLYTEMNESTRE.

CLYTEMNESTRE.

Ah! trop cruel Egisthe, où guidiez-vous mes pas?
Pourquoi revoir ces lieux consacrés au trépas?

ÉGISTHE.

Quoi! ces solennités qui vous étaient si chères,
Ces gages renaissants de nos destins prospères,
Deviendraient à vos yeux des objets de terreur!
Ce jour de notre hymen est-il un jour d'horreur?

CLYTEMNESTRE.

Non; mais ce lieu peut-être est pour nous redoutable.
Ma famille y répand une horreur qui m'accable.
A des tourments nouveaux tous mes sens sont ouverts.
Iphise dans les pleurs, Electre dans les fers,
Du sang versé par nous cette demeure empreinte,
Oreste, Agamemnon, tout me remplit de crainte.

ÉGISTHE.

Laissez gémir Iphise, et vous ressouvenez
Qu'après tous nos affronts, trop long-temps pardonnés,
L'impétueuse Electre a mérité l'outrage
Dont j'humilie enfin cet orgueilleux courage.
Je la traîne enchaînée; et je ne prétends pas
Que, de ses cris plaintifs alarmant mes Etats,

Dans Argos désormais sa dangereuse audace
Ose des Dieux sur nous rappeler la menace,
D'Oreste aux mécontents promettre le retour.
On n'en parle que trop : et depuis plus d'un jour,
Partout le nom d'Oreste a blessé mon oreille ;
Et ma juste colère à ce bruit se réveille.

CLYTEMNESTRE.

Quel nom prononcez-vous ? tout mon cœur en frémit.
On prétend qu'en secret un oracle a prédit
Qu'un jour, en ce lieu même, où mon destin me guide,
Il porterait sur nous une main parricide.
Pourquoi tenter les Dieux ? Pourquoi vous présenter
Aux coups qu'il vous faut craindre, et qu'on peut éviter ?

ÉGISTHE.

Ne craignez rien d'Oreste. Il est vrai qu'il respire :
Mais, loin que dans le piége Oreste nous attire,
Lui-même à ma poursuite il ne peut échapper.
Déjà de toutes parts j'ai su l'envelopper. *
Errant et poursuivi de rivage en rivage,
Il promène en tremblant son impuissante rage ;
Aux forêts d'Epidaure il s'est enfin caché.
D'Epidaure en secret le roi m'est attaché.
Plus que vous ne pensez, on prend notre défense.

CLYTEMNESTRE.

Mais quoi, mon fils !

ÉGISTHE.

Je sais quelle est sa violence :

---

* Il y a dans *Athalie* :
    Et Dieu de toutes parts a su l'envelopper.

Il est fier, implacable, aigri par son malheur;
Digne du sang d'Atrée, il en a la fureur.
CLYTEMNESTRE.
Ah, Seigneur! elle est juste.
ÉGISTHE.
Il faut la rendre vaine.
Vous savez qu'en secret j'ai fait partir Plistène :
Il est dans Epidaure.
CLYTEMNESTRE.
A quel dessein? pourquoi?
ÉGISTHE.
Pour assurer mon trône et calmer votre effroi.
Oui, Plistène mon fils, adopté par vous-même,
L'héritier de mon nom et de mon diadème,
Est trop intéressé, Madame, à détourner
Des périls que toujours vous voulez soupçonner.
Il vous tient lieu de fils; n'en connaissez plus d'autre.
Vous savez, pour unir ma famille et la vôtre,
Qu'Electre eût pu prétendre à l'hymen de mon fils,
Si son cœur à vos lois eût été plus soumis,
Si vos soins avaient pu fléchir son caractère;
Mais je punis la sœur, et je cherche le frère :
Plistène me seconde; en un mot, il vous sert.
Notre ennemi commun sans doute est découvert.
Vous frémissez, Madame?
CLYTEMNESTRE.
O nouvelles victimes!
Ne puis-je respirer qu'à force de grands crimes?
Egisthe, vous savez qui j'ai privé du jour...
Le fils que j'ai nourri, périrait à son tour!

Ah! de mes jours usés le déplorable reste
Doit-il être acheté par un prix si funeste?
ÉGISTHE.
Songez...
CLYTEMNESTRE.
Souffrez du moins que j'implore une fois
Ce Ciel dont si long-temps j'ai méprisé les lois.
ÉGISTHE.
Voulez-vous qu'à mes vœux il mette des obstacles?
Qu'attendez-vous ici du Ciel et des oracles?
Au jour de notre hymen furent-ils écoutés?
CLYTEMNESTRE.
Vous rappelez des temps dont ils sont irrités.
De mon cœur étonné vous voyez le tumulte.
L'amour brava les Dieux, la crainte les consulte.
N'insultez point, Seigneur, à mes sens affaiblis.
Le temps, qui change tout, a changé mes esprits;
Et peut-être des Dieux la main appesantie
Se plaît à subjuguer ma fierté démentie.
Je ne sens plus en moi ce courage emporté,
Qu'en ce palais sanglant j'avais trop écouté.
Ce n'est pas que pour vous mon amitié s'altère:
Il n'est point d'intérêt que mon cœur vous préfère;
Mais une fille esclave, un fils abandonné,
Un fils mon ennemi, peut-être assassiné,
Et qui, s'il est vivant, me condamne et m'abhorre;
L'idée en est horrible, et je suis mère encore.
ÉGISTHE.
Vous êtes mon épouse, et surtout vous régnez.
Rappelez Clytemnestre à mes yeux indignés.

Ecoutez-vous du sang le dangereux murmure,
Pour des enfants ingrats qui bravent la nature?
Venez : votre repos doit sur eux l'emporter.
                    CLYTEMNESTRE.
Du repos dans le crime! ah! qui peut s'en flatter?

FIN DU PREMIER ACTE.

ACTE SECOND.

SCÈNE I.

ORESTE, PYLADE.

ORESTE.

Pylade, où sommes-nous ? en quels lieux t'a conduit
Le malheur obstiné du destin qui me suit ?
L'infortune d'Oreste environne ta vie.
Tout ce qu'a préparé ton amitié hardie,
Trésors, armes, soldats, a péri dans les mers.
Sans secours avec toi jeté dans ces déserts,
Tu n'as plus qu'un ami dont le destin t'opprime.
Le Ciel nous ravit tout, hors l'espoir qui m'anime.
A peine as-tu caché, sous ces rocs escarpés,
Quelques tristes débris au naufrage échappés.
Connais-tu ce rivage où mon malheur m'arrête ?

PYLADE.

J'ignore en quels climats nous jette la tempête ;
Mais de notre destin pourquoi désespérer ?
Tu vis, il me suffit ; tout doit me rassurer.
Un dieu dans Epidaure a conservé ta vie,
Que le barbare Egisthe a toujours poursuivie.
Dans ton premier combat il a conduit tes mains.
Plistène sous tes coups a fini ses destins.

ACTE II, SCÈNE I.

Marchons sous la faveur de ce dieu tutélaire,
Qui t'a livré le fils, qui t'a promis le père.

ORESTE.

Je n'ai contre un tyran sur le trône affermi,
Dans ces lieux inconnus, qu'Oreste et mon ami.

PYLADE.

C'est assez; et du Ciel je reconnais l'ouvrage.
Il nous a tout ravi par ce cruel naufrage,
Il veut seul accomplir ses augustes desseins;
Pour ce grand sacrifice il ne veut que nos mains.
Tantôt de trente rois il arme la vengeance;
Tantôt trompant la terre, et frappant en silence,
Il veut, en signalant son pouvoir oublié,
N'armer que la nature, et la seule amitié.

ORESTE.

Avec un tel secours bannissons nos alarmes;
Je n'aurai pas besoin de plus puissantes armes.
As-tu, dans ces rochers qui défendent ces bords,
Où nous avons pris terre après de longs efforts,
As-tu caché du moins ces cendres de Plistène,
Ces dépôts, ces témoins de vengeance et de haine,
Cette urne qui d'Egisthe a dû tromper les yeux?

PYLADE.

Echappée au naufrage, elle est près de ces lieux.
Mes mains avec cette urne ont caché cette épée
Qui dans le sang troyen fut autrefois trempée;
Ce fer d'Agamemnon qui doit venger sa mort,
Ce fer qu'on enleva, quand, par un coup du sort,
Des mains des assassins ton enfance sauvée
Fut, loin des yeux d'Egisthe, en Phocide élevée.

L'anneau qui lui servait est encore en tes mains.

ORESTE.

Comment des Dieux vengeurs accomplir les desseins?
Comment porter encore aux mânes de mon père
(*En montrant l'épée qu'il porte.*)
Ce glaive qui frappa mon indigne adversaire?
Mes pas étaient comptés par les ordres du Ciel;
Lui-même a tout détruit; un naufrage cruel
Sur ces bords ignorés nous jette à l'aventure.
Quel chemin peut conduire à cette cour impure,
A ce séjour de crime où j'ai reçu le jour?

PYLADE.

Regarde ce palais, ce temple, cette tour,
Ce tombeau, ces cyprès, ce bois sombre et sauvage;
De deuil et de grandeur tout offre ici l'image.
Mais un mortel s'avance en ces lieux retirés,
Triste, levant au ciel des yeux désespérés;
Il paraît dans cet âge où l'humaine prudence
Sans doute a des malheurs la longue expérience :
Sur ton malheureux sort il pourra s'attendrir.

ORESTE.

Il gémit : tout mortel est donc né pour souffrir ! *

SCÈNE II.

ORESTE, PYLADE, PAMMÈNE.

PYLADE.

O qui que vous soyez, tournez vers nous la vue :
La terre où je vous parle, est pour nous inconnue;

---

* Var. . . . *Tout mortel est-il né pour souffrir!*

ACTE II, SCÈNE II.

Vous voyez deux amis et deux infortunés
A la fureur des flots long-temps abandonnés.
Ce lieu nous doit-il être ou funeste ou propice ?

PAMMÈNE.

Je sers ici les Dieux, j'implore leur justice ;
J'exerce en leur présence, en ma simplicité,
Les respectables droits de l'hospitalité.
Daignez, sous l'humble toit qu'habite ma vieillesse,
Mépriser des grands rois la superbe richesse :
Venez ; les malheureux me sont toujours sacrés.

ORESTE.

Sage et juste habitant de ces bords ignorés,
Que des Dieux par nos mains la puissance immortelle
De votre piété récompense le zèle !
Quel asile est le vôtre, et quelles sont vos lois ?
Quel souverain commande aux lieux où je vous vois ?

PAMMÈNE.

Egisthe règne ici ; je suis sous sa puissance.

ORESTE.

Egisthe ? Ciel ! ô crime ! ô terreur ! ô vengeance !

PYLADE.

Dans ce péril nouveau gardez de vous trahir.

ORESTE.

Egisthe ? justes Dieux ! celui qui fit périr...

PAMMÈNE.

Lui-même.

ORESTE.

    Et Clytemnestre après ce coup funeste...

PAMMÈNE.

Elle règne avec lui : l'univers sait le reste.

ORESTE.

ORESTE.

Ce palais, ce tombeau...

PAMMÈNE.

Ce palais redouté
Est par Egisthe même en ce jour habité.
Mes yeux ont vu jadis élever cet ouvrage
Par une main plus digne, et pour un autre usage.
Ce tombeau (pardonnez si je pleure à ce nom)
Est celui de mon roi, du grand Agamemnon.

ORESTE.

Ah! c'en est trop : le Ciel épuise mon courage.

PYLADE, *à Oreste.*

Dérobe-lui les pleurs qui baignent ton visage.

PAMMÈNE, *à Oreste qui se détourne.*

Etranger généreux, vous vous attendrissez ;
Vous voulez retenir les pleurs que vous versez :
Hélas! qu'en liberté votre cœur se déploie ;
Plaignez le fils des Dieux et le vainqueur de Troie :
Que des yeux étrangers pleurent au moins son sort,
Tandis que dans ces lieux on insulte à sa mort.

ORESTE.

Si je fus élevé loin de cette contrée,
Je n'en chéris pas moins les descendants d'Atrée.
Un Grec doit s'attendrir sur le sort des héros.
Je dois surtout... Electre est-elle dans Argos?

PAMMÈNE.

Seigneur, elle est ici.

ORESTE.

Je veux, je cours....

PYLADE.

Arrête.
Tu vas braver les Dieux, tu hasardes ta tête.
Que je te plains! *

(*A Pammène.*)

Daignez, respectable mortel,
Dans le temple voisin nous conduire à l'autel;
C'est le premier devoir. Il est temps que j'adore
Le dieu qui nous sauva sur la mer d'Epidaure.

ORESTE.

Menez-nous à ce temple, à ce tombeau sacré
Où repose un héros lâchement massacré :
Je dois à sa grande ombre un secret sacrifice.

PAMMÈNE.

Vous, Seigneur? ô destins! ô céleste justice!
Eh quoi! deux étrangers ont un dessein si beau!
Ils viennent de mon maître honorer le tombeau!
Hélas! le citoyen, timidement fidèle,
N'oserait en ces lieux imiter ce saint zèle.
Dès qu'Egisthe paraît, la piété, Seigneur,
Tremble de se montrer, et rentre au fond du cœur.
Egisthe apporte ici le frein de l'esclavage.
Trop de danger vous suit.

ORESTE.

C'est ce qui m'encourage.

PAMMÈNE.

De tout ce que j'entends que mes sens sont saisis!
Je me tais... Mais, Seigneur, mon maître avait un fils,

---

* Var. *Que je le plains!*

ORESTE.

Qui dans les bras d'Electre... Egisthe ici s'avance :
Clytemnestre le suit... évitez leur présence.

ORESTE.

Quoi ! c'est Egisthe ?

PYLADE.

Il faut vous cacher à ses yeux.

SCÈNE III.

ÉGISTHE, CLYTEMNESTRE plus loin, PAMMÈNE,
SUITE.

ÉGISTHE, à *Pammène*.

A qui dans ce moment parliez-vous dans ces lieux ?
L'un de ces deux mortels porte sur son visage
L'empreinte des grandeurs et les traits du courage ;
Sa démarche, son air, son maintien, m'ont frappé :
Dans une douleur sombre il semble enveloppé :
Quel est-il ? est-il né sous mon obéissance ?

PAMMÈNE.

Je connais son malheur, et non pas sa naissance.
Je devais des secours à ces deux étrangers,
Poussés par la tempête à travers ces rochers ;
S'ils ne me trompent point, la Grèce est leur patrie.

ÉGISTHE.

Répondez d'eux, Pammène : il y va de la vie.

CLYTEMNESTRE.

Eh quoi ! deux malheureux, en ces lieux abordés,
D'un œil si soupçonneux seraient-ils regardés ?

ÉGISTHE.

On murmure, on m'alarme, et tout me fait ombrage.

ACTE II, SCÈNE III.

CLYTEMNESTRE.

Hélas! depuis quinze ans, c'est-là notre partage :
Nous craignons les mortels autant que l'on nous craint ;
Et c'est un des poisons dont mon cœur est atteint.

ÉGISTHE, *à Pammène.*

Allez, dis-je, et sachez quel lieu les a vus naître ;
Pourquoi près du palais ils ont osé paraître ;
De quel port ils partaient ; et surtout quel dessein
Les guida sur ces mers dont je suis souverain.

SCÈNE IV.

ÉGISTHE, CLYTEMNESTRE.

ÉGISTHE.

Clytemnestre, vos dieux ont gardé le silence :
En moi seul désormais mettez votre espérance ;
Fiez-vous à mes soins ; vivez, régnez en paix,
Et d'un indigne fils ne me parlez jamais.
Quant au destin d'Electre, il est temps que j'y pense.
De nos nouveaux desseins j'ai pesé l'importance :
Sans doute elle est à craindre ; et je sais que son nom
Peut lui donner des droits au rang d'Agamemnon ;
Qu'un jour avec mon fils Electre en concurrence
Peut dans les mains du peuple emporter la balance.
Vous voulez qu'aujourd'hui je brise ses liens,
Que j'unisse par vous ses intérêts aux miens?
Vous voulez terminer cette haine fatale,
Ces malheurs attachés aux enfants de Tantale ?
Parlez-lui ; mais craignons tous deux de partager
La honte d'un refus, qu'il nous faudrait venger.

Je me flatte avec vous qu'un si triste esclavage
Doit plier de son cœur la fermeté sauvage ;
Que ce passage heureux, et si peu préparé,
Du rang le plus abject à ce premier degré,
Le poids de la raison qu'une mère autorise,
L'ambition surtout la rendra plus soumise.
Gardez qu'elle résiste à sa félicité :
Il reste un châtiment pour sa témérité.
Ici votre indulgence, et le nom de son père,
Nourrissent son orgueil au sein de la misère :
Qu'elle craigne, Madame, un sort plus rigoureux,
Un exil sans retour, et des fers plus honteux.

SCÈNE V.

CLYTEMNESTRE, ÉLECTRE.

CLYTEMNESTRE.

Ma fille, approchez-vous ; et d'un œil moins austère
Envisagez ces lieux, et surtout une mère.
Je gémis en secret, comme vous soupirez,
De l'avilissement où vos jours sont livrés :
Quoiqu'il fût dû peut-être à votre injuste haine,
Je m'en afflige en mère, et m'en indigne en reine.
J'obtiens grâce pour vous ; vos droits vous sont rendus.

ÉLECTRE.

Ah ! Madame ! à vos pieds...

CLYTEMNESTRE.

Je veux faire encor plus.

ÉLECTRE.

Eh ! quoi ?

ACTE II, SCÈNE V.

CLYTEMNESTRE.

De votre sang soutenir l'origine,
Du grand nom de Pélops réparer la ruine,
Réunir ses enfants trop long-temps divisés.

ÉLECTRE.

Ah! parlez-vous d'Oreste? achevez, disposez.

CLYTEMNESTRE.

Je parle de vous-même; et votre ame obstinée
A son propre intérêt doit être ramenée.
De tant d'abaissement c'est peu de vous tirer :
Electre, au trône un jour il vous faut aspirer.
Vous pouvez, si ce cœur connaît le vrai courage,
De Mycène et d'Argos espérer l'héritage :
C'est à vous de passer, des fers que vous portez,
A ce suprême rang des rois dont vous sortez.
D'Egisthe contre vous j'ai su fléchir la haine;
Il veut vous voir en fille, il vous donne Plistène.
Plistène est d'Epidaure attendu chaque jour :
Votre hymen est fixé pour son heureux retour.
D'un brillant avenir goûtez déjà la gloire :
Le passé n'est plus rien; perdez-en la mémoire.

ÉLECTRE.

A quel oubli, grands Dieux! ose-t-on m'inviter?
Quel horrible avenir m'ose-t-on présenter?
O sort! ô derniers coups tombés sur ma famille!
Songez-vous au héros dont Electre est la fille?
Madame, osez-vous bien, par un crime nouveau,
Abandonner Electre au fils de son bourreau?
Le sang d'Agamemnon! qui? moi? la sœur d'Oreste!
Electre au fils d'Egisthe, au neveu de Thyeste!

Ah! rendez-moi mes fers; rendez-moi tout l'affront
Dont la main des tyrans a fait rougir mon front;
Rendez-moi les horreurs de cette servitude,
Dont j'ai fait une épreuve et si longue et si rude.
L'opprobre est mon partage; il convient à mon sort.
J'ai supporté la honte, et vu de près la mort.
Votre Egisthe cent fois m'en avait menacée;
Mais enfin c'est par vous qu'elle m'est annoncée.
Cette mort à mes sens inspire moins d'effroi
Que les horribles vœux qu'on exige de moi.
Allez; de cet affront je vois trop bien la cause;
Je vois quels nouveaux fers un lâche me propose.
Vous n'avez plus de fils; son assassin cruel
Craint les droits de ses sœurs au trône paternel;
Il veut forcer mes mains à seconder sa rage,
Assurer à Plistène un sanglant héritage,
Joindre un droit légitime aux droits des assassins,
Et m'unir aux forfaits par les nœuds les plus saints.
Ah! si j'ai quelques droits, s'il est vrai qu'il les craigne,
Dans ce sang malheureux que sa main les éteigne;
Qu'il achève à vos yeux de déchirer mon sein :
Et si ce n'est assez, prêtez-lui votre main;
Frappez; joignez Electre à son malheureux frère;
Frappez, dis-je : à vos coups je connaîtrai ma mère.

CLYTEMNESTRE.

Ingrate, c'en est trop; et toute ma pitié
Cède enfin dans mon cœur à ton inimitié.
Que n'ai-je point tenté? que pouvais-je plus faire,
Pour fléchir, pour briser ton cruel caractère?
Tendresse, châtiments, retour de mes bontés,

Tes reproches sanglants souvent même écoutés,
Raison, menace, amour, tout, jusqu'à la couronne,
Où tu n'as d'autres droits que ceux que je te donne.
J'ai prié, j'ai puni, j'ai pardonné sans fruit :
Va, j'abandonne Electre au malheur qui la suit;
Va, je suis Clytemnestre, et surtout je suis reine.
Le sang d'Agamemnon n'a de droits qu'à ma haine.
C'est trop flatter la tienne, et de ma faible main
Caresser le serpent qui déchire mon sein.
Pleure, tonne, gémis, j'y suis indifférente.
Je ne verrai dans toi qu'une esclave imprudente,
Flottant entre la plainte et la témérité,
Sous la puissante main de son maître irrité.
Je t'aimai malgré toi; l'aveu m'en est bien triste :
Je ne suis plus pour toi que la femme d'Egisthe;
Je ne suis plus ta mère, et toi seule as rompu
Ces nœuds infortunés de ce cœur combattu,
Ces nœuds qu'en frémissant réclamait la nature,
Que ma fille déteste, et qu'il faut que j'abjure.

SCÈNE VI.

ÉLECTRE, *seule*.

Et c'est ma mère! ô Ciel! fut-il jamais pour moi,
Depuis la mort d'un père, un jour plus plein d'effroi?
Hélas! j'en ai trop dit : ce cœur plein d'amertume
Répandait malgré lui le fiel qui le consume.
Je m'emporte, il est vrai; mais ne m'a-t-elle pas
D'Oreste, en ses discours, annoncé le trépas?

On offre sa dépouille à sa sœur désolée!
De ces lieux tout sanglants la nature exilée,
Et qui ne laisse ici qu'un nom qui fait horreur,
Se renfermait pour lui toute entière en mon cœur.
S'il n'est plus, si ma mère à ce point m'a trahie,
A quoi bon ménager ma plus grande ennemie?
Pourquoi? pour obtenir de ses tristes faveurs
De ramper dans la cour de mes persécuteurs?
Pour lever en tremblant, aux dieux qui me trahissent,
Ces languissantes mains que mes chaînes flétrissent?
Pour voir avec des yeux de larmes obscurcis,
Dans le lit de mon père, et sur son trône assis,
Ce monstre, ce tyran, ce ravisseur funeste,
Qui m'ôte encor ma mère, et me prive d'Oreste?

SCÈNE VII.

ÉLECTRE, IPHISE.

IPHISE.
Chère Electre, apaisez ces cris de la douleur.

ÉLECTRE.
Moi!

IPHISE.
Partagez ma joie.

ÉLECTRE.
Au comble du malheur,
Quelle funeste joie à nos cœurs étrangère!

IPHISE.
Espérons.

ACTE II, SCÈNE VII.

ÉLECTRE.

Non, pleurez; si j'en crois une mère,
Oreste est mort, Iphise.

IPHISE.

Ah! si j'en crois mes yeux,
Oreste vit encore, Oreste est en ces lieux.

ÉLECTRE.

Grands Dieux! Oreste? lui! serait-il bien possible?
Ah! gardez d'abuser une ame trop sensible.
Oreste, dites-vous?

IPHISE.

Oui.

ÉLECTRE.

D'un songe flatteur
Ne me présentez pas la dangereuse erreur.
Oreste! poursuivez; je succombe à l'atteinte
Des mouvements confus d'espérance et de crainte.

IPHISE.

Ma sœur, deux inconnus, qu'à travers mille morts
La main d'un dieu, sans doute, a jetés sur ces bords,
Recueillis par les soins du fidèle Pammène...
L'un des deux...

ÉLECTRE.

Je me meurs, et me soutiens à peine.
L'un des deux...?

IPHISE.

Je l'ai vu; quel feu brille en ses yeux!
Il avait l'air, le port, le front des demi-dieux,
Tel qu'on peint le héros qui triompha de Troie;
La même majesté sur son front se déploie.

A mes avides yeux soigneux de s'arracher,
Chez Pammène en secret il semble se cacher.
Interdite, et le cœur tout plein de son image,
J'ai couru vous chercher sur ce triste rivage,
Sous ces sombres cyprès, dans ce temple éloigné,
Enfin vers ce tombeau de nos larmes baigné.
Je l'ai vu, ce tombeau couronné de guirlandes,
De l'eau sainte arrosé, couvert encor d'offrandes ;
Des cheveux, si mes yeux ne se sont pas trompés,
Tels que ceux du héros dont mes sens sont frappés ;
Une épée, et c'est-là ma plus forte espérance,
C'est le signe éclatant du jour de la vengeance :
Et quel autre qu'un fils, qu'un frère, qu'un héros,
Suscité par les Dieux pour le salut d'Argos,
Aurait osé braver ce tyran redoutable ?
C'est Oreste, sans doute ; il en est seul capable :
C'est lui, le Ciel l'envoie ; il m'en daigne avertir.
C'est l'éclair qui paraît ; la foudre va partir.

ÉLECTRE.

Je vous crois ; j'attends tout : mais n'est-ce point un piége
Que tend de mon tyran la fourbe sacrilége ?
Allons : de mon bonheur il me faut assurer.
Ces étrangers... Courons ; mon cœur va m'éclairer.

IPHISE.

Pammène m'avertit ; Pammène nous conjure
De ne point approcher de sa retraite obscure.
Il y va de ses jours.

ÉLECTRE.

Ah ! que m'avez-vous dit ?
Non ; vous êtes trompée, et le Ciel nous trahit.

ACTE II, SCÈNE VII.

Mon frère, après seize ans, rendu dans sa patrie,
Eût volé dans les bras qui sauvèrent sa vie ;
Il eût porté la joie à ce cœur désolé ;
Loin de vous fuir, Iphise, il vous aurait parlé.
Ce fer vous rassurait, et j'en suis alarmée.
Une mère cruelle est trop bien informée.
J'ai cru voir, et j'ai vu dans ses yeux interdits
Le barbare plaisir d'avoir perdu son fils.
N'importe, je conserve un reste d'espérance ;
Ne m'abandonnez pas, ô dieux de la vengeance !
Pammène à mes transports pourra-t-il résister ?
Il faut qu'il parle ; allons : rien ne peut m'arrêter.

IPHISE.

Vous vous perdez ; songez qu'un maître impitoyable
Nous obsède, nous suit d'un œil inévitable.
Si mon frère est venu, nous l'allons découvrir ;
Ma sœur, en lui parlant, nous le faisons périr :
Et si ce n'est pas lui, notre recherche vaine
Irrite nos tyrans, met en danger Pammène.
Je revole au tombeau que je puis honorer :
Clytemnestre du moins m'a permis d'y pleurer.
Cet étranger, ma sœur, y peut paraître encore ;
C'est un asile sûr : et le Ciel que j'implore,
Ce Ciel, dont votre audace accuse les rigueurs,
Pourra le rendre encore à vos cris, à mes pleurs.
Venez.

ÉLECTRE.

De quel espoir ma douleur est suivie !
Ah ! si vous me trompez, vous m'arrachez la vie.

FIN DU SECOND ACTE.

ACTE TROISIÈME.

SCÈNE I.

ORESTE, PYLADE.

(*Un esclave porte une urne, et un autre une épée.*)

PYLADE.

Quoi! verrai-je toujours ta grande ame égarée
Souffrir tous les tourments des descendants d'Atrée?
De l'attendrissement passer à la fureur?

ORESTE.

C'est le destin d'Oreste; il est né pour l'horreur.
J'étais dans ce tombeau, lorsque ton œil fidèle
Veillait sur ces dépôts confiés à ton zèle;
J'appelais en secret ces mânes indignés;
Je leur offrais mes dons, de mes larmes baignés.
Une femme, vers moi courant désespérée,
Avec des cris affreux dans la tombe est entrée,
Comme si, dans ces lieux qu'habite la terreur,
Elle eût fui sous les coups de quelque Dieu vengeur.
Elle a jeté sur moi sa vue épouvantée:
Elle a voulu parler; sa voix s'est arrêtée.
J'ai vu soudain, j'ai vu les filles de l'enfer
Sortir entre elle et moi de l'abîme entr'ouvert.
Leurs serpents, leurs flambeaux, leur voix sombre et terrible,
M'inspiraient un transport inconcevable, horrible,

Une fureur atroce; et je sentais ma main
Se lever, malgré moi, prête à percer son sein :
Ma raison s'enfuyait de mon ame éperdue.
Cette femme en tremblant s'est soustraite à ma vue,
Sans s'adresser aux Dieux, et sans les honorer;
Elle semblait les craindre, et non les adorer.
Plus loin, versant des pleurs, une fille timide,
Sur la tombe et sur moi fixant un œil avide,
D'Oreste en gémissant a prononcé le nom.

SCÈNE II.

ORESTE, PYLADE, PAMMÈNE.

ORESTE, à *Pammène*.

O vous qui secourez le sang d'Agamemnon,
Vous vers qui nos malheurs et nos Dieux sont mes guides,
Parlez, révélez-moi les destins des Atrides :
Qui sont ces deux objets dont l'un m'a fait horreur,
Et l'autre a dans mes sens fait passer la douleur?
Ces deux femmes...

PAMMÈNE.

Seigneur, l'une était votre mère...

ORESTE.

Clytemnestre! elle insulte aux mânes de mon père?

PAMMÈNE.

Elle venait aux Dieux, vengeurs des attentats,
Demander un pardon qu'elle n'obtiendra pas.
L'autre était votre sœur, la tendre et simple Iphise,
A qui de ce tombeau l'entrée était permise.

ORESTE.

Hélas! que fait Electre?

PAMMÈNE.

Elle croit votre mort;
Elle pleure.

ORESTE.

Ah! grands Dieux, qui conduisez mon sort,
Quoi! vous ne voulez pas que ma bouche affligée
Console de mes sœurs la tendresse outragée!
Quoi! toute ma famille, en ces lieux abhorrés,
Est un sujet de trouble à mes sens déchirés!

PAMMÈNE.

Obéissons aux Dieux.

ORESTE.

Que cet ordre est sévère!

PAMMÈNE.

Ne vous en plaignez point; cet ordre est salutaire:
La vengeance est pour eux. Ils ne prétendent pas
Qu'on touche à leur ouvrage, et qu'on aide leurs bras:
Electre vous nuirait, loin de vous être utile;
Son caractère ardent, son courage indocile,
Incapable de feindre et de rien ménager,
Servirait à vous perdre, au lieu de vous venger.

ORESTE.

Mais quoi! les abuser par cette feinte horrible?

PAMMÈNE.

N'oubliez point ces Dieux, dont le secours sensible
Vous a rendu la vie au milieu du trépas.
Contre leurs volontés si vous faites un pas,

ACTE III, SCÈNE II.

Ce moment vous dévoue à leur haine fatale :
Tremblez, malheureux fils d'Atrée et de Tantale,
Tremblez de voir sur vous, en ces lieux détestés,
Tomber tous les fléaux du sang dont vous sortez.

ORESTE.

Pourquoi nous imposer, par des lois inhumaines,
Et des devoirs nouveaux, et de nouvelles peines?
Les mortels malheureux n'en ont-ils pas assez !
Sous des fardeaux sans nombre ils vivent terrassés.
A quel prix, Dieux puissants, avons-nous reçu l'être?
N'importe, est-ce à l'esclave à condamner son maître?
Obéissons, Pammène.

PAMMÈNE.

Il le faut, et je cours
Eblouir le barbare armé contre vos jours.
Je dirai qu'aujourd'hui le meurtrier d'Oreste
Doit remettre en ses mains cette cendre funeste.

ORESTE.

Allez donc. Je rougis même de le tromper.

PAMMÈNE.

Aveuglons la victime afin de la frapper.

SCÈNE III.

ORESTE, PYLADE.

PYLADE.

Apaise de tes sens le trouble involontaire ;
Renferme dans ton cœur un secret nécessaire :
Cher Oreste, crois-moi, des femmes et des pleurs
Du sang d'Agamemnon sont de faibles vengeurs.

ORESTE.

Trompons surtout Egisthe et ma coupable mère.
Qu'ils goûtent de ma mort la douceur passagère;
Si pourtant une mère a pu porter jamais
Sur la cendre d'un fils des regards satisfaits!

PYLADE.

Attendons-les ici tous deux à leur passage.

SCÈNE IV.

ÉLECTRE, IPHISE, *d'un côté;* ORESTE, PYLADE, *de l'autre, avec un esclave qui porte l'urne et l'épée.*

ÉLECTRE.

L'espérance trompée accable et décourage.
Un seul mot de Pammène a fait évanouir
Ces songes imposteurs dont vous osiez jouir.
Ce jour faible et tremblant, qui consolait ma vue,
Laisse une horrible nuit sur mes yeux répandue.
Ah! la vie est pour nous un cercle de douleur.

ORESTE, à *Pylade.*

Tu vois ces deux objets; ils m'arrachent le cœur.

PYLADE.

Sous les lois des tyrans tout gémit, tout s'attriste.

ORESTE.

La plainte doit régner dans l'empire d'Egisthe.

IPHISE, à *Electre.*

Voilà ces étrangers.

ÉLECTRE.

Présages douloureux!
Le nom d'Egisthe, ô Ciel! est prononcé par eux.

ACTE III, SCÈNE IV.

IPHISE.

L'un d'eux est ce héros dont les traits m'ont frappée.

ÉLECTRE.

Hélas! ainsi que vous j'aurais été trompée.

(*A Oreste.*)

Eh! qui donc êtes-vous, étrangers malheureux?
Que venez-vous chercher sur ce rivage affreux?

ORESTE.

Nous attendons ici les ordres, la présence
Du roi qui tient Argos sous son obéissance.

ÉLECTRE.

Qui? du roi! quoi! des Grecs osent donner ce nom
Au tyran qui versa le sang d'Agamemnon!

PYLADE.

Il règne; c'est assez : et le Ciel nous ordonne
Que, sans peser ses droits, nous respections son trône.

ÉLECTRE.

Maxime horrible et lâche! Eh! que demandez-vous
Au monstre ensanglanté qui règne ici sur nous?

PYLADE.

Nous venons lui porter des nouvelles heureuses.

ÉLECTRE.

Elles sont donc pour nous inhumaines, affreuses?

IPHISE, *en voyant l'urne.*

Quelle est cette urne, hélas! O surprise! ô douleurs!

PYLADE.

Oreste...

ÉLECTRE.

Oreste! ah Dieux! il est mort; je me meurs.

ORESTE, *à Pylade.*

Qu'avons-nous fait, ami? peut-on les méconnaître
A l'excès des douleurs que nous voyons paraître?
Tout mon sang se soulève. Ah, Princesse! ah, vivez!

ÉLECTRE.

Moi, vivre! Oreste est mort. Barbares, achevez.

IPHISE.

Hélas! d'Agamemnon vous voyez ce qui reste,
Ses deux filles, les sœurs du malheureux Oreste.

ORESTE.

Electre! Iphise! où suis-je? impitoyables Dieux!
(*A celui qui porte l'urne.*)
Otez ces monuments; éloignez de leurs yeux
Cette urne dont l'aspect...

ÉLECTRE, *revenant à elle, et courant vers l'urne.*
      Cruel, qu'osez-vous dire?
Ah! ne m'en privez pas; et devant que j'expire,
Laissez, laissez toucher à mes tremblantes mains
Ces restes échappés à des dieux inhumains.
Donnez.
(*Elle prend l'urne et l'embrasse.*)

ORESTE.

Que faites-vous? cessez.

PYLADE.

      Le seul Egisthe
Dut recevoir de nous ce monument si triste.

ÉLECTRE.

Qu'entends-je? ô nouveau crime! ô désastres plus grands!
Les cendres de mon frère aux mains de mes tyrans!
Des meurtriers d'Oreste, ô Ciel, suis-je entourée?

ACTE III, SCÈNE IV.

ORESTE.

De ce reproche affreux mon ame déchirée
Ne peut plus...

ÉLECTRE.

Et c'est vous qui partagez mes pleurs?
Au nom du fils des rois, au nom des Dieux vengeurs,
S'il n'est pas mort par vous, si vos mains généreuses
Ont daigné recueillir ses cendres malheureuses...

ORESTE.

Ah Dieux!...

ÉLECTRE.

Si vous plaignez son trépas et ma mort,
Répondez-moi; comment avez-vous su son sort?
Etiez-vous son ami? dites-moi qui vous êtes,
Vous surtout dont les traits... Vos bouches sont muettes;
Quand vous m'assassinez, vous êtes attendris.

ORESTE.

C'en est trop, et les Dieux sont trop bien obéis.

ÉLECTRE.

Que dites-vous?

ORESTE.

Laissez ces dépouilles horribles.

ÉLECTRE.

Tous les cœurs aujourd'hui seront-ils inflexibles?
Non, fatal étranger, je ne rendrai jamais
Ces présents douloureux que ta pitié m'a faits;
C'est Oreste, c'est lui... Vois sa sœur expirante
L'embrasser en mourant de sa main défaillante.

ORESTE.

Je n'y résiste plus. Dieux inhumains, tonnez.
Electre...

ORESTE.
ÉLECTRE.

Eh bien?

ORESTE.

Je dois...

PYLADE.

Ciel!

ÉLECTRE.

Poursuis.

ORESTE.

Apprenez...

SCÈNE V.

ÉGISTHE, CLYTEMNESTRE, ORESTE, PYLADE, ÉLECTRE, IPHISE, PAMMÈNE, gardes.

ÉGISTHE.

Quel spectacle! ô fortune à mes lois asservie!
Pammène, est-il donc vrai? mon rival est sans vie?
Vous ne me trompiez point; sa douleur m'en instruit.

ÉLECTRE.

O rage! ô dernier jour!

ORESTE.

Où me vois-je réduit?

ÉGISTHE.

Qu'on ôte de ses mains ces dépouilles d'Oreste.
(On prend l'urne des mains d'Électre.)

ÉLECTRE.

Barbare, arrache-moi le seul bien qui me reste:
Tigre, avec cette cendre, arrache-moi le cœur;
Joins le père aux enfants, joins le frère à la sœur.

Monstre heureux, à tes pieds vois toutes tes victimes ;
Jouis de ton bonheur, jouis de tous tes crimes.
Contemplez avec lui des spectacles si doux,
Mère trop inhumaine ; ils sont dignes de vous.

(*Iphise l'emmène.*)

SCÈNE VI.

ÉGISTHE, CLYTEMNESTRE, ORESTE, PYLADE,
GARDES.

CLYTEMNESTRE.

Que me faut-il entendre !

ÉGISTHE.

Elle en sera punie.
Qu'elle se plaigne au Ciel, ce Ciel me justifie ;
Sans me charger du meurtre, il l'a du moins permis :
Nos jours sont assurés, nos trônes affermis.
Voilà donc ces deux Grecs échappés du naufrage,
De qui je dois payer le zèle et le courage.

ORESTE.

C'est nous-mêmes : j'ai dû vous offrir ces présents,
D'un important trépas gages intéressants ;
Ce glaive, cet anneau, vous devez les connaître ;
Agamemnon les eut, quand il fut votre maître ;
Oreste les portait.

CLYTEMNESTRE.

Quoi ! c'est vous que mon fils...

ÉGISTHE.

Si vous l'avez vaincu, je vous en dois le prix.
De quel sang êtes-vous ? qui vois-je en vous paraître ?

ORESTE.

Mon nom n'est point connu... Seigneur, il pourra l'être.
Mon père aux champs troyens a signalé son bras,
Aux yeux de tous ces rois vengeurs de Ménélas.
Il périt dans ces temps de malheurs et de gloire
Qui des Grecs triomphants ont suivi la victoire.
Ma mère m'abandonne, et je suis sans secours;
Des ennemis cruels ont poursuivi mes jours.
Cet ami me tient lieu de fortune et de père.
J'ai recherché l'honneur, et bravé la misère.
Seigneur, tel est mon sort.

ÉGISTHE.

Dites-moi dans quels lieux
Votre bras m'a vengé de ce prince odieux.

ORESTE.

Dans les champs d'Hermione, au tombeau d'Achémore,
Dans un bois qui conduit au temple d'Epidaure.

ÉGISTHE.

Mais le roi d'Epidaure avait proscrit ses jours :
D'où vient qu'à ses bienfaits vous n'avez point recours?

ORESTE.

Je chéris la vengeance, et je hais l'infamie.
Ma main d'un ennemi n'a point vendu la vie.
Des intérêts secrets, Seigneur, m'avaient conduit;
Cet ami les connut, il en fut seul instruit.
Sans implorer des rois, je venge ma querelle.
Je suis loin de vanter ma victoire et mon zèle;
Pardonnez. Je frissonne à tout ce que je voi,
Seigneur... d'Agamemnon la veuve est devant moi...

ACTE III, SCÈNE VI.

Peut-être je la sers, peut-être je l'offense :
Il ne m'appartient pas de braver sa présence.
Je sors...

ÉGISTHE.

Non, demeurez.

CLYTEMNESTRE.

Qu'il s'écarte, Seigneur;
Son aspect me remplit d'épouvante et d'horreur.
C'est lui que j'ai trouvé dans la demeure sombre
Où d'un roi malheureux repose la grande ombre.
Les déités du Styx marchaient à ses côtés.

ÉGISTHE.

Qui! vous?... qu'osiez-vous faire en ces lieux écartés?

ORESTE.

J'allais, comme la reine, implorer la clémence
De ces mânes sanglants qui demandent vengeance.
Le sang qu'on a versé doit s'expier, Seigneur.

CLYTEMNESTRE.

Chaque mot est un trait enfoncé dans mon cœur.
Eloignez de mes yeux cet assassin d'Oreste.

ORESTE.

Cet Oreste, dit-on, dut vous être funeste :
On disait que, proscrit, errant et malheureux,
De haïr une mère il eut le droit affreux.

CLYTEMNESTRE.

Il naquit pour verser le sang qui le fit naître.
Tel fut le sort d'Oreste, et son dessein peut-être.
De sa mort cependant mes sens sont pénétrés.
Vous me faites frémir, vous qui m'en délivrez.

ORESTE.

Qui, lui, Madame? un fils armé contre sa mère! *
Ah! qui peut effacer ce sacré caractère?
Il respectait son sang... peut-être il eût voulu...

CLYTEMNESTRE.

Ah Ciel!

ÉGISTHE.

Que dites-vous? où l'avez-vous connu?

PYLADE.

Il se perd... Aisément les malheureux s'unissent;
Trop promptement liés, promptement ils s'aigrissent;
Nous le vîmes dans Delphe.

ORESTE.

Oui... j'y sus son dessein.

ÉGISTHE.

Eh bien, quel était-il?

ORESTE.

De vous percer le sein.

ÉGISTHE.

Je connaissais sa rage, et je l'ai méprisée.
Mais de ce nom d'Oreste Electre autorisée
Semblait tenir encor tout l'Etat partagé;
C'est d'Electre surtout que vous m'avez vengé.
Elle a mis aujourd'hui le comble à ses offenses :
Comptez-la désormais parmi vos récompenses.
Oui, ce superbe objet contre moi conjuré,
Ce cœur enflé d'orgueil, et de haine enivré,

---

* Il y a dans l'*Électre* de Longepierre :
Une mère à ses yeux, Madame, est toujours mère.

Qui même de mon fils dédaigna l'alliance ;
Digne sœur d'un barbare avide de vengeance,
Je la mets dans vos fers ; elle va vous servir :
C'est m'acquitter vers vous, bien moins que la punir.
Si de Priam jadis la race malheureuse
Traîna chez ses vainqueurs une chaîne honteuse,
Le sang d'Agamemnon peut servir à son tour.

CLYTEMNESTRE.

Qui, moi ? je souffrirais...

ÉGISTHE.

Eh, Madame, en ce jour,
Défendez-vous encor ce sang qui vous déteste ?
N'épargnez point Electre, ayant proscrit Oreste.

(*A Oreste.*)

Vous... laissez cette cendre à mon juste courroux.

ORESTE.

J'accepte vos présents ; cette cendre est à vous.

CLYTEMNESTRE.

Non, c'est pousser trop loin la haine et la vengeance ;
Qu'il parte, qu'il emporte une autre récompense.
Vous-même, croyez-moi, quittons ces tristes bords,
Qui n'offrent à mes yeux que les cendres des morts.
Osons-nous préparer ce festin sanguinaire,
Entre l'urne du fils et la tombe du père ?
Osons-nous appeler à nos solennités
Les dieux de ma famille à qui vous insultez,
Et livrer, dans les jeux d'une pompe funeste,
Le sang de Clytemnestre au meurtrier d'Oreste ?
Non, trop d'horreur ici s'obstine à me troubler :
Quand je connais la crainte, Egisthe peut trembler.

ORESTE.

Ce meurtrier m'accable; et je sens que sa vue
A porté dans mon cœur un poison qui me tue.
Je cède, et je voudrais, dans ce mortel effroi,
Me cacher à la terre, et, s'il se peut, à moi.

(*Elle sort.*)

ÉGISTHE, *à Oreste.*

Demeurez. Attendez que le temps la désarme.
La nature un moment jette un cri qui l'alarme;
Mais bientôt, dans un cœur à la raison rendu,
L'intérêt parle en maître, et seul est entendu.
En ces lieux, avec nous, célébrez la journée
De son couronnement, et de mon hyménée.

(*A sa suite.*)

Et vous... dans Epidaure allez chercher mon fils;
Qu'il vienne confirmer tout ce qu'ils m'ont appris.

SCÈNE VII.

ORESTE, PYLADE.

ORESTE.

Va, tu verras Oreste à tes pompes cruelles;
Va, j'ensanglanterai la fête où tu m'appelles.

PYLADE.

Dans tous ces entretiens, que je tremble pour vous!
Je crains votre tendresse, et plus votre courroux;
Dans ses émotions je vois votre ame altière,
A l'aspect du tyran, s'élançant toute entière;
Tout prêt à l'insulter, tout prêt à vous trahir,
Au nom d'Agamemnon vous m'avez fait frémir.

ACTE III, SCÈNE VII.

ORESTE.

Ah! Clytemnestre encor trouble plus mon courage.
Dans mon cœur déchiré quel douloureux partage!
As-tu vu dans ses yeux, sur son front interdit,
Les combats qu'en son ame excitait mon récit?
Je les éprouvais tous : ma voix était tremblante.
Ma mère en me voyant s'effraie et m'épouvante.
Le meurtre de mon père, et mes sœurs à venger,
Un barbare à punir, la reine à ménager,
Electre, son tyran; mon sang qui se soulève;
Que de tourments secrets! ô Dieu terrible, achève!
Précipite un moment trop lent pour ma fureur,
Ce moment de vengeance, et que prévient mon cœur!
Quand pourrai-je servir ma tendresse et ma haine,
Mêler le sang d'Egisthe aux cendres de Plistène,
Immoler ce tyran, le montrer à ma sœur,
Expirant sous mes coups, pour la tirer d'erreur?

SCÈNE VIII.

ORESTE, PYLADE, PAMMÈNE.

ORESTE.

Qu'as-tu fait, cher Pammène? as-tu quelque espérance?

PAMMÈNE.

Seigneur, depuis ce jour fatal à votre enfance,
Où j'ai vu dans ces lieux votre père égorgé,
Jamais plus de périls ne vous ont assiégé.

ORESTE.

Comment?

PYLADE.

Quoi! pour Oreste aurai-je à craindre encore?

PAMMÈNE.

Il arrive à l'instant un courrier d'Epidaure;
Il est avec Egisthe; il glace mes esprits :
Egisthe est informé de la mort de son fils.

PYLADE.

Ciel!

ORESTE.

Sait-il que ce fils, élevé dans le crime,
Du fils d'Agamemnon est tombé la victime?

PAMMÈNE.

On parle de sa mort, on ne dit rien de plus :
Mais de nouveaux avis sont encore attendus.
On se tait à la cour, on cache à la contrée
Que d'un de ses tyrans la Grèce est délivrée.
Egisthe, avec la reine en secret renfermé,
Ecoute ce récit, qui n'est pas confirmé :
Et c'est ce que j'apprends d'un serviteur fidèle,
Qui, pour le sang des rois comme moi plein de zèle,
Gémissant et caché, traîne encor ses vieux ans
Dans un service ingrat, à la cour des tyrans.

ORESTE.

De la vengeance au moins j'ai goûté les prémices;
Mes mains ont commencé mes justes sacrifices :
Les Dieux permettront-ils que je n'achève pas?
Cher Pylade, est-ce en vain qu'ils ont armé mon bras?
Par des bienfaits trompeurs exerçant leur colère,
M'ont-ils donné le fils, pour me livrer au père?
Marchons; notre péril doit nous déterminer :

ACTE III, SCÈNE VIII.

Qui ne craint point la mort, est sûr de la donner.
Avant qu'un jour plus grand puisse éclairer sa rage,
Je veux de ce moment saisir tout l'avantage.

PAMMÈNE.

Eh bien ! il faut paraître, il faut vous découvrir
A ceux qui pour leur roi sauront du moins mourir;
Il en est, j'en reponds, cachés dans ces asiles;
Plus ils sont inconnus, plus ils seront utiles.

PYLADE.

Allons; et si les noms d'Oreste et de sa sœur,
Si l'indignation contre l'usurpateur,
Le tombeau de ton père, et l'aspect de sa cendre,
Les Dieux qui t'ont conduit, ne peuvent te défendre;
S'il faut qu'Oreste meurt en ces lieux abhorrés,
Je t'ai voué mes jours, ils te sont consacrés.
Nous périrons unis; c'est l'espoir qui me reste :
Pylade à tes côtés mourra digne d'Oreste.

ORESTE.

Ciel, ne frappe que moi; mais daigne, en ta pitié,
Protéger son courage, et servir l'amitié.

FIN DU TROISIÈME ACTE.

ACTE QUATRIÈME.

SCÈNE I.

ORESTE, PYLADE.

ORESTE.

De Pammène, il est vrai, la sage vigilance
D'Egisthe pour un temps trompe la défiance;
On lui dit que les Dieux, de Tantale ennemis,
Frappaient en même temps le dernier de ses fils.
Peut-être que le Ciel, qui pour nous se déclare,
Répand l'aveuglement sur les yeux du barbare.
Mais tu vois ce tombeau si cher à ma douleur;
Ma main l'avait chargé de mon glaive vengeur;
Ce fer est enlevé par des mains sacriléges:
L'asile de la mort n'a plus de priviléges;
Et je crains que ce glaive, à mon tyran porté,
Ne lui donne sur nous quelque affreuse clarté.
Précipitons l'instant où je veux le surprendre.

PYLADE.

Pammène veille à tout; sans doute il faut l'attendre.
Dès que nous aurons vu, dans ces bois écartés,
Le peu de vos sujets à vous suivre excités,
Par trois divers chemins retrouvons-nous ensemble,
Non loin de cette tombe, au lieu qui nous rassemble.

ORESTE.

Allons... Pylade, ah Ciel! ah, trop barbare loi!
Ma rigueur assassine un cœur qui vit pour moi!
Quoi! j'abandonne Electre à sa douleur mortelle!

PYLADE.

Tu l'as juré, poursuis, et ne redoute qu'elle.
Electre peut te perdre, et ne peut te servir;
Les yeux de tes tyrans sont tout près de s'ouvrir :
Renferme cette amour et si sainte et si pure.
Doit-on craindre en ces lieux de dompter la nature?
Ah! de quels sentiments te laisses-tu troubler?
Il faut venger Electre, et non la consoler.

ORESTE.

Pylade, elle s'avance, et me cherche peut-être.

PYLADE.

Ses pas sont épiés; garde-toi de paraître.
Va, j'observerai tout avec empressement :
Les yeux de l'amitié se trompent rarement.

SCÈNE II.

ÉLECTRE, IPHISE, PYLADE.

ÉLECTRE.

Le perfide... il échappe à ma vue indignée.
En proie à ma fureur, et de larmes baignée,
Je reste sans vengeance, ainsi que sans espoir.

(A Pylade.)

Toi, qui sembles frémir, et qui n'oses me voir;
Toi, compagnon du crime, apprends-moi donc, barbare,
Où va cet assassin, de mon sang trop avare?
Ce maître à qui je suis, qu'un tyran m'a donné?

ORESTE.

PYLADE.

Il remplit un devoir par le Ciel ordonné;
Il obéit aux Dieux : imitez-le, Madame.
Les arrêts du destin trompent souvent notre ame;
Il conduit les mortels, il dirige leurs pas,
Par des chemins secrets qu'ils ne connaissent pas;
Il plonge dans l'abîme, et bientôt en retire;
Il accable de fers, il élève à l'empire;
Il fait trouver la vie au milieu des tombeaux.
Gardez de succomber à vos tourments nouveaux :
Soumettez-vous; c'est tout ce que je puis vous dire.

SCÈNE III.

ÉLECTRE, IPHISE.

ÉLECTRE.

Ses discours ont accru la fureur qui m'inspire.
Que veut-il? prétend-il que je doive souffrir
L'abominable affront dont on m'ose couvrir?
La mort d'Agamemnon, l'assassinat d'un frère,
N'avaient donc pu combler ma profonde misère!
Après quinze ans de maux et d'opprobres soufferts,
De l'assassin d'Oreste il faut porter les fers,
Et, pressée en tout temps d'une main meurtrière,
Servir tous les bourreaux de ma famille entière!
Glaive affreux, fer sanglant, qu'un outrage nouveau
Exposait en triomphe à ce sacré tombeau,
Fer teint du sang d'Oreste, exécrable trophée,
Qui trompas un moment ma douleur étouffée;

ACTE IV, SCÈNE III.

Toi qui n'es qu'un outrage à la cendre des morts,
Sers un projet plus digne, et mes justes efforts.
Egisthe, m'a-t-on dit, s'enferme avec la reine;
De quelque nouveau crime il prépare la scène;
Pour fuir la main d'Electre, il prend de nouveaux soins :
A l'assassin d'Oreste on peut aller du moins.
Je ne puis me baigner dans le sang des deux traîtres :
Allons, je vais du moins punir un de mes maîtres.

IPHISE.

Est-il bien vrai qu'Oreste ait péri de sa main?
J'avais cru voir en lui le cœur le plus humain.
Il partageait ici notre douleur amère.
Je l'ai vu révérer la cendre de mon père.

ÉLECTRE.

Ma mère en fait autant : les coupables mortels
Se baignent dans le sang, et tremblent aux autels.
Ils passent, sans rougir, du crime au sacrifice.
Est-ce ainsi que des Dieux on trompe la justice?
Il ne trompera pas mon courage irrité.
Quoi! de ce meurtre affreux ne s'est-il pas vanté?
Egisthe au meurtrier ne m'a-t-il pas donnée?
Ne suis-je pas enfin la preuve infortunée,
La victime, le prix de ces noirs attentats,
Dont vous osez douter, quand je meurs dans vos bras,
Quand Oreste au tombeau m'appelle avec son père?
Ma sœur, ah! si jamais Electre vous fut chère,
Ayez du moins pitié de mon dernier moment :
Il faut qu'il soit terrible; il faut qu'il soit sanglant.
Allez; informez-vous de ce que fait Pammène,
Et si le meurtrier n'est point avec la reine.

La cruelle a, dit-on, flatté mes ennemis;
Tranquille, elle a reçu l'assassin de son fils.
On l'a vu partager (et ce crime est croyable)
De son indigne époux la joie impitoyable.
Une mère! ah, grands Dieux!.. ah! je veux de ma main,
A ses yeux, dans ses bras, immoler l'assassin;
Je le veux.

IPHISE.

Vos douleurs lui font trop d'injustice;
L'aspect du meurtrier est pour elle un supplice.
Ma sœur, au nom des Dieux, ne précipitez rien.
Je vais avec Pammène avoir un entretien.
Electre, ou je m'abuse, ou l'on s'obstine à taire,
A cacher à nos yeux un important mystère.
Peut-être on craint en vous ces éclats douloureux,
Imprudence excusable au cœur des malheureux.
On se cache de vous; Pammène vous évite;
J'ignore comme vous quel projet il médite :
Laissez-moi lui parler, laissez-moi vous servir.
Ne vous préparez pas un nouveau repentir.

SCÈNE IV.

ÉLECTRE, *seule.*

Un repentir! qui? moi! mes mains désespérées
Dans ce grand abandon seront plus assurées.
Euménides, venez, soyez ici mes dieux;
Vous connaissez trop bien ces détestables lieux,
Ce palais plus rempli de malheurs et de crimes,
Que vos gouffres profonds regorgeant de victimes.

ACTE IV, SCÈNE IV.

Filles de la vengeance, armez-vous, armez-moi ;
Venez avec la mort, qui marche avec l'effroi :
Que vos fers, vos flambeaux, vos glaives étincellent;
Oreste, Agamemnon, Electre, vous appellent :
Les voici, je les vois, et les vois sans terreur ;
L'aspect de mes tyrans m'inspirait plus d'horreur.
Ah! le barbare approche ; il vient, ses pas impies
Sont, à mes yeux vengeurs, entourés des furies.
L'enfer me le désigne, et le livre à mon bras.

SCÈNE V.

ÉLECTRE, *dans le fond;* ORESTE, *d'un autre côté.*

ORESTE.

Où suis-je? C'est ici qu'on adressa mes pas.
O ma patrie ! ô terre à tous les miens fatale !
Redoutable berceau des enfants de Tantale,
Famille des héros et des grands criminels,
Les malheurs de ton sang seront-ils éternels?
L'horreur qui règne ici, m'environne et m'accable.
De quoi suis-je puni? de quoi suis-je coupable?
Au sort de mes aïeux ne pourrai-je échapper?

ÉLECTRE, *avançant un peu du fond du théâtre.*
Qui m'arrête ? et d'où vient que je crains de frapper ?
Avançons.

ORESTE.

Quelle voix ici s'est fait entendre?
Père, époux malheureux, chère et terrible cendre,
Est-ce toi qui gémis, ombre d'Agamemnon ?

ORESTE.

ÉLECTRE.

Juste Ciel! est-ce à lui de prononcer ce nom?

ORESTE.

O malheureuse Electre!

ÉLECTRE.

Il me nomme, il soupire!
Les remords en ces lieux ont-ils donc quelque empire?
Qu'importe des remords à mon juste courroux?
(Elle avance vers Oreste.)
Frappons... Meurs, malheureux!

ORESTE, *lui saisissant le bras.*

Justes Dieux! est-ce vous,
Chère Electre?...

ÉLECTRE.

Qu'entends-je?

ORESTE.

Hélas! qu'alliez-vous faire?

ÉLECTRE.

J'allais verser ton sang, j'allais venger mon frère.

ORESTE, *la regardant avec attendrissement.*

Le venger! et sur qui?

ÉLECTRE.

Son aspect, ses accents,
Ont fait trembler mon bras, ont fait frémir mes sens.
Quoi! c'est vous dont je suis l'esclave malheureuse!

ORESTE.

C'est moi qui suis à vous.

ÉLECTRE.

O vengeance trompeuse!
D'où vient qu'en vous parlant tout mon cœur est changé?

ACTE IV, SCÈNE V.

ORESTE.

Sœur d'Oreste...

ÉLECTRE.

Achevez.

ORESTE.

Où me suis-je engagé?

ÉLECTRE.

Ah! ne me trompez plus : parlez ; il faut m'apprendre
L'excès du crime affreux que j'allais entreprendre.
Par pitié répondez, éclairez-moi, parlez.

ORESTE.

Je ne puis... fuyez-moi.

ÉLECTRE.

Qui? moi vous fuir!

ORESTE.

Tremblez.

ÉLECTRE.

Pourquoi?

ORESTE.

Je suis... Cessez. Gardez qu'on ne vous voie.

ÉLECTRE.

Ah! vous me remplissez de terreur et de joie!

ORESTE.

Si vous aimez un frère...

ÉLECTRE.

Oui, je l'aime; oui, je crois
Voir les traits de mon père, entendre encor sa voix;
La nature nous parle, et perce ce mystère :
Ne lui résistez pas : oui, vous êtes mon frère,

Vous l'êtes, je vous vois, je vous embrasse; hélas!
Cher Oreste, et ta sœur a voulu ton trépas!

ORESTE, *en l'embrassant.*

Le Ciel menace en vain, la nature l'emporte;
Un dieu me retenait; mais Electre est plus forte.

ÉLECTRE.

Il t'a rendu ta sœur, et tu crains son courroux!

ORESTE.

Ses ordres menaçants me dérobaient à vous.
Est-il barbare assez pour punir ma faiblesse?

ÉLECTRE.

Ta faiblesse est vertu : partage mon ivresse.
A quoi m'exposais-tu, cruel? à t'immoler!

ORESTE.

J'ai trahi mon serment.

ÉLECTRE.

  Tu l'as dû violer.

ORESTE.

C'est le secret des Dieux.

ÉLECTRE.

   C'est moi qui te l'arrache,
Moi, qu'un serment plus saint à leur vengeance attache;
Que crains-tu?

ORESTE.

  Les horreurs où je suis destiné,
Les oracles, ces lieux, ce sang dont je suis né.

ÉLECTRE.

Ce sang va s'épurer: viens punir le coupable;
Les oracles, les Dieux, tout nous est favorable;
Ils ont paré mes coups, ils vont guider les tiens.

SCÈNE VI.

ÉLECTRE, ORESTE, PYLADE, PAMMÈNE.

ÉLECTRE.

Ah! venez et joignez tous vos transports aux miens;
Unissez-vous à moi, chers amis de mon frère.

PYLADE, *à Oreste.*

Quoi! vous avez trahi ce dangereux mystère!
Pouvez-vous...

ORESTE.

Si le Ciel veut se faire obéir,
Qu'il me donne des lois que je puisse accomplir.

ÉLECTRE, *à Pylade.*

Quoi! vous lui reprochez de finir ma misère?
Cruel, par quelle loi, par quel ordre sévère,
De mes persécuteurs prenant les sentiments,
Dérobiez-vous Oreste à mes embrassements?
A quoi m'exposiez-vous? Quelle rigueur étrange!...

PYLADE.

Je voulais le sauver : qu'il vive, et qu'il vous venge.

PAMMÈNE.

Princesse, on vous observe en ces lieux détestés;
On entend vos soupirs, et vos pas sont comptés.
Mes amis inconnus, et dont l'humble fortune
Trompe de nos tyrans la recherche importune,
Ont adoré leur maître : il était secondé;
Tout était prêt, Madame, et tout est hasardé.

ÉLECTRE.

Mais Egisthe en effet ne m'a-t-il pas livrée
A la main qu'il croyait de mon sang altérée?

ORESTE.

(*A Oreste.*)
Mon sort à vos destins n'est-il pas asservi ?
Oui, vous êtes mon maître : Egisthe est obéi.
Du barbare une fois la volonté m'est chère.
Tout est ici pour nous.

PAMMÈNE.

Tout vous devient contraire.
Egisthe est alarmé; redoutez son transport :
Ses soupçons, croyez-moi, sont un arrêt de mort.
Séparons-nous.

PYLADE, *à Pammène.*

Va, cours, ami fidèle et sage,
Rassemble tes amis, achève ton ouvrage.
Les moments nous sont chers; il est temps d'éclater.

SCÈNE VII.

ÉGISTHE, CLYTEMNESTRE, ÉLECTRE, ORESTE, PYLADE, gardes.

ÉGISTHE.

Ministres de mes lois, hâtez-vous d'arrêter,
Dans l'horreur des cachots, de plonger ces deux traîtres.

ORESTE.

Autrefois dans Argos il régnait d'autres maîtres,
Qui connaissaient les droits de l'hospitalité.

PYLADE.

Egisthe, contre toi qu'avons-nous attenté ?
De ce héros au moins respecte la jeunesse.

ÉGISTHE.

Allez, et secondez ma fureur vengeresse.

Quoi donc! à son aspect vous semblez tous frémir?
Allez, dis-je, et gardez de me désobéir :
Qu'on les traîne.
ÉLECTRE.
Arrêtez! osez-vous bien, barbare...
Arrêtez! le Ciel même est de leur sang avare.
Ils sont tous deux sacrés... On les entraîne... Ah Dieux!
ÉGISTHE.
Electre, frémissez pour vous comme pour eux;
Perfide, en m'éclairant redoutez ma colère.

SCÈNE VIII.

ÉLECTRE, CLYTEMNESTRE.

ÉLECTRE.
Ah! daignez m'écouter; et si vous êtes mère,
Si j'ose rappeler vos premiers sentiments,
Pardonnez pour jamais mes vains emportements,
D'une douleur sans borne effet inévitable.
Hélas! dans les tourments la plainte est excusable.
Pour ces deux étrangers laissez-vous attendrir :
Peut-être que dans eux le Ciel vous daigne offrir
La seule occasion d'expier des offenses
Dont vous avez tant craint les terribles vengeances;
Peut-être, en les sauvant, tout peut se réparer.
CLYTEMNESTRE.
Quel intérêt pour eux vous peut donc inspirer?
ÉLECTRE.
Vous voyez que les Dieux ont respecté leur vie;
Ils les ont arrachés à la mer en furie;

Le Ciel vous les confie, et vous répondez d'eux.
L'un d'eux... si vous saviez... tous deux sont malheureux.
Sommes-nous dans Argos, ou bien dans la Tauride,
Où de meurtres sacrés une prêtresse avide
Du sang des étrangers fait fumer son autel ?
Eh bien ! pour les ravir tous deux au coup mortel,
Que faut-il ? Ordonnez ; j'épouserai Plistène :
Parlez ; j'embrasserai cette effroyable chaîne :
Ma mort suivra l'hymen ; mais je veux l'achever :
J'obéis, j'y consens.

CLYTEMNESTRE.

Voulez-vous me braver ?
Ou bien ignorez-vous qu'une main ennemie
Du malheureux Plistène a terminé la vie ?

ÉLECTRE.

Quoi donc ! le Ciel est juste ! Egisthe perd un fils ?

CLYTEMNESTRE.

De joie à ce discours je vois vos sens saisis !

ÉLECTRE.

Ah ! dans le désespoir où mon ame se noie,
Mon cœur ne peut goûter une funeste joie ;
Non, je n'insulte point au sort d'un malheureux ;
Et le sang innocent n'est pas ce que je veux.
Sauvez ces étrangers ; mon ame intimidée
Ne voit point d'autre objet, et n'a point d'autre idée.

CLYTEMNESTRE.

Va, je t'entends trop bien ; tu m'as trop confirmé
Les soupçons dont Egisthe était tant alarmé.
Ta bouche est de mon sort l'interprète funeste ;
Tu n'en as que trop dit, l'un des deux est Oreste.

ACTE IV, SCÈNE VIII.

ÉLECTRE.

Eh bien! s'il était vrai, si le Ciel l'eût permis...
Si dans vos mains, Madame, il mettait votre fils...

CLYTEMNESTRE.

O moment redouté! que faut-il que je fasse?

ÉLECTRE.

Quoi! vous hésiteriez à demander sa grâce!
Lui! votre fils! ô Ciel!... quoi! ses périls passés...
Il est mort : c'en est fait, puisque vous balancez.

CLYTEMNESTRE.

Je ne balance point : va, ta fureur nouvelle
Ne peut même affaiblir ma bonté maternelle;
Je le prends sous ma garde; il pourra m'en punir...
Son nom seul me prépare un cruel avenir...
N'importe... Je suis mère, il suffit; inhumaine,
J'aime encor mes enfants... tu peux garder ta haine.

ÉLECTRE.

Non, Madame, à jamais je suis à vos genoux.
Ciel, enfin tes faveurs égalent ton courroux;
Tu veux changer les cœurs, tu veux sauver mon frère,
Et, pour comble de biens, tu m'as rendu ma mère.

FIN DU QUATRIÈME ACTE.

ACTE CINQUIÈME.

SCÈNE I.

ÉLECTRE.

On m'interdit l'accès de cette affreuse enceinte ;
Je cours, je viens, j'attends ; je me meurs dans la crainte :
En vain je tends aux Dieux ces bras chargés de fers ;
Iphise ne vient point ; les chemins sont ouverts :
La voici ; je frémis.

SCÈNE II.

ÉLECTRE, IPHISE.

ÉLECTRE.
Que faut-il que j'espère ?
Qu'a-t-on fait ? Clytemnestre ose-t-elle être mère ?
Ah! si... Mais un tyran l'asservit aux forfaits.
Peut-elle réparer les malheurs qu'elle a faits ?
En a-t-elle la force ? en a-t-elle l'idée ?
Parlez. Désespérez mon ame intimidée ;
Achevez mon trépas.

IPHISE.
J'espère, mais je crains.
Egisthe a des avis, mais ils sont incertains ;
Il s'égare, il ne sait, dans son trouble funeste,
S'il tient entre ses mains le malheureux Oreste ;

ORESTE. 87

Il n'a que des soupçons, qu'il n'a point éclaircis;
Et Clytemnestre au moins n'a point nommé son fils.
Elle le voit, l'entend; ce moment la rappelle
Aux premiers sentiments d'une ame maternelle;
Ce sang prêt à couler parle à ses sens surpris,
Epouvantés d'horreur, et d'amour attendris.
J'observais sur son front tout l'effort d'une mère
Qui tremble de parler, et qui craint de se taire.
Elle défend les jours de ces infortunés,
Destinés au trépas sitôt que soupçonnés;
Aux fureurs d'un époux à peine elle résiste;
Elle retient le bras de l'implacable Egisthe.
Croyez-moi, si son fils avait été nommé,
Le crime, le malheur eût été consommé :
Oreste n'était plus.

ÉLECTRE.

O comble de misère!
Je le trahis peut-être, en implorant ma mère.
Son trouble irritera ce monstre furieux.
La nature en tout temps est funeste en ces lieux.
Je crains également sa voix et son silence.
Mais le péril croissait; j'étais sans espérance.
Que fait Pammène?

IPHISE.

Il a, dans nos dangers pressants,
Ranimé la lenteur de ses débiles ans;
L'infortune lui donne une force nouvelle;
Il parle à nos amis, il excite leur zèle;
Ceux mêmes dont Egisthe est toujours entouré
A ce grand nom d'Oreste ont déjà murmuré.

ORESTE.

J'ai vu de vieux soldats, qui servaient sous le père,
S'attendrir sur le fils, et frémir de colère :
Tant aux cœurs des humains la justice et les lois,
Même aux plus endurcis, font entendre leur voix !

ÉLECTRE.

Grands Dieux ! si j'avais pu dans ces ames tremblantes
Enflammer leurs vertus à peine renaissantes,
Jeter dans leurs esprits, trop faiblement touchés,
Tous ces emportements qu'on m'a tant reprochés !
Si mon frère, abordé sur cette terre impie,
M'eût confié plus tôt le secret de sa vie !
Si du moins jusqu'au bout Pammène avait tenté...

SCÈNE III.

ÉGISTHE, CLYTEMNESTRE, ÉLECTRE, IPHISE,
GARDES.

ÉGISTHE.

Qu'on saisisse Pammène, et qu'il soit confronté
Avec ces étrangers destinés au supplice :
Il est leur confident, leur ami, leur complice.
Dans quel piége effroyable ils allaient me jeter !
L'un des deux est Oreste, en pouvez-vous douter ?
    (A Clytemnestre.)
Cessez de vous tromper, cessez de le défendre.
Je vois tout, et trop bien. Cette urne, cette cendre,
C'est celle de mon fils : un père gémissant
Tient de son assassin cet horrible présent.

CLYTEMNESTRE.

Croyez-vous...

ACTE V, SCÈNE III.

ÉGISTHE.

Oui, j'en crois cette haine jurée
Entre tous les enfants de Thyeste et d'Atrée ;
J'en crois le temps, les lieux marqués par cette mort,
Et ma soif de venger son déplorable sort,
Et les fureurs d'Electre, et les larmes d'Iphise,
Et l'indigne pitié dont votre ame est surprise.
Oreste vit encore : et j'ai perdu mon fils!
Le détestable Oreste en mes mains est remis ;
Et, quel qu'il soit des deux, juste dans ma colère,
Je l'immole à mon fils, je l'immole à sa mère.

CLYTEMNESTRE.

Eh bien! ce sacrifice est horrible à mes yeux.

ÉGISTHE.

A vous?

CLYTEMNESTRE.

Assez de sang a coulé dans ces lieux.
Je prétends mettre un terme au cours des homicides,
A la fatalité du sang des Pélopides.
Si mon fils, après tout, n'est pas entre vos mains,
Pourquoi verser du sang, sur des bruits incertains?
Pourquoi vouloir sans fruit la mort de l'innocence?
Seigneur, si c'est mon fils, j'embrasse sa défense.
Oui, j'obtiendrai sa grâce, en dussé-je périr.

ÉGISTHE.

Je dois la refuser, afin de vous servir.
Redoutez la pitié qu'en votre ame on excite.
Tout ce qui vous fléchit, me révolte et m'irrite.
L'un des deux est Oreste, et tous deux vont périr.

ORESTE.

Je ne puis balancer, je n'ai point à choisir.
A moi, soldats.

IPHISE.

Seigneur, quoi! sa famille entière
Perdra-t-elle à vos pieds ses cris et sa prière?
(*Elle se jette à ses pieds.*)
Avec moi, chère Electre, embrassez ses genoux;
Votre audace vous perd.

ÉLECTRE.

Où me réduisez-vous?
Quel affront pour Oreste, et quel excès de honte!
Elle me fait horreur... Eh bien, je la surmonte.
Eh bien, j'ai donc connu la bassesse et l'effroi!
Je fais ce que jamais je n'aurais fait pour moi.
(*Sans se mettre à genoux.*)
Cruel! si ton courroux peut épargner mon frère,
(Je ne puis oublier le meurtre de mon père;)
Mais je pourrais du moins, muette à ton aspect,
Me forcer au silence, et peut-être au respect.
Que je demeure esclave, et que mon frère vive.

ÉGISTHE.

Je vais frapper ton frère, et tu vivras captive;
Ma vengeance est entière : au bord de son cercueil,
Je te vois sans effet abaisser ton orgueil.

CLYTEMNESTRE.

Egisthe, c'en est trop; c'est trop braver peut-être
Et la veuve et le sang du roi qui fut ton maître.
Je défendrai mon fils; et, malgré tes fureurs,
Tu trouveras sa mère encor plus que ses sœurs.

ACTE V, SCÈNE III.

Que veux-tu? ta grandeur, que rien ne peut détruire,
Oreste en ta puissance, et qui ne peut te nuire,
Electre enfin soumise, et prête à te servir,
Iphise à tes genoux, rien ne peut te fléchir!
Va, de tes cruautés je fus assez complice;
Je t'ai fait en ces lieux un trop grand sacrifice.
Faut-il, pour t'affermir dans ce funeste rang,
T'abandonner encor le plus pur de mon sang?
N'aurai-je donc jamais qu'un époux parricide?
L'un massacre ma fille aux campagnes d'Aulide;
L'autre m'arrache un fils, et l'égorge à mes yeux,
Sur la cendre du père, à l'aspect de ses dieux.
Tombe avec moi plutôt ce fatal diadème,
Odieux à la Grèce, et pesant à moi-même!
Je t'aimai, tu le sais; c'est un de mes forfaits :
Et le crime subsiste ainsi que mes bienfaits.
Mais enfin de mon sang mes mains seront avares :
Je l'ai trop prodigué pour des époux barbares :
J'arrêterai ton bras levé pour le verser.
Tremble, tu me connais... tremble de m'offenser.
Nos nœuds me sont sacrés, et ta grandeur m'est chère;
Mais Oreste est mon fils, arrête, et crains sa mère.

ÉLECTRE.

Vous passez mon espoir. Non, Madame, jamais
Le fond de votre cœur n'a conçu les forfaits.
Continuez, vengez vos enfants et mon père.

ÉGISTHE.

Vous comblez la mesure, esclave téméraire.
Quoi donc, d'Agamemnon la veuve et les enfants
Arrêteraient mes coups par des cris menaçants!

Quel démon vous aveugle, ô reine malheureuse?
Et de qui prenez-vous la défense odieuse?
Contre qui, juste Ciel!... Obéissez, courez :
Que tous deux dans l'instant à la mort soient livrés.

SCÈNE IV.

ÉGISTHE, CLYTEMNESTRE, ÉLECTRE, IPHISE, DIMAS.

DIMAS.

Seigneur!

ÉGISTHE.

Parlez. Quel est ce désordre funeste?
Vous vous troublez.

DIMAS.

On vient de reconnaître Oreste.

IPHISE.

Qui, lui?

CLYTEMNESTRE.

Mon fils?

ÉLECTRE.

Mon frère?

ÉGISTHE.

Eh bien, est-il puni?

DIMAS.

Il ne l'est pas encor.

ÉGISTHE.

Je suis désobéi!

DIMAS.

Oreste s'est nommé, dès qu'il a vu Pammène.
Pylade, cet ami qui partage sa chaîne,

ACTE V, SCÈNE IV.

Montre aux soldats émus le fils d'Agamemnon :
Et je crains la pitié pour cet auguste nom.

ÉGISTHE.

Allons, je vais paraître, et presser leur supplice.
Qui n'ose me venger, sentira ma justice.
Vous, retenez ses sœurs; et vous, suivez mes pas.
Le sang d'Agamemnon ne m'épouvante pas.
Quels mortels et quels dieux pourraient sauver Oreste
Du père de Plistène, et du fils de Thyeste?

SCÈNE V.

CLYTEMNESTRE, ÉLECTRE, IPHISE.

IPHISE.

Suivez-le; montrez-vous, ne craignez rien, parlez;
Portez les derniers coups dans les cœurs ébranlés.

ÉLECTRE.

Au nom de la nature, achevez votre ouvrage;
De Clytemnestre enfin déployez le courage.
Volez, conduisez-nous.

CLYTEMNESTRE.

Mes filles, ces soldats
Me respectent à peine, et retiennent vos pas.
Demeurez; c'est à moi, dans ce moment si triste,
De répondre des jours et d'Oreste et d'Egisthe :
Je suis épouse et mère; et je veux à-la-fois,
Si j'en puis être digne, en remplir tous les droits.

(*Elle sort.*)

SCÈNE VI.

ÉLECTRE, IPHISE.

IPHISE.

Ah! le dieu qui nous perd, en sa rigueur persiste;
En défendant Oreste, elle ménage Egisthe.
Les cris de la pitié, du sang et des remords,
Seront contre un tyran d'inutiles efforts.
Egisthe furieux, et brûlant de vengeance,
Consomme ses forfaits pour sa propre défense;
Il condamne, il est maître; il frappe, il faut périr.

ÉLECTRE.

Et j'ai pu le prier avant que de mourir!
Je descends dans la tombe avec cette infamie,
Avec le désespoir de m'être démentie!
J'ai supplié ce monstre, et j'ai hâté ses coups.
Tout ce qui dut servir, s'est tourné contre nous.
Que font tous ces amis dont se vantait Pammène;
Ces peuples dont Egisthe a soulevé la haine;
Ces dieux qui de mon frère armaient le bras vengeur,
Et qui lui défendaient de consoler sa sœur?
Ces filles de la nuit, dont les mains infernales
Secouaient leurs flambeaux sous ces voûtes fatales?
Quoi! la nature entière, en ce jour de terreur,
Paraissait à mes yeux s'armer en ma faveur:
Et tout est pour Egisthe, et mon frère est sans vie!
Et les dieux, les mortels, et l'enfer, m'ont trahie!

SCÈNE VII.

ÉLECTRE, PYLADE, IPHISE.

ÉLECTRE.

En est-ce fait, Pylade?

PYLADE.

Oui, tout est accompli,
Tout change; Electre est libre, et le Ciel obéi.

ÉLECTRE.

Comment?

PYLADE.

Oreste règne, et c'est lui qui m'envoie.

IPHISE.

Justes Dieux!

ÉLECTRE.

Je succombe à l'excès de ma joie.
Oreste! est-il possible?

PYLADE.

Oreste tout puissant
Va venger sa famille et le sang innocent.

ÉLECTRE.

Quel miracle a produit un destin si prospère?

PYLADE.

Son courage, son nom, le nom de votre père,
Le vôtre, vos vertus, l'excès de vos malheurs,
La pitié, la justice, un dieu qui parle aux cœurs.
Par les ordres d'Egisthe on amenait à peine,
Pour mourir avec nous, le fidèle Pammène;

ORESTE.

Tout un peuple suivait, morne, glacé d'horreur;
J'entrevoyais sa rage à travers sa terreur;
La garde retenait leurs fureurs interdites.
Oreste, se tournant vers ses fiers satellites :
Immolez, a-t-il dit, le dernier de vos rois;
L'osez-vous? A ces mots, au son de cette voix,
A ce front où brillait la majesté suprême,
Nous avons tous cru voir Agamemnon lui-même,
Qui, perçant du tombeau les gouffres éternels,
Revenait en ces lieux commander aux mortels.
Je parle; tout s'émeut, l'amitié persuade :
On respecte les nœuds d'Oreste et de Pylade.
Des soldats avançaient pour nous envelopper;
Ils ont levé le bras, et n'ont osé frapper :
Nous sommes entourés d'une foule attendrie;
Le zèle s'enhardit, l'amour devient furie.
Dans les bras de ce peuple Oreste était porté.
Egisthe avec les siens d'un pas précipité
Vole, croit le punir, arrive, et voit son maître.
J'ai vu tout son orgueil à l'instant disparaître,
Ses esclaves le fuir, ses amis le quitter,
Dans sa confusion ses soldats l'insulter.
O jour d'un grand exemple! ô justice suprême!
Des fers que nous portions, il est chargé lui-même.
La seule Clytemnestre accompagne ses pas,
Le protége, l'arrache aux fureurs des soldats,
Se jette au milieu d'eux, et d'un front intrépide,
A la fureur commune enlève le perfide,
Le tient entre ses bras, s'expose à tous les coups,
Et conjure son fils d'épargner son époux.

ACTE V, SCÈNE VII.

Oreste parle au peuple, il respecte sa mère ;
Il remplit les devoirs et de fils et de frère.
A peine délivré du fer de l'ennemi,
C'est un roi triomphant sur son trône affermi.

IPHISE.

Courons, venez orner ce triomphe d'un frère ;
Voyons Oreste heureux, et consolons ma mère.

ÉLECTRE.

Quel bonheur inouï par les Dieux envoyé !
Protecteur de mon sang, héros de l'amitié,
Venez.

PYLADE, *à sa suite.*

Brisez, amis, ces chaînes si cruelles ;
Fers, tombez de ses mains ; le sceptre est fait pour elles.
(*On lui ôte ses chaînes.*)

SCÈNE VIII.

ÉLECTRE, IPHISE, PYLADE, PAMMÈNE.

ÉLECTRE.

Ah ! Pammène, où trouver mon frère, mon vengeur ?
Pourquoi ne vient-il pas ?

PAMMÈNE.

Ce moment de terreur
Est destiné, Madame, à ce grand sacrifice
Que la cendre d'un père attend de sa justice :
Tel est l'ordre qu'il suit. Cette tombe est l'autel
Où sa main doit verser le sang du criminel.
Daignez l'attendre ici, tandis qu'il venge un père.
Ce devoir redoutable est juste et nécessaire ;

Mais ce spectacle horrible aurait souillé vos yeux.
Vous connaissez les lois qu'Argos tient de ses dieux :
Elles ne souffrent point que vos mains innocentes
Avant le temps prescrit pressent ses mains sanglantes.

IPHISE.

Mais que fait Clytemnestre en ces moments d'horreur?
Voyons-la.

PAMMÈNE.

Clytemnestre, en proie à sa fureur,
De son indigne époux défend encor la vie;
Elle oppose à son fils une main trop hardie. *

ÉLECTRE.

Elle défend Egisthe... elle de qui le bras
A sur Agamemnon... Dieux, ne le souffrez pas!

PAMMÈNE.

On dit que dans ce trouble on voit les Euménides,
Sourdes à la prière, et de meurtres avides,
Ministres des arrêts prononcés par le sort,
Marcher autour d'Oreste, en appelant la mort.

IPHISE.

Jour terrible et sanglant, soyez un jour de grâce.
Terminez les malheurs attachés à ma race.
Ah, ma sœur! ah, Pylade! entendez-vous ces cris?

ÉLECTRE.

C'est ma mère!

---

* Var. Pammène continue :
    Pour ce grand criminel qui touche à son trépas,
    Elle demande grâce, et ne l'obtiendra pas.
    On dit que dans ce trouble, etc.

ACTE V, SCÈNE VIII.

PAMMÈNE.

Elle-même.

CLYTEMNESTRE, *derrière la scène.*

Arrête!

IPHISE.

Ciel!

CLYTEMNESTRE, *derrière la scène.*

Mon fils!

ÉLECTRE.

Il frappe Egisthe. Achève, et sois inexorable;
Venge-nous, venge-la; tranche un nœud si coupable:
Immole entre ses bras cet infame assassin.
Frappe, dis-je.

CLYTEMNESTRE.

Mon fils!... j'expire de ta main.

PYLADE.

O destinée!

IPHISE.

O crime!

ÉLECTRE.

Ah, trop malheureux frère!
Quel forfait a puni les forfaits de ma mère!
Jour à jamais affreux!

SCÈNE IX.

Les personnages précédents, ORESTE.

ORESTE.

O terre, entr'ouvre toi!
Clytemnestre, Tantale, Atrée, attendez-moi:

ORESTE.

Je vous suis aux enfers, éternelles victimes;
Je dispute avec vous de tourments et de crimes.
ÉLECTRE.
Qu'avez-vous fait, cruel?
ORESTE.
Elle a voulu sauver...
Et les frappant tous deux... Je ne puis achever.
ÉLECTRE.
Quoi? de la main d'un fils! quoi! par ce coup funeste,
Vous...
ORESTE.
Non, ce n'est pas moi; non, ce n'est point Oreste.
Un pouvoir effroyable a seul conduit mes coups.
Exécrable instrument d'un éternel courroux,
Banni de mon pays par le meurtre d'un père,
Banni du monde entier par celui de ma mère,
Patrie, Etats, parents, que je remplis d'effroi,
Innocence, amitié, tout est perdu pour moi!
Soleil, qu'épouvanta cette affreuse contrée,
Soleil, qui reculas pour le festin d'Atrée,
Tu luis encor pour moi, tu luis pour ces climats!
Dans l'éternelle nuit tu ne nous plonges pas!
Dieux, tyrans éternels, puissance impitoyable,
Dieux qui me punissez, qui m'avez fait coupable!
Eh bien, quel est l'exil que vous me destinez?
Quel est le nouveau crime où vous me condamnez?
Parlez... Vous prononcez le nom de la Tauride;
J'y cours, j'y vais trouver la prêtresse homicide,
Qui n'offre que du sang à des dieux en courroux,
A des dieux moins cruels, moins barbares que vous.

ACTE V, SCÈNE IX.

ÉLECTRE.

Demeurez : conjurez leur justice et leur haine.

PYLADE.

Je te suivrai partout où leur fureur t'entraîne.
Que l'amitié triomphe, en ce jour odieux,
Des malheurs des mortels, et du courroux des Dieux !

FIN D'ORESTE.

EXTRAIT
DE LA DISSERTATION
SUR LES TRAGÉDIES

Qui ont paru sur le sujet d'*Électre*, et en particulier sur celle de Voltaire.

~~~~~~

Le sujet d'*Électre*, un des plus beaux de l'antiquité, a été traité par les plus grands maîtres et chez toutes les nations qui ont eu du goût pour les spectacles. Eschyle, Sophocle, Euripide, l'ont embelli à l'envi chez les Grecs. Les Latins ont eu plusieurs tragédies sur ce sujet. Virgile le témoigne par ce vers :

Aut Agamemnonius scenis agitatus Orestes;

ce qui donne à entendre que cette pièce était souvent représentée à Rome. Cicéron, dans le livre *De Finibus*, cite un fragment d'une tragédie d'*Oreste* fort applaudie de son temps. Suétone dit que Néron chanta le rôle d'Oreste parricide ; et Juvénal parle d'un *Oreste* qui était d'une longueur rebutante, et auquel l'auteur n'avait pas encore mis la dernière main :

Summi plenâ jam margine libri
Scriptus, et in tergo, necdum finitus Orestes.

Baïf est le premier qui ait traité ce sujet en notre langue. Son ouvrage n'est qu'une traduction de l'*Electre* de Sophocle : il a eu le sort de toutes les pièces de théâtre de son siècle. L'*Electre* de M. de Longepierre, faite en 1700, ne fut jouée, je crois, qu'en 1718. Pendant cet intervalle, M. de Crébillon donna sa tragédie d'*Electre*. Je ne connais que le titre de l'*Electre* du baron de Walef, qui a paru dans les Pays-Bas. Enfin M. de Voltaire vient de nous donner une tragédie d'*Oreste*. Erasmo di Valvasone a traduit en italien l'*Electre* de Sophocle, et Ruccellai a fait une tragédie d'*Oreste,* qui se trouve dans le premier volume du théâtre italien, donné par M. le marquis de Maffei, à Vérone, en 1723. . . . .

J'examinerai sans prévention ce qu'on doit penser de l'entreprise de l'auteur de la tragédie d'*Oreste,* de traiter ce sujet sans ce que nous appelons épisodes, et avec la simplicité des anciens; et de la manière dont il a exécuté cette entreprise.

DE LA TRAGÉDIE D'ORESTE.

Il n'est pas indifférent de remarquer d'abord que dans tous les sujets que les anciens ont traités, on n'a jamais réussi qu'en imitant leurs beautés. La différence des temps et des lieux ne fait que de très-légers changements; car le vrai et le beau sont de tous les temps et de toutes les nations. La vérité est une; et les anciens l'ont saisie, parce qu'ils ne recherchaient que la nature, dont la tragédie est une imitation. *Phèdre* et *Iphigénie* en sont des preuves convaincantes. On sait le mauvais succès de ceux qui, en traitant les mêmes sujets, ont voulu s'écarter de ces grands modèles. Ils se sont écartés en effet de la nature; et il n'y a de beau que ce qui est naturel. Le décri dans lequel l'*Œdipe* de Corneille est tombé, est une bonne preuve de cette vérité. Corneille voulut s'écarter du Sophocle, et il fit un mauvais ouvrage.

Il se présente une autre réflexion non moins utile, c'est que, parmi nous, les vrais imitateurs des anciens se sont toujours remplis de leur esprit, au point de se rendre propres leur harmonie et leur élégance continue. La raison en est, à mon gré, qu'ayant sans cesse devant les yeux ces modèles du bon goût et du style soutenu, ils se formaient peu-à-peu à l'habitude d'écrire comme eux, tandis que les autres, sans modèles, sans règles, s'abandonnaient aux écarts d'une imagination déréglée, ou restaient dans leur stérilité.

Ces deux principes posés, je crois ne rien dire que de raisonnable en avançant que l'auteur de la tragédie d'*Oreste* a imité Sophocle autant que nos mœurs le lui permettaient; et, quelque estime que j'aie pour la pièce grecque, je ne crois pas qu'on dût porter l'imitation plus loin.

Il a réprésenté Electre et son frère toujours occupés de leur douleur et de la vengeance de leur père, et n'étant susceptibles d'aucun autre sentiment. C'est précisément le caractère que Sophocle, Eschyle et Euripide leur donnent; il n'en a retranché que des expressions trop dures selon nos mœurs. Même résolution dans les deux *Electres* de poignarder le tyran; même douleur en apprenant la fausse nouvelle de la mort d'Oreste; mêmes menaces, mêmes emportements dans l'une et dans l'autre; mêmes desirs de vengeance.

Mais il n'a pas voulu représenter Electre étendant sa vengeance sur sa propre mère, se chargeant d'abord du soin de se défaire de Clytemnestre, ensuite excitant son frère à cette action détestable, et conduisant sa main dans le sein maternel. Il les a rendus plus respectueux pour celle qui leur a donné la naissance; et il a même semé, dans le rôle d'Electre, tantôt des sentiments de tendresse et de respect, et tantôt des emportements, selon qu'elle a plus ou moins d'espérance.

Les rôles de Pylade et de Pammène me paraissent avoir été faits pour suppléer aux chœurs de Sophocle. On sait les effets prodigieux que faisaient ces chœurs accompagnés de musique et de danse : à en juger par ces effets, la musique devait merveilleusement seconder et augmenter le terrible et le pathétique des vers. La danse des anciens était peut-être supérieure à leur musique; elle exprimait, elle peignait les pensées les plus sublimes et les passions les plus violentes; elle parlait aux cœurs comme aux yeux. Le chœur des *Euménides* d'Eschyle coûta la vie à plusieurs des spectateurs. Quant aux paroles des chœurs, elles n'étaient qu'un tissu de pensées sublimes, de principes d'équité, de vertus, et de la morale la plus épurée. Le nouvel auteur a tâché de suppléer, par les rôles de Pylade et de Pammène, à ces beautés qui manquent à notre théâtre. Quelle sagesse dans l'un et dans l'autre personnage! et quels sentiments l'auteur donne au premier! Je n'en veux rapporter que deux exemples. Le premier est tiré de la scène où Pylade dit à Oreste :

C'est assez, et du Ciel je reconnais l'ouvrage.
Il nous a tout ravi par ce cruel naufrage;
Il veut seul accomplir ses augustes desseins;
Pour ce grand sacrifice il ne veut que nos mains.
Tantôt de trente rois il arme la vengeance;
Tantôt, trompant la terre, et frappant en silence,
Il veut, en signalant son pouvoir oublié,
N'armer que la nature et la seule amitié.

L'autre est tiré de la scène où Pylade dit à Electre qu'Oreste obéit aux Dieux :

Les arrêts du destin trompent souvent notre ame.
Il conduit les mortels; il dirige leurs pas
Par des chemins secrets qu'ils ne connaissent pas;

> Il plonge dans l'abîme, et bientôt en retire ;
> Il accable de fers, il élève à l'empire ;
> Il fait trouver la vie au milieu des tombeaux...

Le fond du rôle de Clytemnestre est tiré aussi de Sophocle, quoique tempéré par la *Clytemnestre* d'Euripide. On voit évidemment, dans les deux poètes grecs, que Clytemnestre est souvent prête à s'attendrir. Elle se justifie devant Electre, elle entend ses reproches ; et il est certain que si Electre lui répondait avec plus de circonspection et de douceur, il serait impossible qu'alors Clytemnestre ne fût pas émue, et ne sentît pas des remords. Ainsi, puisque l'auteur d'*Oreste,* pour se conformer plus à nos mœurs, et pour nous toucher davantage, rend Electre moins féroce avec sa mère, il fallait bien qu'il rendît Clytemnestre moins farouche avec sa fille. L'un est la suite de l'autre. Electre est touchée, quand sa mère lui dit :

> Mes filles devant moi ne sont point étrangères ;
> Même en dépit d'Égisthe elles m'ont été chères.
> Je n'ai point oublié mes premiers sentiments ;
> Et, malgré la fureur de ses emportements,
> Electre, dont l'enfance a consolé sa mère
> Du sort d'Iphigénie et des rigueurs d'un père,
> Électre, qui m'outrage, et qui brave mes lois,
> Dans le fond de mon cœur n'a point perdu ses droits.

Clytemnestre à son tour est émue, quand sa fille

lui demande pardon de ses emportements. Pouvait-elle résister à ces paroles tendres?

> Eh bien! vous désarmez une fille éperdue;
> La nature en mon cœur est toujours entendue.
> Ma mère, s'il le faut, je condamne à vos pieds
> Ces reproches sanglants trop long-temps essuyés.
> Aux fers de mon tyran par moi-même livrée,
> D'Égisthe dans mon cœur je vous ai séparée :
> Ce sang que je vous dois, ne saurait se trahir :
> J'ai pleuré sur ma mère, et n'ai pu vous haïr, etc.

Mais ensuite, quand cette même Electre, croyant sa mère complice de la mort d'Oreste, lui fait des reproches sanglants, et qu'elle lui dit :

> Vous n'avez plus de fils; son assassin cruel
> Craint les droits de ses sœurs au trône paternel...
> Ah! si j'ai quelques droits, s'il est vrai qu'il les craigne,
> Dans ce sang malheureux que sa main les éteigne;
> Qu'il achève, à vos yeux, de déchirer mon sein;
> Et, si ce n'est assez, prêtez-lui votre main;
> Frappez; joignez Électre à son malheureux frère;
> Frappez, dis-je; à vos coups je connaîtrai ma mère.

Y a-t-il rien de plus naturel que de voir Clytemnestre irritée reprendre alors toute sa dureté, et dire à sa fille :

> Va, j'abandonne Électre au malheur qui la suit;
> Va, je suis Clytemnestre, et surtout je suis reine;
> Le sang d'Agamemnon n'a de droits qu'à ma haine.
> C'est trop flatter la tienne, et de ma faible main

> Caresser le serpent qui déchire mon sein.
> Pleure, tonne, gémis, j'y suis indifférente ;
> Je ne verrai dans toi qu'une esclave imprudente,
> Flottant entre la plainte et la témérité,
> Sous la puissante main de son maître irrité.
> Je t'aimais malgré toi ; l'aveu m'en est bien triste :
> Je ne suis plus pour toi que la femme d'Égisthe ;
> Je ne suis plus ta mère ; et toi seule as rompu
> Ces nœuds infortunés de ce cœur combattu,
> Ces nœuds qu'en frémissant réclamait la nature,
> Que ma fille déteste, et qu'il faut que j'abjure.

Ces passages de la pitié à la colère, ce jeu des passions, ne sont-ils pas véritablement tragiques ? et le plaisir qu'ils ont constamment fait à toutes les représentations, n'est-il pas un témoignage certain que l'auteur, en puisant également dans l'antiquité et dans la nature, a saisi tout ce que l'une et l'autre pouvaient fournir ?

Mais quand Électre parle au tyran, son caractère inflexible est tellement soutenu, qu'elle ne se dément pas même, en demandant la grâce de son frère :

> Cruel, si vous pouvez pardonner à mon frère,
> (Je ne peux oublier le meurtre de mon père ;
> Mais je pourrais du moins, muette à votre aspect,
> Me forcer au silence, et peut-être au respect)...

Je demande si, dans l'intrigue d'*Oreste*, la plus simple sans contredit qu'il y ait sur notre théâtre, il n'y a pas un heureux artifice à faire aborder Oreste dans sa propre patrie par une tempête, le jour même que le tyran insulte aux mânes de son père; si la rencontre du vieillard Pammène, et la scène qu'Oreste et Pylade ont avec lui, n'est pas dans le goût le plus pur de l'antiquité, sans en être une copie, et si on peut la voir sans en être attendri. La dernière scène du second acte entre Iphise et Electre, qui est une très-belle imitation de Sophocle, produit tout l'effet qu'on en peut attendre.

L'exposition de la pièce d'*Oreste* me paraît aussi pleine qu'on puisse la souhaiter. Le récit de la mort d'Agamemnon, dès la seconde scène, et que l'auteur a imité d'Eschyle, mettrait seul au fait, avec ce qui le précède, le spectateur le moins instruit. Electre peut-elle, après ce récit, exprimer son état d'une manière plus précise et plus entière qu'elle ne le fait dans ces trois vers?

> Je pleure Agamemnon, je tremble pour un frère;
> Mes mains portent des fers, et mes yeux, pleins de pleurs,
> N'ont vu que des forfaits et des persécuteurs.

Le dessein de tromper Electre pour la venger, et d'apporter les cendres prétendues d'Oreste, est entièrement de Sophocle. L'oracle avait expressément ordonné qu'on vengeât la mort d'Agamemnon par la ruse, parce que ce meurtre avait été commis de même, et que la vengeance n'aurait pas été complète si les assassins avaient été punis par un autre que par le fils d'Agamemnon, et d'une autre manière que celle qu'ils avaient employée en commettant le crime. Dans Euripide, Egisthe est assassiné par derrière, tandis qu'il est penché sur une victime, parce qu'il avait frappé Agamemnon lorsqu'il changeait de robe pour se mettre à table. Cette robe était cousue ou fermée par le haut, de sorte que le roi ne put se dégager ni se défendre; c'est ce que le nouvel auteur a désigné par ces mots de *vêtements de mort,* et *de piége.*

L'auteur français n'a fait qu'ajouter à cet ordre des Dieux une menace terrible, en cas qu'Oreste désobéît et qu'il se découvrît à sa sœur. Cette sage défense était d'ailleurs nécessaire pour la réussite de son projet. La joie d'Electre aurait assurément éclaté, et aurait découvert son frère. D'ailleurs que pouvait en sa faveur une princesse malheureuse et chargée de fers? Pylade a raison de dire à son ami que sa sœur peut le perdre et ne saurait le servir; et dans un autre endroit:

> Renferme cette amour et si tendre et si pure.
> Doit-on craindre en ces lieux de dompter la nature?
> Ah! de quels sentiments te laisses-tu troubler?
> Il faut venger Électre, et non la consoler.

C'est cette menace des Dieux qui produit le nœud et le dénouement; c'est elle qui retient d'abord Oreste, quand Electre s'abandonne au désespoir à la vue de l'urne qu'elle croit contenir les cendres de son frère; c'est elle qui est la cause de la résolution furieuse que prend Electre de tuer son propre frère, qu'elle croit l'assassin d'Oreste; c'est cette menace des Dieux qui est accomplie quand ce frère trop tendre a désobéi: c'est elle enfin qui donne au malheureux Oreste l'aveuglement et le transport dans lesquels il tue sa mère; de sorte qu'il est puni lui-même en la punissant.

C'était une maxime reçue chez tous les anciens, que les Dieux punissaient la moindre désobéissance à leurs ordres comme les plus grands crimes; et c'est ce qui rend encore plus beaux ces vers que l'auteur mettait dans la bouche d'Oreste, au troisième acte:

> Eternelle justice, abîme impénétrable,
> Ne distinguez-vous point le faible et le coupable,
> Le mortel qui s'égare, ou qui brave vos lois,
> Qui trahit la nature, ou qui cède à sa voix? (Ed. de 1750.)

Ce ne sont pas là de ces vaines sentences détachées; ces vers sont en sentiment aussi-bien qu'en maxime: ils appartiennent à cette philosophie naturelle qui est dans le cœur, et qui fait un des caractères distinctifs des ouvrages de l'auteur.

Quel art n'y a-t-il pas encore à faire paraître les Euménides avant le crime d'Oreste comme les divinités vengeresses du meurtre d'Agamemnon, et comme les avant-courrières du crime que son fils va commettre? Cela me paraît très-conforme aux idées de l'antiquité, quoique très-neuf. C'est inventer comme les anciens l'auraient fait, s'ils avaient été obligés d'adoucir le crime d'Oreste; au lieu que, dans Euripide et dans Eschyle, Oreste est livré aux furies parce qu'il a tué sa mère : ici Oreste ne tue sa mère que parce qu'il est livré aux furies; et il leur est livré parce qu'il a désobéi aux Dieux, en se découvrant à sa sœur.

Dans quels vers ces Euménides sont évoquées!

> Euménides, venez, soyez ici mes dieux;
> Accourez de l'enfer en ces horribles lieux,*
> Dans ces lieux plus cruels et plus remplis de crimes
> Que vos gouffres profonds regorgeant de victimes.
> Filles de la vengeance, armez-vous, armez-moi...
> Les voici; je les vois, et les vois sans terreur :
> L'aspect de mes tyrans m'inspirait plus d'horreur, etc.

L'auteur de la tragédie d'*Oreste* a sans doute eu tort de tronquer la scène de l'urne. Il est vrai qu'un excès de délicatesse empêche quelquefois de goûter et de sentir des morceaux d'une aussi grande force, et des traits aussi mâles et aussi sublimes. Près de cinquante vers de lamentations auraient peut-être paru des longueurs à une nation impatiente, et qui n'est pas accoutumée aux longues tirades des scènes grecques. Cependant l'auteur a perdu le plus beau, et l'endroit le plus pathétique de la pièce. A la vérité, il a tâché d'y suppléer par une beauté neuve : l'urne contient, selon lui, les cendres de Plistène, fils d'E- gisthe; ce n'est point une urne vide et postiche. La mort d'Agamemnon est déjà à moitié vengée. Le

---

* Ce vers et le suivant ont été changés par l'auteur.

tyran va tenir cet horrible présent de la main de son plus cruel ennemi ; présent qui inspire et la terreur dans le cœur du spectateur qui est au fait, et la douleur dans celui d'Electre qui n'y est pas. Il faut avouer aussi que la coutume des anciens de recueillir les cendres des morts, et principalement de ceux qu'ils aimaient le plus tendrement, rendait cette scène infiniment plus touchante pour eux que pour nous. Il a fallu suppléer au pathétique qu'ils y trouvaient, par la terreur que doit inspirer la vue des cendres de Plistène, première victime de la vengeance d'Oreste. D'ailleurs la situation de l'urne dans les mains d'Electre produit un coup de théâtre à l'arrivée d'Egisthe et de Clytemnestre. La douleur même, et les fureurs d'Electre, persuadent le tyran de la vérité de ce que Pammène vient de lui annoncer.

Le nouvel auteur s'est bien gardé de faire un long récit de la mort d'Oreste en présence d'Egisthe. Ce récit aurait eu, dans notre langue et suivant nos mœurs, tous les défauts que les détracteurs de l'antiquité osent reprocher à celui de Sophocle. Le nouvel auteur suppose qu'Oreste et l'étranger se sont vus à Delphes : *Aisément, dit Pylade, les malheureux s'unissent ; trop promptement liés, promptement ils s'aigrissent.* Oreste a dit plus haut à Egisthe qu'il s'est vengé sans implorer le secours des rois. Cette supposition est simple et tout-à-fait vraisemblable ; et je crois qu'Egisthe, intéressé autant qu'il l'était à cette mort, pouvait s'en contenter, sans entrer dans un examen plus approfondi. On croit très-aisément ce que l'on souhaite avec une passion violente. D'ailleurs Clytemnestre interrompt cette conversation qui l'accable; et l'action est ensuite si précipitée, ainsi que dans Sophocle, qu'il n'est pas possible à Egisthe d'en demander ni d'en apprendre davantage. Cependant, comme le caractère d'un tyran est toujours rempli de défiance, il ordonne qu'on aille chercher son fils pour confirmer le récit des deux étrangers.

La reconnaissance d'Electre et d'Oreste, fondée sur la force de la nature et sur le cri du sang, en même temps que sur les soupçons d'Iphise, sur quelques paroles équivoques d'Oreste, et sur son attendrissement, me paraît d'autant plus pathétique, qu'Oreste, en se découvrant, éprouve des combats qui ajoutent beaucoup à l'attendrissement qui naît de la situation. Les reconnaissances sont toujours touchantes, à moins qu'elles ne soient très-maladroitement traitées; mais les plus belles sont peut-être celles qui produisent un effet qu'on n'attendait pas, qui servent à faire un nouveau nœud, à le resserrer, et qui replongent le héros dans un nouveau péril. On s'intéresse toujours à deux personnes malheureuses qui se reconnaissent après une longue absence et de grandes infortunes : mais si ce bonheur passager les rend encore plus misérables, c'est alors que le cœur est déchiré; ce qui est le vrai but de la tragédie.

A l'égard de cette partie de la catastrophe que l'auteur d'*Oreste* a imitée de Sophocle, et qu'il n'a pas, dit-il, osé faire représenter, je suis d'un avis contraire au sien : je crois que, si ce morceau était joué avec terreur, il en produirait beaucoup.

Qu'on se figure Electre, Iphise et Pylade saisis d'effroi, et marquant chacun leur surprise aux cris de Clytemnestre ; ce tableau devrait faire, ce me semble, un aussi grand effet à Paris qu'il en fit à Athènes ; et cela avec d'autant plus de raison, que Clytemnestre inspire beaucoup plus de pitié dans la pièce française que dans la pièce grecque. Peut-être qu'à la première représentation, des gens mal intentionnés purent profiter de la difficulté de représenter cette action sur un théâtre étroit et embarrassé par la foule des spectateurs, pour y jeter quelque ridicule. Mais comme il est très-certain que la chose est bonne en soi, il faudrait nécessairement qu'elle parût bonne à la longue, malgré tous les discours et toutes les critiques. Il ne serait pas même impossible de disposer le théâtre et les décorations d'une manière qui favorisât ce grand tableau. Enfin il me paraît que celui qui a heureusement osé faire paraître une ombre d'après Eschyle et d'après Euripide, pourrait fort bien faire entendre les cris de Clytemnestre d'après Sophocle. Je maintiens que ces coups bien ménagés sont la véritable tragédie, qui ne consiste pas dans les sentiments galants, ni dans les raisonnements, mais dans une action pathétique, terrible, théâtrale, telle que celle-ci.

Electre ne participe point, dans *Oreste*, au meurtre de sa mère, comme dans l'*Electre* de Sophocle, et encore plus dans celles d'Euripide et d'Eschyle. Ce qu'elle crie à son frère dans le moment de la catastrophe, la justifie :

. . . . . Achève, et sois inexorable ;
Venge-nous, venge-la (Clytemnestre); tranche un nœud si coupable :
Frappe; immole à ses pieds cet infame assassin.

Je ne comprends pas comment la même nation qui voit tous les jours sans horreur le dénouement de *Rodogune*, et qui a souffert celui de *Thyeste* et d'*Atrée*, pourrait désapprouver le tableau que formerait cette catastrophe : rien de moins conséquent. L'atrocité du spectacle d'un père qui voit sur le théâtre même le sang de son propre fils innocent et massacré par un frère barbare, doit causer infiniment plus d'horreur que le meurtre involontaire et forcé d'une femme coupable; meurtre ordonné d'ailleurs expressément par les Dieux.

Oreste est certainement plus à plaindre dans l'auteur français que dans l'athénien, et la Divinité y est plus ménagée : elle y punit un crime par un crime; mais elle punit avec raison Oreste qui a désobéi. C'est cette désobéissance qui forme précisément ce qu'il y a de plus touchant dans la pièce. Il n'est parricide que pour avoir trop écouté avec sa sœur la voix de la nature ; il n'est malheureux que pour avoir été tendre : il inspire ainsi la compassion et la terreur ; mais il les inspire épurées et dignes de toute la majesté du poëme dramatique : ce n'est point ici une crainte ridicule qui diminue la fermeté de l'ame ; ce n'est point une compassion mal entendue, fondée sur l'amour le plus étrange et le plus déplacé, qui serait aussi absurde qu'injuste.

Quant au dernier récit que fait Pylade, je ne sais ce qu'on y pourrait trouver à redire. Les applaudissements redoublés qu'il a reçus, le mettent pleinement au-dessus de la critique. Les Grecs ont été charmés de celui d'Euripide, où le meurtre d'Egisthe est raconté fort au long. Comment notre nation pourrait-elle improuver celui-ci, qui contient d'ailleurs une révolution imprévue, mais fondée ; dont tous les spectateurs sont d'autant plus satisfaits, qu'elle n'est en aucune façon annoncée, qu'elle est à-la-fois étonnante et vraisemblable, et qu'elle conduit naturellement à la catastrophe ?

Ce n'est pas un de ces dénouements vulgaires dont parle M. de La Bruyère, et dans lequel les mutins n'entendent point raison. On voit assez quel art il y a d'avoir amené de loin cette révolution, en faisant dire à Pammène, dès le troisième acte :

La race des vrais rois tôt ou tard est chérie.*

* Ce vers est une variante de l'édition de 1750.

DISSERTATION

Je demande, après cela, si la république des lettres n'a pas obligation à un auteur qui ressuscite l'antiquité dans toute sa noblesse, dans toute sa grandeur et dans toute sa force, et qui y joint les plus grands efforts de la nature, sans aucun mélange des petites faiblesses et des misérables intrigues amoureuses qui déshonorent le théâtre parmi nous?

L'impression de la pièce met en liberté de juger du mérite de la diction, des pensées et des sentiments dont elle est remplie. On verra si l'auteur a imité les grands modèles, et de quelle manière il l'a fait. On y trouvera un grand nombre de pensées tirées de Sophocle : cela était inévitable, et d'ailleurs on ne pouvait mieux faire. J'en ai reconnu plusieurs tirées ou imitées d'Euripide, qui ne me paraissent pas moins belles dans l'auteur français que dans le grec même. Telles sont ces pensées de Clytemnestre :

> Vous pleurez dans les fers, et moi dans ma grandeur.
> Vous frappez une mère, et je l'ai mérité.

Et celle-ci d'Electre, qui a été si applaudie :

> Qui pourrait de ces dieux encenser les autels,
> S'ils voyaient sans pitié les malheurs des mortels,
> Si le crime insolent dans son heureuse ivresse
> Écrasait à loisir l'innocente faiblesse?

Les anciens avaient pour maxime de ne faire des acteurs subalternes, même de ceux qui contribuaient à la catastrophe, que des personnages muets; ce qui valait infiniment mieux que les dialogues insipides qu'on met de nos jours dans la bouche de deux ou trois confidents dans la même pièce. On ne trouve point, dans la tragédie d'*Oreste,* de ces personnages oisifs qui ne font qu'écouter des confidences; et plût au ciel que le goût en passât! Sophocle et Euripide ont mieux aimé ne point faire parler Pylade que de lui faire dire des choses inutiles. Dans la nouvelle pièce, tous les rôles sont intéressants et nécessaires.

CATILINA,

OU

ROME SAUVÉE,

TRAGÉDIE

Représentée, pour la première fois, le 24 février 1752.

PRÉFACE.

Deux motifs ont fait choisir ce sujet de tragédie, qui paraît impraticable, et peu fait pour les mœurs, pour les usages, la manière de penser, et le théâtre de Paris.

On a voulu essayer encore une fois, par une tragédie sans déclarations d'amour, de détruire les reproches que toute l'Europe savante fait à la France, de ne souffrir guère au théâtre que les intrigues galantes; et on a eu surtout pour objet de faire connaître Cicéron aux jeunes personnes qui fréquentent les spectacles.

Les grandeurs passées des Romains tiennent encore toute la terre attentive; et l'Italie moderne met une partie de sa gloire à découvrir quelques ruines de l'ancienne. On montre avec respect la maison que Cicéron occupa : son nom est dans toutes les bouches, ses écrits dans toutes les mains. Ceux qui ignorent dans leur patrie quel chef était à la tête de ses tribunaux il y a cinquante ans, savent en quel temps Cicéron était à la tête de Rome. Plus le dernier siècle de la république romaine a été bien connu de nous, plus ce grand homme a été admiré : nos nations modernes, trop tard civilisées, ont eu long-temps de lui des idées vagues ou fausses. Ses ouvrages servaient à notre éducation; mais on ne savait pas jusqu'à quel point sa personne était respectable : l'auteur était superficiellement connu; le consul était presque ignoré. Les lumières que nous avons acquises, nous ont appris à ne lui comparer aucun des hommes qui se sont mêlés du gouvernement, et qui ont prétendu à l'éloquence.

Il semble que Cicéron aurait été tout ce qu'il aurait voulu être. Il gagna une bataille dans les gorges d'Issus, où Alexandre avait vaincu les Perses. Il est bien vraisemblable que, s'il s'était donné tout entier à la guerre, à cette profession qui demande un sens droit et une extrême vigilance, il eût été au rang des plus illustres capitaines de son siècle; mais, comme César n'eût été que le second des orateurs, Cicéron n'eût été que le second des généraux. Il préféra à toute autre gloire celle d'être le père de la maîtresse du monde; et quel prodigieux mérite ne fallait-il pas à un simple chevalier d'Arpinum pour percer la foule de tant de grands hommes, pour parvenir sans intrigue à la première place de

PRÉFACE.

l'univers, malgré l'envie de tant de patriciens qui régnaient à Rome!

Ce qui étonne surtout, c'est que, dans le tumulte et les orages de sa vie, cet homme, toujours chargé des affaires de l'Etat et de celles des particuliers, trouvât encore du temps pour être instruit à fond de toutes les sectes des Grecs, et qu'il fût le plus grand philosophe des Romains, aussi-bien que le plus éloquent. Y a-t-il dans l'Europe beaucoup de ministres, de magistrats, d'avocats même un peu employés, qui puissent, je ne dis pas expliquer les admirables découvertes de Newton, et les idées de Leibnitz, comme Cicéron rendait compte des principes de Zénon, de Platon et d'Epicure, mais qui puissent répondre à une question profonde de philosophie?

Ce que peu de personnes savent, c'est que Cicéron était encore un des premiers poètes d'un siècle où la belle poésie commençait à naître : il balançait la réputation de Lucrèce. Y a-t-il rien de plus beau que ces vers qui nous sont restés de son poème sur Marius, et qui font tant regretter la perte de cet ouvrage?

Sic Jovis altisoni subito pinnata satelles,
Arboris è trunco, serpentis saucia morsu,
Ipsa feris subigit transfigens unguibus anguem

PRÉFACE.

Semianimum, et variâ graviter cervice micantem;
Quem se intorquentem lanians rostroque cruentans,
Jam satiata animos, jam duros ulta dolores,
Abjicit efflantem, et laceratum affligit in undas,
Seque obitu à solis nitidos convertit ad ortus.

Je suis de plus en plus persuadé que notre langue est impuissante à rendre l'harmonieuse énergie des vers latins comme des vers grecs : mais j'oserai donner une légère esquisse de ce petit tableau, peint par le grand homme que j'ai osé faire parler dans ROME SAUVÉE, et dont j'ai imité en quelques endroits les *Catilinaires* :

> Tel on voit cet oiseau qui porte le tonnerre,
> Blessé par un serpent élancé de la terre;
> Il s'envole, il entraîne au séjour azuré
> L'ennemi tortueux dont il est entouré.
> Le sang tombe des airs. Il déchire, il dévore
> Le reptile acharné qui le combat encore;
> Il le perce; il le tient sous ses ongles vainqueurs;
> Par cent coups redoublés il venge ses douleurs.
> Le monstre, en expirant, se débat, se replie :
> Il exhale en poisons les restes de sa vie;
> Et l'aigle, tout sanglant, fier et victorieux,
> Le rejette en fureur, et plane au haut des cieux.

Pour peu qu'on ait la moindre étincelle de goût, on apercevra dans la faiblesse de cette copie la force du pinceau de l'original. Pourquoi donc Cicéron passe-t-il pour un mauvais poète? Parce qu'il a plu à Juvénal de le dire, parce qu'on lui a imputé un vers ridicule :

O fortunatam natam, me consule, Romam!

C'est un vers si mauvais, que le traducteur qui a voulu en exprimer les défauts en français, n'a pu même y réussir.

O Rome fortunée,
Sous mon consulat née!

ne rend pas à beaucoup près le ridicule du vers latin.

Je demande s'il est possible que l'auteur du beau morceau de poésie que je viens de citer, ait fait un vers si impertinent? Il y a des sottises qu'un homme de génie et de sens ne peut jamais dire. Je m'imagine que le préjugé, qui n'accorde presque jamais deux genres à un seul homme, fit croire Cicéron incapable de la poésie, quand il y eut renoncé. Quelque mauvais plaisant, quelque ennemi de la gloire de ce grand homme, imagina ce vers ridicule, et l'attribua à l'orateur, au philosophe, au père de Rome. Juvénal, dans le siècle suivant, adopta ce bruit populaire, et le fit passer à la postérité dans ses déclamations satiriques; et j'ose croire que beaucoup de réputations, bonnes ou mauvaises, se sont ainsi établies.

On impute, par exemple, au père Malebranche ces deux vers :

> Il fait, en ce beau jour, le plus beau temps du monde,
> Pour aller à cheval sur la terre et sur l'onde.

On prétend qu'il les fit pour montrer qu'un philosophe peut, quand il veut, être poète. Quel homme de bon sens croira que le père Malebranche ait fait quelque chose de si absurde? Cependant, qu'un écrivain d'anecdotes, un compilateur littéraire, transmette à la postérité cette sottise, elle s'accréditera avec le temps; et si le père Malebranche était un grand homme, on dirait un jour : Ce grand homme devenait un sot quand il était hors de sa sphère.

On a reproché à Cicéron trop de sensibilité, trop d'affliction dans ses malheurs. Il confie ses justes plaintes à sa femme et à son ami; et on impute à lâcheté sa franchise. Le blâme qui voudra d'avoir répandu dans le sein de l'amitié les douleurs qu'il cachait à ses persécuteurs; je l'en aime davantage. Il n'y a guère que les ames vertueuses de sensibles. Cicéron, qui aimait tant la gloire, n'a point ambitionné celle de vouloir paraître ce qu'il n'était pas. Nous avons vu des hommes mourir de douleur pour avoir perdu de très-petites places, après avoir affecté de dire qu'ils ne les regrettaient pas : quel mal y a-t-il donc à avouer à sa femme et à son ami qu'on est fâché d'être loin de Rome qu'on a servie, et d'être persécuté par des ingrats et par des perfides? Il faut fermer son cœur à ses tyrans, et l'ouvrir à ceux qu'on aime.

Cicéron était vrai dans toutes ses démarches; il parlait de son affliction sans honte, et de son goût pour la vraie gloire sans détour. Ce caractère est à-la-fois naturel, haut et humain. Préférerait-on la politique de César, qui, dans ses *Commentaires*, dit qu'il a offert la paix à Pompée, et qui, dans ses lettres, avoue qu'il ne veut pas la lui donner? César était un grand homme; mais Cicéron était un homme vertueux.

Que ce consul ait été un grand poète, un philosophe qui savait douter, un gouverneur de province parfait, un général habile; que son ame ait été sensible et vraie, ce n'est pas là le mérite dont il s'agit ici. Il sauva Rome malgré le sénat, dont la moitié était animée contre lui par l'envie la plus violente. Il se fit des ennemis de ceux-mêmes dont il fut l'oracle, le libérateur et le vengeur.

Il prépara sa ruine par le service le plus signalé que jamais homme ait rendu à sa patrie. Il vit cette ruine; et il n'en fut point effrayé. C'est ce qu'on a voulu représenter dans cette tragédie : c'est moins encore l'ame farouche de Catilina, que l'ame généreuse et noble de Cicéron qu'on a voulu peindre.

Nous avons toujours cru, et on s'était confirmé plus que jamais dans l'idée que Cicéron est un des caractères qu'il ne faut jamais mettre sur le théâtre. Les Anglais, qui hasardent tout sans même savoir qu'ils hasardent, ont fait une tragédie de la conspiration de Catilina. Ben-Johnson n'a pas manqué, dans cette tragédie historique, de traduire sept ou huit pages des *Catilinaires;* et même il les a traduites en prose, ne croyant pas que l'on pût faire parler Cicéron en vers. La prose du consul et les vers des autres personnages font, à la vérité, un contraste digne de la barbarie du siècle de Ben-Johnson : mais pour traiter un sujet si sévère, dénué de ces passions qui ont tant d'empire sur le cœur, il faut avouer qu'il fallait avoir affaire à un peuple sérieux et instruit, digne en quelque sorte qu'on mit sous ses yeux l'ancienne Rome.

Je conviens que ce sujet n'est guère théâtral pour nous, qui, ayant beaucoup plus de goût, de décence, de connaissance du théâtre que les Anglais, n'avons généralement pas des mœurs si fortes. On ne voit avec plaisir, au théâtre, que le combat des passions qu'on éprouve soi-même. Ceux qui sont remplis de l'étude de Cicéron et de la république romaine, ne sont pas ceux qui fréquentent les spectacles. Ils n'imitent point Cicéron, qui y était assidu. Il est étrange qu'ils prétendent être plus graves que lui; ils sont seulement moins sensibles aux beaux-arts, ou retenus par un préjugé ridicule. Quelques progrès que ces arts aient faits en France, les hommes choisis qui les ont cultivés n'ont point encore communiqué le vrai goût à toute la nation. C'est que nous sommes nés moins heureusement que les Grecs et les Romains. On va au spectacle plus par oisiveté que par un véritable amour de la littérature.

Cette tragédie paraît plutôt faite pour être lue par les amateurs de l'antiquité, que pour être vue par le parterre. Elle y fut à la vérité applaudie, et beaucoup plus que *Zaïre;* mais elle n'est pas d'un genre à se soutenir comme *Zaïre* sur le théâtre. Elle est beaucoup plus fortement écrite, et une seule scène entre César et Catilina était plus difficile à faire que la plupart des pièces où l'amour domine. Mais le cœur ramène à ces pièces;

et l'admiration pour les anciens Romains s'épuise bientôt. Personne ne conspire aujourd'hui, et tout le monde aime.

D'ailleurs les représentations de *Catilina* exigent un trop grand nombre d'acteurs, un trop grand appareil.

Les savants ne trouveront pas ici une histoire fidèle de la conjuration de Catilina. Ils sont assez persuadés qu'une tragédie n'est pas une histoire; mais ils y verront une peinture vraie des mœurs de ce temps-là. Tout ce que Cicéron, Catilina, Caton, César, ont fait dans cette pièce n'est pas vrai; mais leur génie et leur caractère y sont peints fidèlement.

Si on n'a pu y développer l'éloquence de Cicéron, on a du moins étalé toute sa vertu et tout le courage qu'il fit paraître dans le péril. On a montré dans Catilina ces contrastes de férocité et de séduction qui formaient son caractère : on a fait voir César naissant, factieux et magnanime, César fait pour être à-la-fois la gloire et le fléau de Rome.

On n'a point fait paraître les députés des Allobroges, qui n'étaient point des ambassadeurs de nos Gaules, mais des agents d'une petite province d'Italie soumise aux Romains, qui ne firent que le personnage de délateurs, et qui par-là sont indignes de figurer sur la scène avec Cicéron, César et Caton.

Si cet ouvrage paraît au moins passablement écrit, et s'il fait connaître un peu l'ancienne Rome, c'est tout ce qu'on a prétendu, et tout le prix qu'on attend.

PERSONNAGES.

CICÉRON.
CÉSAR.
CATILINA.
AURÉLIE.
CATON.
LUCULLUS.

CRASSUS.
CLODIUS.
CÉTHÉGUS.
LENTULUS-SURA.
Conjurés.
Licteurs.

Le théâtre représente, d'un côté, le palais d'Aurélie ; de l'autre, le temple de Tellus, où s'assemble le sénat. On voit dans l'enfoncement une galerie qui communique à des souterrains qui conduisent du palais d'Aurélie au vestibule du temple.

CATILINA,
TRAGÉDIE.

ACTE PREMIER.

SCÈNE I.

CATILINA.

(*Soldats dans l'enfoncement.*)

Orateur insolent, qu'un vil peuple seconde,
Assis au premier rang des souverains du monde,
Tu vas tomber du faîte où Rome t'a placé.
Inflexible Caton, vertueux insensé,
Ennemi de ton siècle, esprit dur et farouche,
Ton terme est arrivé; ton imprudence y touche.
Fier sénat de tyrans qui tiens le monde aux fers,
Tes fers sont préparés, tes tombeaux sont ouverts.
Que ne puis-je en ton sang, impérieux Pompée,
Eteindre de ton nom la splendeur usurpée!
Que ne puis-je opposer à ton pouvoir fatal,
Ce César si terrible, et déjà ton égal!
Quoi! César, comme moi, factieux dès l'enfance,
Avec Catilina n'est pas d'intelligence?
Mais le piége est tendu; je prétends qu'aujourd'hui
Le trône qui m'attend soit préparé par lui.

CATILINA.

Il faut employer tout, jusqu'à Cicéron même,
Ce César que je crains, mon épouse que j'aime :
Sa docile tendresse, en cet affreux moment,
De mes sanglants projets est l'aveugle instrument.
Tout ce qui m'appartient, doit être mon complice.
Je veux que l'amour même à mon ordre obéisse.
Titres chers et sacrés, et de père, et d'époux,
Faiblesses des humains, évanouissez-vous. *

SCÈNE II.

CATILINA, CÉTHÉGUS; AFFRANCHIS *et* SOLDATS *dans le lointain.*

CATILINA.

Eh bien! cher Céthégus, tandis que la nuit sombre
Cache encor nos desseins et Rome dans son ombre,
Avez-vous réuni les chefs des conjurés?

CÉTHÉGUS.

Ils viendront dans ces lieux, du consul ignorés,
Sous ce portique même, et près du temple impie
Où domine un sénat, tyran de l'Italie.
Ils ont renouvelé leurs serments et leur foi.
Mais tout est-il prévu? César est-il à toi?
Seconde-t-il enfin Catilina qu'il aime?

CATILINA.

Cet esprit dangereux n'agit que pour lui-même.

---

* Cette tournure paraît une imitation du vers de Corneille dans *Rodogune.*

Vains fantômes d'État, évanouissez-vous.

ACTE I, SCÈNE II.

CÉTHÉGUS.

Conspirer sans César !

CATILINA.

Ah! je l'y veux forcer;
Dans ce piége sanglant je veux l'embarrasser.
Mes soldats, en son nom, vont surprendre Préneste.
Je sais qu'on le soupçonne, et je réponds du reste.
Ce consul violent va bientôt l'accuser;
Pour se venger de lui, César peut tout oser.
Rien n'est si dangereux que César qu'on irrite;
C'est un lion qui dort, et que ma voix excite.
Je veux que Cicéron réveille son courroux,
Et force ce grand homme à combattre pour nous.

CÉTHÉGUS.

Mais Nonnius enfin dans Préneste est le maître;
Il aime la patrie, et tu dois le connaître :
Tes soins pour le tenter, ont été superflus.
Que faut-il décider du sort de Nonnius?

CATILINA.

Je t'entends; tu sais trop que sa fille m'est chère.
Ami, j'aime Aurélie en détestant son père.
Quand il sut que sa fille avait conçu pour moi
Ce tendre sentiment qui la tient sous ma loi;
Quand sa haine impuissante, et sa colère vaine,
Eurent tenté sans fruit de briser notre chaîne;
A cet hymen secret quand il a consenti,
Sa faiblesse a tremblé d'offenser son parti.
Il a craint Cicéron; mais mon heureuse adresse
Avance mes desseins par sa propre faiblesse.
J'ai moi-même exigé, par un serment sacré,

Que ce nœud clandestin fût encore ignoré.
Céthégus et Sura sont seuls dépositaires
De ce secret utile à nos sanglants mystères.
Le palais d'Aurélie au temple nous conduit;
C'est là qu'en sûreté j'ai moi-même introduit
Les armes, les flambeaux, l'appareil du carnage.
De nos vastes succès mon hymen est le gage.
Vous m'avez bien servi : l'amour m'a servi mieux.
C'est chez Nonnius même, à l'aspect de ses dieux,
Sous les murs du sénat, sous sa voûte sacrée,
Que de tous nos tyrans la mort est préparée.

(*Aux conjurés, qui sont dans le fond.*)

Vous, courez dans Préneste, où nos amis secrets
Ont du nom de César voilé nos intérêts :
Que Nonnius surpris ne puisse se défendre.
Vous, près du Capitole allez soudain vous rendre.
Songez qui vous servez, et gardez vos serments.

(*A Céthégus.*)

Toi, conduis d'un coup-d'œil tous ces grands mouvements.

SCÈNE III.

AURÉLIE, CATILINA.

AURÉLIE.

Ah! calmez les horreurs dont je suis poursuivie;
Cher époux, essuyez les larmes d'Aurélie.
Quel trouble, quel spectacle, et quel réveil affreux!
Je vous suis en tremblant sous ces murs ténébreux.
Ces soldats que je vois, redoublent mes alarmes.
On porte en mon palais des flambeaux et des armes!

Qui peut nous menacer? Les jours de Marius,
De Carbon, de Sylla, sont-ils donc revenus?
De ce front si terrible éclaircissez les ombres.
Vous détournez de moi des yeux tristes et sombres.
Au nom de tant d'amour, et par ces nœuds secrets
Qui joignent nos destins, nos cœurs, nos intérêts ;
Au nom de notre fils, dont l'enfance est si chère,
(Je ne vous parle point des dangers de sa mère,
Et je ne vois, hélas! que ceux que vous courez;)
Ayez pitié du trouble où mes sens sont livrés :
Expliquez-vous.

CATILINA.

Sachez que mon nom, ma fortune,
Ma sûreté, la vôtre, et la cause commune,
Exigent ces apprêts qui causent votre effroi.
Si vous daignez m'aimer, si vous êtes à moi,
Sur ce qu'ont vu vos yeux observez le silence.
Des meilleurs citoyens j'embrasse la défense.
Vous voyez le sénat, le peuple, divisés,
Une foule de rois l'un à l'autre opposés :
On se menace, on s'arme; et, dans ces conjonctures,
Je prends un parti sage, et de justes mesures.

AURÉLIE.

Je le souhaite au moins. Mais me tromperiez-vous?
Peut-on cacher son cœur aux cœurs qui sont à nous?
En vous justifiant, vous redoublez ma crainte.
Dans vos yeux égarés trop d'horreur est empreinte.
Ciel! que fera mon père alors que dans ces lieux
Ces funestes apprêts viendront frapper ses yeux?
Souvent les noms de fille, et de père, et de gendre,

Lorsque Rome a parlé, n'ont pu se faire entendre.
Notre hymen lui déplut, vous le savez assez;
Mon bonheur est un crime à ses yeux offensés.
On dit que Nonnius est mandé de Préneste.
Quels effets il verra de cet hymen funeste!
Cher époux, quel usage affreux, infortuné,
Du pouvoir que sur moi l'amour vous a donné!
Vous avez un parti : mais Cicéron, mon père,
Caton, Rome, les Dieux, sont du parti contraire.
Peut-être Nonnius vient vous perdre aujourd'hui.

CATILINA.

Non, il ne viendra point; ne craignez rien de lui.

AURÉLIE.

Comment?

CATILINA.

Aux murs de Rome il ne pourra se rendre
Que pour y respecter et sa fille et son gendre.
Je ne puis m'expliquer; mais souvenez-vous bien
Qu'en tout, son intérêt s'accorde avec le mien.
Croyez, quand il verra qu'avec lui je partage
De mes justes projets le premier avantage,
Qu'il sera trop heureux d'abjurer devant moi
Les superbes tyrans dont il reçut la loi.
Je vous ouvre à tous deux, et vous devez m'en croire,
Une source éternelle et d'honneur et de gloire.

AURÉLIE.

La gloire est bien douteuse, et le péril certain. *
Que voulez-vous? pourquoi forcer votre destin?

---

* Vers de *Cinna*.

Ne vous suffit-il pas, dans la paix, dans la guerre,
D'être un des souverains sous qui tremble la terre?
Pour tomber de plus haut, où voulez-vous monter?
Les noirs pressentiments viennent m'épouvanter.
J'ai trop chéri le joug où je me suis soumise.
Voilà donc cette paix que je m'étais promise,
Ce repos de l'amour que mon cœur a cherché !
Les Dieux m'en ont punie, et me l'ont arraché.
Dès qu'un léger sommeil vient fermer mes paupières,
Je vois Rome embrasée, et des mains meurtrières,
Des supplices, des morts, des fleuves teints de sang;
De mon père au sénat je vois percer le flanc :
Vous-même, environné d'une troupe en furie,
Sur des monceaux de morts exhalant votre vie;
Des torrents de mon sang répandus par vos coups,
Et votre épouse enfin mourante auprès de vous.
Je me lève, je fuis ces images funèbres ;
Je cours, je vous demande au milieu des ténèbres :
Je vous retrouve, hélas ! et vous me replongez
Dans l'abîme des maux qui me sont présagés.

CATILINA.

Allez : Catilina ne craint point les augures;
Et je veux du courage, et non pas des murmures,
Quand je sers et l'Etat, et vous, et mes amis.

AURÉLIE.

Ah, cruel ! est-ce ainsi que l'on sert son pays ?
J'ignore à quels desseins ta fureur s'est portée;
S'ils étaient généreux, tu m'aurais consultée ;
Nos communs intérêts semblaient te l'ordonner :
Si tu feins avec moi, je dois tout soupçonner.

Tu te perdras : déjà ta conduite est suspecte
A ce consul sévère, et que Rome respecte.
CATILINA.
Cicéron respecté! lui, mon lâche rival!

SCÈNE IV.

CATILINA, AURÉLIE; MARTIAN, *l'un des conjurés.*

MARTIAN.
Seigneur, Cicéron vient près de ce lieu fatal.
Par son ordre bientôt le sénat se rassemble :
Il vous mande en secret.
AURÉLIE.
Catilina, je tremble
A cet ordre subit, à ce funeste nom.
CATILINA.
Mon épouse trembler au nom de Cicéron!
Que Nonnius séduit le craigne et le révère;
Qu'il déshonore ainsi son rang, son caractère;
Qu'il serve, il en est digne, et je plains son erreur :
Mais de vos sentiments j'attends plus de grandeur.
Allez; souvenez-vous que vos nobles ancêtres
Choisissaient autrement leurs consuls et leurs maîtres.
Quoi, vous! femme, et Romaine, et du sang d'un Néron,
Vous seriez sans orgueil et sans ambition!
Il en faut aux grands cœurs.
AURÉLIE.
Tu crois le mien timide;
La seule cruauté te paraît intrépide.
Tu m'oses reprocher d'avoir tremblé pour toi.

ACTE I, SCÈNE IV.

Le consul va paraître; adieu : mais connais-moi;
Apprends que cette épouse, à tes lois trop soumise,
Que tu devais aimer, que ta fierté méprise,
Qui ne peut te changer, qui ne peut t'attendrir,
Plus Romaine que toi, peut t'apprendre à mourir.

CATILINA.

Que de chagrins divers il faut que je dévore!
Cicéron que je vois, est moins à craindre encore.

SCÈNE V.

CICÉRON, *dans l'enfoncement;* LE CHEF DES LICTEURS, CATILINA.

CICÉRON, *au chef des licteurs.*

Suivez mon ordre, allez; de ce perfide cœur
Je prétends sans témoin sonder la profondeur.
La crainte quelquefois peut ramener un traître.

CATILINA.

Quoi! c'est ce plébéien dont Rome a fait son maître!

CICÉRON.

Avant que le sénat se rassemble à ma voix,
Je viens, Catilina, pour la dernière fois,
Apporter le flambeau sur le bord de l'abîme
Où votre aveuglement vous conduit par le crime.

CATILINA.

Qui, vous?

CICÉRON.

Moi.

CATILINA.

C'est ainsi que votre inimitié...

CICÉRON.

C'est ainsi que s'explique un reste de pitié.
Vos cris audacieux, votre plainte frivole,
Ont assez fatigué les murs du Capitole.
Vous feignez de penser que Rome et le sénat
Ont avili dans moi l'honneur du consulat.
Concurrent malheureux à cette place insigne,
Votre orgueil l'attendait : mais en étiez-vous digne?
La valeur d'un soldat, le nom de vos aïeux,
Ces prodigalités d'un jeune ambitieux,
Ces jeux et ces festins qu'un vain luxe prépare,
Etaient-ils un mérite assez grand, assez rare,
Pour vous faire espérer de dispenser des lois
Au peuple souverain qui règne sur les rois?
A vos prétentions j'aurais cédé peut-être,
Si j'avais vu dans vous ce que vous deviez être.
Vous pouviez de l'Etat être un jour le soutien :
Mais, pour être consul, devenez citoyen.
Pensez-vous affaiblir ma gloire et ma puissance,
En décriant mes soins, mon état, ma naissance?
Dans ces temps malheureux, dans nos jours corrompus,
Faut-il des noms à Rome? il lui faut des vertus.
Ma gloire (et je la dois à ces vertus sévères)
Est de ne rien tenir des grandeurs de mes pères.
Mon nom commence en moi : de votre honneur jaloux,
Tremblez que votre nom ne finisse dans vous.

CATILINA.

Vous abusez beaucoup, magistrat d'une année,
De votre autorité passagère et bornée.

ACTE I, SCÈNE V.

CICÉRON.

Si j'en avais usé, vous seriez dans les fers,
Vous l'éternel appui des citoyens pervers ;
Vous qui, de nos autels souillant les priviléges,
Portez jusqu'aux lieux saints vos fureurs sacriléges ;
Qui comptez tous vos jours, et marquez tous vos pas,
Par des plaisirs affreux, ou des assassinats ;
Qui savez tout braver, tout oser et tout feindre ;
Vous enfin, qui, sans moi, seriez peut-être à craindre.
Vous avez corrompu tous les dons précieux
Que pour un autre usage ont mis en vous les Dieux ;
Courage, adresse, esprit, grâce, fierté sublime,
Tout dans votre ame aveugle est l'instrument du crime.
Je détournais de vous des regards paternels,
Qui veillaient au destin du reste des mortels.
Ma voix, que craint l'audace, et que le faible implore,
Dans le rang des Verrès ne vous mit point encore ;
Mais, devenu plus fier par tant d'impunité,
Jusqu'à trahir l'Etat vous avez attenté.
Le désordre est dans Rome ; il est dans l'Etrurie ;
On parle de Préneste ; on soulève l'Ombrie ;
Les soldats de Sylla, de carnage altérés,
Sortent de leur retraite, au meurtre préparés ;
Mallius en Toscane arme leurs mains féroces ;
Les coupables soutiens de ces complots atroces
Sont tous vos partisans déclarés ou secrets ;
Partout le nœud du crime unit vos intérêts.
Ah ! sans qu'un jour plus grand éclaire ma justice,
Sachez que je vous crois leur chef ou leur complice ;
Que j'ai partout des yeux, que j'ai partout des mains ;

Que, malgré vous encore, il est de vrais Romains ;
Que ce cortége affreux d'amis vendus au crime
Sentira comme vous l'équité qui m'anime.
Vous n'avez vu dans moi qu'un rival de grandeur ;
Voyez-y votre juge, et votre accusateur,
Qui va dans un moment vous forcer de répondre
Au tribunal des lois qui doivent vous confondre,
Des lois qui se taisaient sur vos crimes passés,
De ces lois que je venge, et que vous renversez.

CATILINA.

Je vous ai déjà dit, Seigneur, que votre place
Avec Catilina permet peu cette audace.
Mais je veux pardonner des soupçons si honteux,
En faveur de l'Etat que nous servons tous deux :
Je fais plus : je respecte un zèle infatigable,
Aveugle, je l'avoue, et pourtant estimable.
Ne me reprochez plus tous mes égarements,
D'une ardente jeunesse impétueux enfants ;
Le sénat m'en donna l'exemple trop funeste.
Cet emportement passe, et le courage reste.
Ce luxe, ces excès, ces fruits de la grandeur,
Sont les vices du temps, et non ceux de mon cœur.
Songez que cette main servit la république ;
Que, soldat en Asie, et juge dans l'Afrique,
J'ai, malgré nos excès et nos divisions,
Rendu Rome terrible aux yeux des nations.
Moi, je la trahirais ! moi, qui l'ai su défendre !

CICÉRON.

Marius et Sylla, qui la mirent en cendre,
Ont mieux servi l'Etat, et l'ont mieux défendu.

ACTE I, SCÈNE V.

Les tyrans ont toujours quelque ombre de vertu;
Ils soutiennent les lois, avant de les abattre.

CATILINA.

Ah! si vous soupçonnez ceux qui savent combattre,
Accusez donc César, et Pompée et Crassus.
Pourquoi fixer sur moi vos yeux toujours déçus?
Parmi tant de guerriers dont on craint la puissance,
Pourquoi suis-je l'objet de votre défiance?
Pourquoi me choisir, moi? Par quel zèle emporté?...

CICÉRON.

Vous-même jugez-vous; l'avez-vous mérité?

CATILINA.

Non : mais j'ai trop daigné m'abaisser à l'excuse;
Et plus je me défends, plus Cicéron m'accuse.
Si vous avez voulu me parler en ami,
Vous vous êtes trompé, je suis votre ennemi;
Si c'est en citoyen, comme vous je crois l'être;
Et si c'est en consul, ce consul n'est pas maître :
Il préside au sénat, et je peux l'y braver.

CICÉRON.

J'y punis les forfaits : tremble de m'y trouver.
Malgré toute ta haine, à mes yeux, méprisable,
Je t'y protégerai, si tu n'es point coupable :
Fuis Rome, si tu l'es.

CATILINA.

    C'en est trop; arrêtez.
C'est trop souffrir le zèle où vous vous emportez.
De vos vagues soupçons j'ai dédaigné l'injure;
Mais après tant d'affronts que mon orgueil endure,

Je veux que vous sachiez que le plus grand de tous
N'est pas d'être accusé, mais protégé par vous.

CICÉRON, *seul*.

Le traître pense-t-il, à force d'insolence,
Par sa fausse grandeur prouver son innocence?
Tu ne peux m'imposer, perfide : ne crois pas
Eviter l'œil vengeur attaché sur tes pas.

SCÈNE VI.

CICÉRON, CATON.

CICÉRON.

Eh bien! ferme Caton, Rome est-elle en défense?

CATON.

Vos ordres sont suivis. Ma prompte vigilance
A disposé déjà ces braves chevaliers
Qui sous vos étendards marcheront les premiers.
Mais je crains tout du peuple, et du sénat lui-même.

CICÉRON.

Du sénat?

CATON.

Enivré de sa grandeur suprême,
Dans ses divisions il se forge des fers.

CICÉRON.

Les vices des Romains ont vengé l'univers. *
La vertu disparaît; la liberté chancelle :
Mais Rome a des Catons; j'espère encor pour elle.

---

* . . . . *Sævior armis*
Luxuria incubuit, victumque ulciscitur orbem. (JUVÉNAL.)

ACTE I, SCÈNE VI.

CATON.

Ah! qui sert son pays, sert souvent un ingrat.
Votre mérite même irrite le sénat;
Il voit d'un œil jaloux cet éclat qui l'offense.

CICÉRON.

Les regards de Caton seront ma récompense.
Au torrent de mon siècle, à son iniquité,
J'oppose ton suffrage et la postérité.
Faisons notre devoir; les Dieux feront le reste.

CATON.

Eh! comment résister à ce torrent funeste,
Quand je vois dans ce temple, aux vertus élevé,
L'infame trahison marcher le front levé?
Croit-on que Mallius, cet indigne rebelle,
Ce tribun des soldats, subalterne infidèle,
De la guerre civile arborât l'étendard;
Qu'il osât s'avancer vers ce sacré rempart,
Qu'il eût pu fomenter ces ligues menaçantes,
S'il n'était soutenu par des mains plus puissantes,
Si quelque rejeton de nos derniers tyrans
N'allumait en secret des feux plus dévorants?
Les premiers du sénat nous trahissent peut-être;
Des cendres de Sylla les tyrans vont renaître.
César fut le premier que mon cœur soupçonna.
Oui, j'accuse César;

CICÉRON.

Et moi, Catilina.
De brigues, de complots, de nouveautés avide,
Vaste dans ses projets, impétueux, perfide,
Plus que César encor je le crois dangereux,

Beaucoup plus téméraire, et bien moins généreux.
Je viens de lui parler : j'ai vu sur son visage,
J'ai vu dans ses discours son audace et sa rage,
Et la sombre hauteur d'un esprit affermi,
Qui se lasse de feindre, et parle en ennemi.
De ses obscurs complots je cherche les complices.
Tous ses crimes passés sont mes premiers indices.
J'en préviendrai la suite.

CATON.

Il a beaucoup d'amis;
Je crains pour les Romains des tyrans réunis.
L'armée est en Asie, et le crime est dans Rome :
Mais, pour sauver l'Etat, il suffit d'un grand homme.

CICÉRON.

Si nous sommes unis, il suffit de nous deux.
La discorde est bientôt parmi les factieux.
César peut conjurer; mais je connais son ame :
Je sais quel noble orgueil le domine et l'enflamme.
Son cœur ambitieux ne peut être abattu
Jusqu'à servir en lâche un tyran sans vertu.
Il aime Rome encore; il ne veut point de maître :
Mais je prévois trop bien qu'un jour il voudra l'être.
Tous deux jaloux de plaire, et plus, de commander,
Ils sont montés trop haut pour jamais s'accorder.
Par leur désunion Rome sera sauvée.
Allons; n'attendons pas que, de sang abreuvée,
Elle tende vers nous ses languissantes mains,
Et qu'on donne des fers aux maîtres des humains.

FIN DU PREMIER ACTE.

ACTE SECOND.

SCÈNE I.

CATILINA, CÉTHÉGUS.

CÉTHÉGUS.

Tandis que tout s'apprête, et que ta main hardie
Va de Rome et du monde allumer l'incendie,
Tandis que ton armée approche de ces lieux,
Sais-tu ce qui se passe en ces murs odieux?

CATILINA.

Je sais que d'un consul la sombre défiance
Se livre à des terreurs qu'il appelle prudence;
Sur le vaisseau public ce pilote égaré
Présente à tous les vents un flanc mal assuré;
Il s'agite au hasard, à l'orage il s'apprête,
Sans savoir seulement d'où viendra la tempête.
Ne crains rien du sénat : ce corps faible et jaloux
Avec joie, en secret, l'abandonne à nos coups.
Ce sénat divisé, ce monstre à tant de têtes,
Si fier de sa noblesse, et plus de ses conquêtes,
Voit avec les transports de l'indignation
Les souverains des rois respecter Cicéron.
César n'est point à lui; Crassus le sacrifie.
J'attends tout de ma main, j'attends tout de l'envie.

C'est un homme expirant, qu'on voit, d'un faible effort,
Se débattre, et tomber dans les bras de la mort.

CÉTHÉGUS.

Il a des envieux : mais il parle, il entraîne ;
Il réveille la gloire, il subjugue la haine ;
Il domine au sénat.

CATILINA.

Je le brave en tous lieux ;
J'entends avec mépris ses cris injurieux :
Qu'il déclame à son gré jusqu'à sa dernière heure ;
Qu'il triomphe en parlant, qu'on l'admire, et qu'il meure.
De plus cruels soucis, des chagrins plus pressants,
Occupent mon courage, et règnent sur mes sens.

CÉTHÉGUS.

Que dis-tu? qui t'arrête en ta noble carrière?
Quand l'adresse et la force ont ouvert la barrière,
Que crains-tu?

CATILINA.

Ce n'est pas mes nombreux ennemis.
Mon parti seul m'alarme ; et je crains mes amis,
De Lentulus-Sura l'ambition jalouse,
Le grand cœur de César, et surtout mon épouse.

CÉTHÉGUS.

Ton épouse? tu crains une femme et des pleurs?
Laisse-lui ses remords, laisse-lui ses terreurs ;
Tu l'aimes, mais en maître ; et son amour docile
Est de tes grands desseins un instrument utile.

CATILINA.

Je vois qu'il peut enfin devenir dangereux.
Rome, un époux, un fils, partagent trop ses vœux.

O Rome! ô nom fatal! ô liberté chérie!
Quoi! dans ma maison même on parle de patrie!
Je veux qu'avant le temps fixé pour le combat,
Tandis que nous allons éblouir le sénat,
Ma femme, avec mon fils, de ces lieux enlevée,
Abandonne une ville aux flammes réservée;
Qu'elle parte, en un mot. Nos femmes, nos enfants,
Ne doivent point troubler ces terribles moments.
Mais César!

CÉTHÉGUS.

Que veux-tu? Si par ton artifice
Tu ne peux réussir à t'en faire un complice,
Dans le rang des proscrits faut-il placer son nom?
Faut-il confondre enfin César et Cicéron?

CATILINA.

C'est-là ce qui m'occupe; et s'il faut qu'il périsse,
Je me sens étonné de ce grand sacrifice.
Il semble qu'en secret respectant son destin,
Je révère dans lui l'honneur du nom romain.
Mais Sura viendra-t-il?

CÉTHÉGUS.

Compte sur son audace;
Tu sais comme, ébloui des grandeurs de sa race,
A partager ton règne il se croit destiné.

CATILINA.

Qu'à cet espoir trompeur il reste abandonné.
Tu vois avec quel art il faut que je ménage
L'orgueil présomptueux de cet esprit sauvage,
Ses chagrins inquiets, ses soupçons, son courroux.
Sais-tu que de César il ose être jaloux?

Enfin j'ai des amis moins aisés à conduire
Que Rome et Cicéron ne coûtent à détruire.
O d'un chef de parti dur et pénible emploi!
CÉTHÉGUS.
Le soupçonneux Sura s'avance ici vers toi.

SCÈNE II.
CATILINA, CÉTHÉGUS, LENTULUS-SURA.
SURA.
Ainsi, malgré mes soins, et malgré ma prière,
Vous prenez dans César une assurance entière;
Vous lui donnez Préneste : il devient notre appui.
Pensez-vous me forcer à dépendre de lui?
CATILINA.
Le sang des Scipions n'est point fait pour dépendre :
Ce n'est qu'au premier rang que vous devez prétendre.
Je traite avec César, mais sans m'y confier :
Son crédit peut nous nuire; il peut nous appuyer :
Croyez qu'en mon parti s'il faut que je l'engage,
Je me sers de son nom, mais pour votre avantage.
SURA.
Ce nom est-il plus grand que le vôtre et le mien?
Pourquoi vous abaisser à briguer ce soutien?
On le fait trop valoir; et Rome est trop frappée
D'un mérite naissant qu'on oppose à Pompée.
Pourquoi le rechercher, alors que je vous sers?
Ne peut-on sans César subjuguer l'univers?
CATILINA.
Nous le pouvons, sans doute; et sur votre vaillance
J'ai fondé dès long-temps ma plus forte espérance :

ACTE II, SCÈNE II.

Mais César est aimé du peuple et du sénat ;
Politique, guerrier, pontife, magistrat,
Terrible dans la guerre, et grand dans la tribune,
Par cent chemins divers il vole à la fortune.
Il nous est nécessaire.

SURA.

Il nous sera fatal.
Notre égal aujourd'hui, demain notre rival,
Bientôt notre tyran, tel est son caractère :
Je le crois du parti le plus grand adversaire.
Peut-être qu'à vous seul il daignera céder,
Mais croyez qu'à tout autre il voudra commander.
Je ne souffrirai point, puisqu'il faut vous le dire,
De son fier ascendant le dangereux empire.
Je vous ai prodigué mon service et ma foi ;
Et je renonce à vous, s'il l'emporte sur moi.

CATILINA.

J'y consens : faites plus, arrachez-moi la vie,
Je m'en déclare indigne, et je la sacrifie,
Si je permets jamais, de nos grandeurs jaloux,
Qu'un autre ose penser à s'élever sur nous :
Mais souffrez qu'à César votre intérêt me lie,
Je le flatte aujourd'hui, demain je l'humilie ;
Je ferai plus peut-être : en un mot, vous pensez
Que sur nos intérêts mes yeux s'ouvrent assez.

(*A Céthégus.*)

Va ; prépare en secret le départ d'Aurélie ;
Que des seuls conjurés sa maison soit remplie.
De ces lieux cependant, qu'on écarte ses pas ;
Craignons de son amour les funestes éclats.

Par un autre chemin tu reviendras m'attendre
Vers ces lieux retirés où César va m'entendre.

SURA.

Enfin donc sans César vous n'entreprenez rien?
Nous attendrons le fruit de ce grand entretien.

CATILINA.

Allez; j'espère en vous plus que dans César même.

CÉTHÉGUS.

Je cours exécuter ta volonté suprême,
Et sous tes étendards à jamais réunir
Ceux qui mettent leur gloire à savoir t'obéir.

SCÈNE III.

CATILINA, CÉSAR.

CATILINA.

Eh bien, César, eh bien! toi de qui la fortune
Dès le temps de Sylla me fut toujours commune,
Toi, dont j'ai présagé les éclatants destins,
Toi, né pour être un jour le premier des Romains,
N'es-tu donc aujourd'hui que le premier esclave
Du fameux plébéien qui t'irrite et te brave?
Tu le hais, je le sais, et ton œil pénétrant
Voit pour s'en affranchir ce que Rome entreprend;
Et tu balancerais? et ton ardent courage
Craindrait de nous aider à sortir d'esclavage?
Des destins de la terre il s'agit aujourd'hui;
Et César souffrirait qu'on les changeât sans lui?
Quoi! n'es-tu plus jaloux du nom du grand Pompée?
Ta haine pour Caton s'est-elle dissipée?

N'es-tu pas indigné de servir les autels,
Quand Cicéron préside au destin des mortels,
Quand l'obscur habitant des rives du Fibrène
Siége au-dessus de toi sur la pourpre romaine?
Souffriras-tu long-temps tous ces rois fastueux,
Cet heureux Lucullus, brigand voluptueux,
Fatigué de sa gloire, énervé de mollesse ;
Un Crassus étonné de sa propre richesse,
Dont l'opulence avide, osant nous insulter,
Asservirait l'Etat, s'il daignait l'acheter?

Ah! de quelque côté que tu jettes la vue,
Vois Rome turbulente, ou Rome corrompue;
Vois ces lâches vainqueurs, en proie aux factions,
Disputer, dévorer le sang des nations.
Le monde entier t'appelle, et tu restes paisible!
Veux-tu laisser languir ce courage invincible?
De Rome qui te parle, as-tu quelque pitié?
César est-il fidèle à ma tendre amitié?

CÉSAR.

Oui, si dans le sénat on te fait injustice,
César te défendra; compte sur mon service.
Je ne peux te trahir : n'exige rien de plus.

CATILINA.

Et tu bornerais là tes vœux irrésolus?
C'est à parler pour moi que tu peux te réduire?

CÉSAR.

J'ai pesé tes projets, je ne veux pas leur nuire;
Je peux leur applaudir, je n'y veux point entrer.

CATILINA.

J'entends : pour les heureux tu veux te déclarer.

Des premiers mouvements spectateur immobile,
Tu veux ravir les fruits de la guerre civile,
Sur nos communs débris établir ta grandeur.

CÉSAR.

Non; je veux des dangers plus dignes de mon cœur.
Ma haine pour Caton, ma fière jalousie
Des lauriers dont Pompée est couvert en Asie,
Le crédit, les honneurs, l'éclat de Cicéron,
Ne m'ont déterminé qu'à surpasser leur nom.
Sur les rives du Rhin, de la Seine et du Tage,
La victoire m'appelle; et voilà mon partage.

CATILINA.

Commence donc par Rome; et songe que demain
J'y pourrais avec toi marcher en souverain.

CÉSAR.

Ton projet est bien grand, peut-être téméraire;
Il est digne de toi : mais, pour ne te rien taire,
Plus il doit t'agrandir, moins il est fait pour moi.

CATILINA.

Comment?

CÉSAR.

Je ne veux pas servir ici sous toi.

CATILINA.

Ah! crois qu'avec César on partage sans peine.

CÉSAR.

On ne partage point la grandeur souveraine.
Va, ne te flatte pas que jamais à son char
L'heureux Catilina puisse enchaîner César.
Tu m'as vu ton ami, je le suis, je veux l'être;

ACTE II, SCÈNE III.

Mais jamais mon ami ne deviendra mon maître.
Pompée en serait digne : et s'il l'ose tenter,
Ce bras, levé sur lui, l'attend pour l'arrêter.
Sylla, dont tu reçus la valeur en partage,
Dont j'estime l'audace, et dont je hais la rage,
Sylla nous a réduits à la captivité :
Mais s'il ravit l'empire, il l'avait mérité.
Il soumit l'Hellespont, il fit trembler l'Euphrate,
Il subjugua l'Asie, il vainquit Mithridate.
Qu'as-tu fait? quels Etats, quels fleuves, quelles mers,
Quels rois par toi vaincus ont adoré nos fers?
Tu peux, avec le temps, être un jour un grand homme;
Mais tu n'as pas acquis le droit d'asservir Rome :
Et mon nom, ma grandeur, et mon autorité,
N'ont point encor l'éclat et la maturité,
Le poids qu'exigerait une telle entreprise.
Je vois que tôt ou tard Rome sera soumise;
J'ignore mon destin : mais si j'étais un jour
Forcé par les Romains de régner à mon tour,
Avant que d'obtenir une telle victoire,
J'étendrai, si je puis, leur empire et leur gloire;
Je serai digne d'eux, et je veux que leurs fers,
D'eux-mêmes respectés, de lauriers soient couverts.

CATILINA.

Le moyen que je t'offre, est plus aisé peut-être.
Qu'était donc ce Sylla qui s'est fait notre maître?
Il avait une armée, et j'en forme aujourd'hui;
Il m'a fallu créer ce qui s'offrait à lui;
Il profita des temps, et moi, je les fais naître.
Je ne dis plus qu'un mot : il fut roi; veux-tu l'être?

Veux-tu de Cicéron subir ici la loi,
Vivre son courtisan, ou régner avec moi?

CÉSAR.

Je ne veux l'un ni l'autre : il n'est pas temps de feindre.
J'estime Cicéron, sans l'aimer ni le craindre.
Je t'aime, je l'avoue, et je ne te crains pas.
Divise le sénat, abaisse des ingrats;
Tu le peux, j'y consens; mais si ton ame aspire
Jusqu'à m'oser soumettre à ton nouvel empire,
Ce cœur sera fidèle à tes secrets desseins,
Et ce bras combattra l'ennemi des Romains.

(*Il sort.*)

SCÈNE IV.

CATILINA.

Ah! qu'il serve, s'il l'ose, au dessein qui m'anime;
Et, s'il n'en est l'appui, qu'il en soit la victime.
Sylla voulait le perdre; il le connaissait bien.
Son génie en secret est l'ennemi du mien.
Je ferai ce qu'enfin Sylla craignit de faire.

SCÈNE V.

CATILINA, CÉTHÉGUS, LENTULUS-SURA.

SURA.

César s'est-il montré favorable ou contraire?

CATILINA.

Sa stérile amitié nous offre un faible appui.
Il faut et nous servir, et nous venger de lui.
Nous avons des soutiens plus sûrs et plus fidèles.
Les voici ces héros vengeurs de nos querelles.

SCÈNE VI.

CATILINA, les Conjurés.

CATILINA.
Venez, noble Pison, vaillant Autronius,
Intrépide Vargonte, ardent Statilius;
Vous tous, braves guerriers, de tout rang, de tout âge,
Des plus grands des humains redoutable assemblage;
Venez, vainqueurs des rois, vengeurs des citoyens,
Vous tous mes vrais amis, mes égaux, mes soutiens.
Encor quelques moments, un dieu qui vous seconde
Va mettre entre vos mains la maîtresse du monde.
De trente nations malheureux conquérants,
La peine était pour vous, le fruit pour vos tyrans.
Vos mains n'ont subjugué Tigrane et Mithridate,
Votre sang n'a rougi les ondes de l'Euphrate,
Que pour enorgueillir d'indignes sénateurs,
De leurs propres appuis lâches persécuteurs,
Grands par vos travaux seuls, et qui, pour récompense,
Vous permettaient de loin d'adorer leur puissance.
Le jour de la vengeance est arrivé pour vous.
Je ne propose point à votre fier courroux
Des travaux sans périls, et des meurtres sans gloire;
Vous pourriez dédaigner une telle victoire :
A vos cœurs généreux je promets des combats;
Je vois vos ennemis expirants sous vos bras :
Entrez dans leurs palais; frappez, mettez en cendre
Tout ce qui prétendra l'honneur de se défendre;

Mais surtout qu'un concert unanime et parfait
De nos vastes desseins assure en tout l'effet.
A l'heure où je vous parle, on doit saisir Préneste :
Des soldats de Sylla le redoutable reste,
Par des chemins divers et des sentiers obscurs,
Du fond de la Toscane avance vers ces murs.
Ils arrivent; je sors, et je marche à leur tête.
Au-dehors, au-dedans, Rome est votre conquête.
Je combats Pétréius; et je m'ouvre en ces lieux,
Au pied du Capitole, un chemin glorieux.
C'est là que par les droits que vous donne la guerre
Nous montons en triomphe au trône de la terre,
A ce trône souillé par d'indignes Romains,
Mais lavé dans leur sang, et vengé par vos mains.
Curius et les siens doivent m'ouvrir les portes.
(Il s'arrête un moment, puis il s'adresse à un conjuré.)
Vous, des gladiateurs aurons-nous les cohortes?
Leur joignez-vous surtout ces braves vétérans,
Qu'un odieux repos fatigua trop long-temps.

LENTULUS.

Je dois les amener, sitôt que la nuit sombre
Cachera sous son voile et leur marche et leur nombre;
Je les armerai tous dans ce lieu retiré.

CATILINA.

Vous, du mont Célius êtes-vous assuré?

STATILIUS.

Les gardes sont séduits; on peut tout entreprendre.

CATILINA.

Vous, au mont Aventin que tout soit mis en cendre.

ACTE II, SCÈNE VI.

Dès que de Mallius vous verrez les drapeaux,
De ce signal terrible allumez les flambeaux.
Aux maisons des proscrits que la mort soit portée.
La première victime à mes yeux présentée,
Vous l'avez tous juré, doit être Cicéron :
Immolez César même, oui, César, et Caton.
Eux morts, le sénat tombe, et nous sert en silence.
Déjà notre fortune aveugle sa prudence ;
Dans ces murs, sous son temple, à ses yeux, sous ses pas,
Nous disposons en paix l'appareil du trépas.
Surtout avant le temps ne prenez point les armes.
Que la mort des tyrans précède les alarmes ;
Que Rome et Cicéron tombent du même fer ;
Que la foudre en grondant les frappe avec l'éclair.
Vous avez dans vos mains le destin de la terre ;
Ce n'est point conspirer, c'est déclarer la guerre,
C'est reprendre vos droits, et c'est vous ressaisir
De l'univers dompté qu'on osait vous ravir.

(*A Céthégus et à Lentulus-Sura.*)

Vous, de ces grands desseins les auteurs magnanimes,
Venez dans le sénat, venez voir vos victimes.
De ce consul encor nous entendrons la voix ;
Croyez qu'il va parler pour la dernière fois.
Et vous, dignes Romains, jurez par cette épée,
Qui du sang des tyrans sera bientôt trempée,
Jurez tous de périr ou de vaincre avec moi.

MARTIAN.

Oui, nous le jurons tous par ce fer et par toi.

UN AUTRE CONJURÉ.

Périsse le sénat!

CATILINA.

MARTIAN.

Périsse l'infidèle
Qui pourra différer de venger ta querelle !
Si quelqu'un se repent, qu'il tombe sous nos coups !

CATILINA.

Allez, et cette nuit Rome entière est à vous.

FIN DU SECOND ACTE.

ACTE TROISIÈME.

SCÈNE I.

CATILINA, CÉTHÉGUS, Affranchis, MARTIAN, SEPTIME.

CATILINA.

Tout est-il prêt? enfin l'armée avance-t-elle?

MARTIAN.

Oui, Seigneur; Mallius, à ses serments fidèle,
Vient entourer ces murs aux flammes destinés.
Au-dehors, au-dedans, les ordres sont donnés.
Les conjurés en foule au carnage s'excitent;
Et des moindres délais leurs courages s'irritent.
Prescrivez le moment où Rome doit périr.

CATILINA.

Sitôt que du Sénat vous me verrez sortir,
Commencez à l'instant nos sanglants sacrifices;
Que du sang des proscrits les fatales prémices
Consacrent sous vos mains ce redoutable jour.
Observez, Martian, vers cet obscur détour,
Si d'un consul trompé les ardents émissaires
Oseraient épier nos terribles mystères.

CÉTHÉGUS.

Peut-être avant le temps faudrait-il l'attaquer,
Au milieu du sénat qu'il vient de convoquer;
Je vois qu'il prévient tout, et que Rome alarmée....

CATILINA.

Prévient-il Mallius? prévient-il mon armée?
Connaît-il mes projets? sait-il, dans son effroi,
Que Mallius n'agit, n'est armé que pour moi?
Suis-je fait pour fonder ma fortune et ma gloire
Sur un vain brigandage, et non sur la victoire?
Va, mes desseins sont grands autant que mesurés;
Les soldats de Sylla sont mes vrais conjurés.
Quand des mortels obscurs, et de vils téméraires,
D'un complot mal tissu forment les nœuds vulgaires,
Un seul ressort qui manque à leurs piéges tendus
Détruit l'ouvrage entier, et l'on n'y revient plus.
Mais des mortels choisis, et tels que nous le sommes,
Ces desseins si profonds, ces crimes des grands hommes,
Cette élite indomptable, et ce superbe choix
Des descendants de Mars et des vainqueurs des rois;
Tous ces ressorts secrets, dont la force assurée
Trompe de Cicéron la prudence égarée,
Un feu dont l'étendue embrase au même instant
Les Alpes, l'Apennin, l'aurore et le couchant,
Que Rome doit nourrir, que rien ne peut éteindre :
Voilà notre destin; dis-moi s'il est à craindre?

CÉTHÉGUS.

Sous le nom de César, Préneste est-elle à nous?

CATILINA.

C'est-là mon premier pas; c'est un des plus grands coups
Qu'au sénat incertain je porte en assurance.
Tandis que Nonnius tombe sous ma puissance,
Tandis qu'il est perdu, je fais semer le bruit
Que tout ce grand complot par lui-même est conduit.

La moitié du sénat croit Nonnius complice.
Avant qu'on délibère, avant qu'on s'éclaircisse,
Avant que ce sénat, si lent dans ses débats,
Ait démêlé le piége où j'ai conduit ses pas,
Mon armée est dans Rome, et la terre asservie.
Allez, que de ces lieux on enlève Aurélie,
Et que rien ne partage un si grand intérêt.

SCÈNE II.

AURÉLIE, CATILINA, CÉTHÉGUS, etc.

AURÉLIE, *une lettre à la main.*
Lis ton sort et le mien, ton crime et ton arrêt;
Voilà ce qu'on m'écrit.

CATILINA.
Quelle main téméraire...
Eh bien! je reconnais le seing de votre père.

AURÉLIE.
Lis...

CATILINA *lit la lettre.*
« La mort trop long-temps a respecté mes jours,
« Une fille que j'aime, en termine le cours.
« Je suis trop bien puni, dans ma triste vieillesse,
« De cet hymen affreux qu'a permis ma faiblesse.
« Je sais de votre époux les complots odieux.
« César qui nous trahit, veut enlever Préneste.
« Vous avez partagé leur trahison funeste.
« Repentez-vous, ingrate, ou périssez comme eux... »
Mais comment Nonnius aurait-il pu connaître
Des secrets qu'un consul ignore encor peut-être?

CATILINA.
CÉTHÉGUS.
Ce billet peut vous perdre.
CATILINA, *à Céthégus.*
Il pourra nous servir.
(*A Aurélie.*)
Il faut tout vous apprendre, il faut tout éclaircir.
Je vais armer le monde, et c'est pour ma défense.
Vous, dans ce jour de sang marqué pour ma puissance,
Voulez-vous préférer un père à votre époux?
Pour la dernière fois dois-je compter sur vous?
AURÉLIE.
Tu m'avais ordonné le silence et la fuite;
Tu voulais à mes pleurs dérober ta conduite;
Eh bien! que prétends-tu?
CATILINA.
Partez au même instant;
Envoyez au consul ce billet important.
J'ai mes raisons; je veux qu'il apprenne à connaître
Que César est à craindre, et plus que moi peut-être.
Je n'y suis point nommé; César est accusé :
C'est ce que j'attendais; tout le reste est aisé.
Que mon fils au berceau, mon fils né pour la guerre,
Soit porté dans vos bras aux vainqueurs de la terre.
Ne rentrez avec lui dans ces murs abhorrés
Que quand j'en serai maître, et quand vous régnerez.
Notre hymen est secret; je veux qu'on le publie
Au milieu de l'armée, aux yeux de l'Italie;
Je veux que votre père, humble dans son courroux,
Soit le premier sujet qui tombe à vos genoux.
Partez, daignez me croire, et laissez-vous conduire;

ACTE III, SCÈNE II.

Laissez-moi mes dangers, ils doivent me suffire,
Et ce n'est pas à vous de partager mes soins :
Vainqueur et couronné, cette nuit je vous joins.

AURÉLIE.

Tu vas ce jour dans Rome ordonner le carnage?

CATILINA.

Oui, de nos ennemis j'y vais punir la rage.
Tout est prêt; on m'attend.

AURÉLIE.

                Commence donc par moi,
Commence par ce meurtre, il est digne de toi :
Barbare, j'aime mieux, avant que tout périsse,
Expirer par tes mains, que vivre ta complice.

CATILINA.

Qu'au nom de nos liens votre esprit raffermi...

CÉTHÉGUS.

Ne désespérez point un époux, un ami.
Tout vous est confié : la carrière est ouverte;
Et reculer d'un pas, c'est courir à sa perte.

AURÉLIE.

Ma perte fut certaine au moment où mon cœur
Reçut de vos conseils le poison séducteur;
Quand j'acceptai sa main, quand je fus abusée.
Attachée à son sort, victime méprisée,
Vous pensez que mes yeux timides, consternés,
Respecteront toujours vos complots forcenés.
Malgré moi sur vos pas vous m'avez su conduire.
J'aimais; il fut aisé, cruels, de me séduire!
Et c'est un crime affreux dont on doit vous punir,
Qu'à tant d'atrocités l'amour ait pu servir.

Dans mon aveuglement, que ma raison déplore,
Ce reste de raison m'éclaire au moins encore;
Il fait rougir mon front de l'abus détesté
Que vous avez tous fait de ma crédulité.
L'amour me fit coupable, et je ne veux plus l'être;
Je ne veux point servir les attentats d'un maître :
Je renonce à mes vœux, à ton crime, à ta foi;
Mes mains, mes propres mains s'armeront contre toi.
Frappe, et traîne dans Rome embrasée et fumante,
Pour ton premier exploit, ton épouse expirante;
Fais périr avec moi l'enfant infortuné
Que les Dieux en courroux à mes vœux ont donné;
Et couvert de son sang, libre dans ta furie,
Barbare, assouvis-toi du sang de ta patrie.

CATILINA.

C'est donc là ce grand cœur, et qui me fut soumis?
Ainsi vous vous rangez parmi mes ennemis?
Ainsi dans la plus juste et la plus noble guerre
Qui jamais décida du destin de la terre,
Quand je brave un consul, et Pompée, et Caton,
Mes plus grands ennemis seront dans ma maison?
Les préjugés romains de votre faible père
Arment contre moi-même une épouse si chère?
Et vous mêlez enfin la menace à l'effroi?

AURÉLIE.

Je menace le crime... et je tremble pour toi.
Dans mes emportements vois encor ma tendresse;
Frémis d'en abuser, c'est ma seule faiblesse.
Crains...

ACTE III, SCÈNE II.

CATILINA.

Cet indigne mot n'est pas fait pour mon cœur.
Ne me parlez jamais de paix ni de terreur ;
C'est assez m'offenser. Ecoutez : je vous aime ;
Mais ne présumez pas que, m'oubliant moi-même,
J'immole à mon amour ces amis généreux,
Mon parti, mes desseins, et l'empire avec eux.
Vous n'avez pas osé regarder la couronne ;
Jugez de mon amour, puisque je vous pardonne :
Mais sachez...

AURÉLIE.

La couronne où tendent tes desseins,
Cet objet du mépris du reste des Romains,
Va, je l'arracherais sur mon front affermie,
Comme un signe insultant d'horreur et d'infamie.
Quoi ! tu m'aimes assez pour ne te pas venger,
Pour ne me punir pas de t'oser outrager,
Pour ne pas ajouter ta femme à tes victimes ?
Et moi, je t'aime assez pour arrêter tes crimes ;
Et je cours...

SCÈNE III.

CATILINA, CÉTHÉGUS, LENTULUS-SURA, AURÉLIE, etc.

SURA.

C'en est fait, et nous sommes perdus ;
Nos amis sont trahis, nos projets confondus.
Préneste entre nos mains n'a point été remise ;
Nonnius vient dans Rome : il sait notre entreprise.

Un de nos confidents, dans Préneste arrêté,
A subi les tourments, et n'a point résisté.
Nous avons trop tardé; rien ne peut nous défendre :
Nonnius au sénat vient accuser son gendre;
Il va chez Cicéron, qui n'est que trop instruit.

AURÉLIE.

Eh bien! de tes forfaits tu vois quel est le fruit.
Voilà ces grands desseins où j'aurais dû souscrire,
Ces destins de Sylla, ce trône, cet empire!
Es-tu désabusé? tes yeux sont-ils ouverts?

CATILINA, *après un moment de silence.*

Je ne m'attendais pas à ce nouveau revers.
Mais... me trahiriez-vous?

AURÉLIE.

Je le devrais peut-être.
Je devrais servir Rome, en la vengeant d'un traître :
Nos Dieux m'en avoûraient. Je ferai plus; je veux
Te rendre à ton pays, et vous sauver tous deux.
Ce cœur n'a pas toujours la faiblesse en partage.
Je n'ai point tes fureurs, mais j'aurai ton courage:
L'amour en donne au moins. J'ai prévu le danger;
Ce danger est venu, je veux le partager.
Je vais trouver mon père; il faudra que j'obtienne
Qu'il m'arrache la vie, ou qu'il sauve la tienne.
Il m'aime, il est facile; il craindra devant moi
D'armer le désespoir d'un gendre tel que toi.
J'irai parler de paix à Cicéron lui-même.
Ce consul qui te craint, ce sénat où l'on t'aime,
Où César te soutient, où ton nom est puissant,
Se tiendront trop heureux de te croire innocent.

On pardonne aisément à ceux qui sont à craindre.
Repens-toi seulement, mais repens-toi sans feindre ;
Il n'est que ce parti, quand on est découvert :
Il blesse ta fierté ; mais tout autre te perd :
Et je te donne au moins, quoi qu'on puisse entreprendre,
Le temps de quitter Rome, ou d'oser t'y défendre.
Plus de reproche ici sur tes complots pervers ;
Coupable, je t'aimais ; malheureux, je te sers :
Je mourrai pour sauver et tes jours et ta gloire.
Adieu : Catilina doit apprendre à me croire ;
Je l'avais mérité.

CATILINA, *l'arrêtant.*

Que faire, et quel danger ?
Ecoutez... le sort change, il me force à changer...
Je me rends... je vous cède... il faut vous satisfaire...
Mais... songez qu'un époux est pour vous plus qu'un père,
Et que, dans le péril dont nous sommes pressés,
Si je prends un parti, c'est vous qui m'y forcez.

AURÉLIE.

Je me charge de tout, fût-ce encor de ta haine.
Je te sers, c'est assez. Fille, épouse, et Romaine,
Voilà tous mes devoirs, je les suis ; et le tien
Est d'égaler un cœur aussi pur que le mien.

SCÈNE IV.

CATILINA, CÉTHÉGUS, Affranchis, LENTULUS-SURA.

SURA.

Est-ce Catilina que nous venons d'entendre ?
N'es-tu de Nonnius que le timide gendre ?

Esclave d'une femme, et d'un seul mot troublé,
Ce grand cœur s'est rendu sitôt qu'elle a parlé.

CÉTHÉGUS.

Non, tu ne peux changer; ton génie invincible,
Animé par l'obstacle, en sera plus terrible.
Sans ressource à Préneste, accusés au sénat,
Nous pourrions être encor les maîtres de l'Etat :
Nous le ferions trembler, même dans les supplices.
Nous avons trop d'amis, trop d'illustres complices,
Un parti trop puissant, pour ne pas éclater.

SURA.

Mais avant le signal on peut nous arrêter.
C'est lorsque dans la nuit le sénat se sépare,
Que le parti s'assemble, et que tout se déclare.
Que faire?

CÉTHÉGUS, *à Catilina.*

Tu te tais, et tu frémis d'effroi?

CATILINA.

Oui, je frémis du coup que mon sort veut de moi.

SURA.

J'attends peu d'Aurélie; et dans ce jour funeste,
Vendre cher notre vie est tout ce qui nous reste.

CATILINA.

Je compte les moments, et j'observe les lieux.
Aurélie en flattant ce vieillard odieux,
En le baignant de pleurs, en lui demandant grâce,
Suspendra pour un temps sa course et sa menace.
Cicéron que j'alarme, est ailleurs arrêté :
C'en est assez, amis, tout est en sûreté.

ACTE III, SCÈNE IV.

Qu'on transporte soudain les armes nécessaires;
Armez tout, affranchis, esclaves et sicaires;
Débarrassez l'amas de ces lieux souterrains,
Et qu'il en reste encore assez pour mes desseins.
Vous, fidèle affranchi, brave et prudent Septime,
Et vous, cher Martian, qu'un même zèle anime,
Observez Aurélie, observez Nonnius :
Allez; et dans l'instant qu'ils ne se verront plus,
Abordez-le en secret de la part de sa fille;
Peignez-lui son danger, celui de sa famille;
Attirez-le, en parlant, vers ce détour obscur
Qui conduit au chemin de Tibur et d'Anxur,
Là, saisissant tous deux le moment favorable,
Vous... Ciel, que vois-je?

SCÈNE V.

CICÉRON, LES PRÉCÉDENTS.

CICÉRON.

Arrête, audacieux coupable;
Où portes-tu tes pas? Vous, Céthégus, parlez...
Sénateurs, affranchis, qui vous a rassemblés?

CATILINA.

Bientôt dans le sénat nous pourrons te l'apprendre.

CÉTHÉGUS.

De ta poursuite vaine on saura s'y défendre.

SURA.

Nous verrons si, toujours prompt à nous outrager,
Le fils de Tullius nous ose interroger.

CICÉRON.

J'ose au moins demander qui sont ces téméraires ?
Sont-ils ainsi que vous des Romains consulaires,
Que la loi de l'Etat me force à respecter,
Et que le sénat seul ait le droit d'arrêter ?
Qu'on les charge de fers; allez, qu'on les entraîne.

CATILINA.

C'est donc toi qui détruis la liberté romaine ?
Arrêter des Romains sur tes lâches soupçons !

CICÉRON.

Ils sont de ton conseil, et voilà mes raisons.
Vous-même, frémissez. Licteurs, qu'on m'obéisse.

(*On emmène Septime et Martian.*)

CATILINA.

Implacable ennemi, poursuis ton injustice;
Abuse de ta place, et profite du temps.
Il faudra rendre compte, et c'est où je t'attends.

CICÉRON.

Qu'on fasse à l'instant même interroger ces traîtres.
Va, je pourrai bientôt traiter ainsi leurs maîtres.
J'ai mandé Nonnius : il sait tous tes desseins.
J'ai mis Rome en défense, et Préneste en mes mains.
Nous verrons qui des deux emporte la balance,
Ou de ton artifice, et de ma vigilance.
Je ne te parle plus ici de repentir;
Je parle de supplice, et veux t'en avertir.
Avec les assassins, sur qui tu te reposes,
Viens t'asseoir au sénat, et suis-moi, si tu l'oses.

SCÈNE VI.

CATILINA, CÉTHÉGUS, LENTULUS-SURA.

CÉTHÉGUS.

Faut-il donc succomber sous les puissants efforts
D'un bras habile et prompt qui rompt tous nos ressorts?
Faut-il qu'à Cicéron le sort nous sacrifie?

CATILINA.

Jusqu'au dernier moment ma fureur le défie.
C'est un homme alarmé, que son trouble conduit,
Qui cherche à tout apprendre, et qui n'est pas instruit:
Nos amis arrêtés vont accroître ses peines;
Ils sauront l'éblouir de clartés incertaines.
Dans ce billet fatal, César est accusé.
Le sénat en tumulte est déjà divisé.
Mallius et l'armée aux portes vont paraître.
Vous m'avez cru perdu; marchez, et je suis maître.

SURA.

Nonnius du consul éclaircit les soupçons.

CATILINA.

Il ne le verra pas; c'est moi qui t'en réponds.
Marchez, dis-je; au sénat parlez en assurance,
Et laissez-moi le soin de remplir ma vengeance.
Allons... Où vais-je?

CÉTHÉGUS.

Eh bien!

CATILINA.

Aurélie! ah! grands Dieux!

Qu'allez-vous ordonner de ce cœur furieux ?
Ecartez-la surtout. Si je la vois paraître,
Tout prêt à vous servir, je tremblerai peut-être.

FIN DU TROISIÈME ACTE.

ACTE QUATRIÈME.

SCÈNE I.

Le théâtre doit représenter le lieu préparé pour le sénat. Cette salle laisse voir une partie de la galerie qui conduit du palais d'Aurélie au temple de Tellus. Un double rang de siéges forme un cercle dans cette salle ; le siége de Cicéron, plus élevé, est au milieu.

CÉTHÉGUS, LENTULUS-SURA, *retirés vers le devant.*

SURA.

Tous ces pères de Rome au sénat appelés,
Incertains de leur sort, et de soupçons troublés,
Ces monarques tremblants tardent bien à paraître.

CÉTHÉGUS.

L'oracle des Romains, ou qui du moins croit l'être,
Dans d'impuissants travaux sans relâche occupé,
Interroge Septime ; et, par ses soins trompé,
Il a retardé tout par ses fausses alarmes.

SURA.

Plût au Ciel que déjà nous eussions pris les armes !
Je crains, je l'avoûrai, cet esprit du sénat,
Ces préjugés sacrés de l'amour de l'Etat,
Cet antique respect, et cette idolâtrie
Que réveille en tout temps le nom de la patrie.

CÉTHÉGUS.
La patrie est un nom sans force et sans effet :
On le prononce encor ; mais il n'a plus d'objet.
Le fanatisme usé des siècles héroïques
Se conserve, il est vrai, dans des ames stoïques ;
Le reste est sans vigueur, ou fait des vœux pour nous.
Cicéron, respecté, n'a fait que des jaloux ;
Caton est sans crédit ; César nous favorise :
Défendons-nous ici, Rome sera soumise.
SURA.
Mais si Catilina, par sa femme séduit,
De tant de nobles soins nous ravissait le fruit !
Tout homme a sa faiblesse ; et cette ame hardie
Reconnaît en secret l'ascendant d'Aurélie.
Il l'aime, il la respecte ; il pourra lui céder.
CÉTHÉGUS.
Sois sûr qu'à son amour il saura commander.
SURA.
Mais tu l'as vu frémir ; tu sais ce qu'il en coûte
Quand de tels intérêts...
CÉTHÉGUS, *en le tirant à part.*
Caton approche ; écoute.
(*Lentulus et Céthégus s'asseyent à un bout de la salle.*)

SCÈNE II.

CATON ENTRE AU SÉNAT AVEC LUCULLUS, CRASSUS, FAVONIUS, CLODIUS, MURÉNA, CÉSAR, CATULUS, MARCELLUS, etc.

CATON, *en regardant les deux conjurés.*
Lucullus, je me trompe, ou ces deux confidents
S'occupent en secret de soins trop importants.
Le crime est sur leur front, qu'irrite ma présence.
Déjà la trahison marche avec arrogance.
Le sénat qui la voit, cherche à dissimuler.
Le démon de Sylla semble nous aveugler;
L'ame de ce tyran dans le sénat respire.
CÉTHÉGUS.
Je vous entends assez, Caton; qu'osez-vous dire?
CATON, *en s'asseyant, tandis que les autres prennent place.*
Que les dieux du sénat, les dieux de Scipion,
Qui contre toi peut-être ont inspiré Caton,
Permettent quelquefois les attentats des traîtres;
Qu'ils ont à des tyrans asservi nos ancêtres;
Mais qu'ils ne mettront pas en de pareilles mains
La maîtresse du monde et le sort des humains.
J'ose encore ajouter que son puissant génie,
Qui n'a pu qu'une fois souffrir la tyrannie,
Pourra dans Céthégus, et dans Catilina,
Punir tous les forfaits qu'il permit à Sylla.
CÉSAR.
Caton, que faites-vous? et quel affreux langage!
Toujours votre vertu s'explique avec outrage.

Vous révoltez les cœurs, au lieu de les gagner.
(César s'assied.)

CATON, *à César*.

Sur les cœurs corrompus vous cherchez à régner.
Pour les séditieux César toujours facile
Conserve en nos périls un courage tranquille.

CÉSAR.

Caton, il faut agir dans les jours des combats :
Je suis tranquille ici ; ne vous en plaignez pas.

CATON.

Je plains Rome, César, et je la vois trahie.
O ciel ! pourquoi faut-il qu'aux climats de l'Asie
Pompée, en ces périls, soit encore arrêté ?

CÉSAR.

Quand César est pour vous, Pompée est regretté ?

CATON.

L'amour de la patrie anime ce grand homme.

CÉSAR.

Je lui dispute tout, jusqu'à l'amour de Rome.

SCÈNE III.

CICÉRON, *arrivant avec précipitation, tous les sénateurs se lèvent.*

Ah! dans quels vains débats perdez-vous ces instants?
Quand Rome à son secours appelle ses enfants,
Qu'elle vous tend les bras, et que ses sept collines
Se couvrent à vos yeux de meurtres, de ruines,
Qu'on a déjà donné le signal des fureurs,
Qu'on a déjà versé le sang des sénateurs?

ACTE IV, SCÈNE III.

LUCULLUS.

O Ciel!

CATON.

Que dites-vous?

CICÉRON, *debout*.

J'avais d'un pas rapide
Guidé des chevaliers la cohorte intrépide,
Assuré des secours aux postes menacés,
Armé les citoyens avec ordre placés.
J'interrogeais chez moi ceux qu'en ce trouble extrême
Aux yeux de Céthégus j'avais surpris moi-même.
Nonnius, mon ami, ce vieillard généreux,
Cet homme incorruptible en ces temps malheureux,
Pour sauver Rome et vous arrive de Préneste.
Il venait m'éclairer dans ce trouble funeste,
M'apprendre jusqu'aux noms de tous les conjurés,
Lorsque de notre sang deux monstres altérés
A coups précipités frappent ce cœur fidèle,
Et font périr en lui tout le fruit de mon zèle.
Il tombe mort; on court, on vole, on les poursuit :
Le tumulte, l'horreur, les ombres de la nuit,
Le peuple qui se presse, et qui se précipite,
Leurs complices enfin, favorisent leur fuite.
J'ai saisi l'un des deux qui, le fer à la main,
Egaré, furieux, se frayait un chemin :
Je l'ai mis dans les fers; et j'ai su que ce traître
Avait Catilina pour complice et pour maître.

(*Cicéron s'assied avec le sénat.*)

SCÈNE IV.

CATILINA, DEBOUT ENTRE CATON ET CÉSAR;
(Céthégus est auprès de César, le sénat assis.)

Oui, sénat, j'ai tout fait, et vous voyez la main
Qui de votre ennemi vient de percer le sein.
Oui, c'est Catilina qui venge la patrie,
C'est moi qui d'un perfide ai terminé la vie.

CICÉRON.

Toi, fourbe? toi, barbare?

CATON.

Oses-tu te vanter?...

CÉSAR.

Nous pourrons le punir; mais il faut l'écouter.

CÉTHÉGUS.

Parle, Catilina, parle, et force au silence
De tous tes ennemis l'audace et l'éloquence.

CICÉRON.

Romains, où sommes-nous?

CATILINA.

Dans les temps du malheur,
Dans la guerre civile, au milieu de l'horreur,
Parmi l'embrasement qui menace le monde,
Parmi des ennemis qu'il faut que je confonde.
Les neveux de Sylla, séduits par ce grand nom,
Ont osé de Sylla montrer l'ambition.
J'ai vu la liberté dans les cœurs expirante,
Le sénat divisé, Rome dans l'épouvante,
Le désordre en tous lieux, et surtout Cicéron

Semant ici la crainte, ainsi que le soupçon.
Peut-être il plaint les maux dont Rome est affligée :
Il vous parle pour elle; et moi je l'ai vengée.
Par un coup effrayant je lui prouve aujourd'hui
Que Rome et le sénat me sont plus chers qu'à lui.
Sachez que Nonnius était l'ame invisible,
L'esprit qui gouvernait ce grand corps si terrible,
Ce corps de conjurés qui, des monts Apennins,
S'étend jusqu'où finit le pouvoir des Romains.
Les moments étaient chers, et les périls extrêmes.
Je l'ai su; j'ai sauvé l'Etat, Rome, et vous-mêmes.
Ainsi par un soldat fut puni Spurius *;
Ainsi les Scipions ont immolé Gracchus.
Qui m'osera punir d'un si juste homicide?
Qui de vous peut encor m'accuser?

CICÉRON.

Moi, perfide;
Moi, qu'un Catilina se vante de sauver;
Moi, qui connais ton crime, et qui vais le prouver.
Que ces deux affranchis viennent se faire entendre.
Sénat, voici la main qui mettait Rome en cendre;
Sur un père de Rome il a porté ses coups :
Et vous souffrez qu'il parle, et qu'il s'en vante à vous?
Vous souffrez qu'il vous trompe, alors qu'il vous opprime,
Qu'il fasse insolemment des vertus de son crime?

CATILINA.

Et vous souffrez, Romains, que mon accusateur
Des meilleurs citoyens soit le persécuteur?

---

* Spurius Metius, chevalier romain, jouissant de la faveur populaire, et accusé d'aspirer à la tyrannie.

Apprenez des secrets que le consul ignore ;
Et profitez-en tous, s'il en est temps encore.
Sachez qu'en son palais, et presque sous ces lieux,
Nonnius enfermait l'amas prodigieux
De machines, de traits, de lances et d'épées,
Que dans des flots de sang Rome doit voir trempées.
Si Rome existe encore, amis, si vous vivez,
C'est moi, c'est mon audace à qui vous le devez.
Pour prix de mon service approuvez mes alarmes ;
Sénateurs, ordonnez qu'on saisisse ces armes.

CICÉRON, *aux licteurs.*

Courez chez Nonnius ; allez, et qu'à nos yeux
On amène sa fille en ces augustes lieux.
Tu trembles à ce nom ?

CATILINA.

Moi trembler ? je méprise
Cette ressource indigne où ta haine s'épuise.
Sénat, le péril croît, quand vous délibérez.
Eh bien ! sur ma conduite êtes-vous éclairés ?

CICÉRON.

Oui, je le suis, Romains, je le suis sur son crime.
Qui de vous peut penser qu'un vieillard magnanime
Ait formé de si loin ce redoutable amas,
Ce dépôt des forfaits et des assassinats ?
Dans ta propre maison ta rage industrieuse
Craignait de mes regards la lumière odieuse.
De Nonnius trompé tu choisis le palais ;
Et ton noir artifice y cacha tes forfaits.
Peut-être as-tu séduit sa malheureuse fille.
Ah ! cruel ! ce n'est pas la première famille

ACTE IV, SCÈNE IV.

Où tu portas le trouble, et le crime, et la mort.
Tu traites Rome ainsi : c'est donc là notre sort!
Et tout couvert d'un sang qui demande vengeance,
Tu veux qu'on t'applaudisse, et qu'on te récompense!
Artisan de la guerre, affreux conspirateur,
Meurtrier d'un vieillard, et calomniateur,
Voilà tout ton service, et tes droits, et tes titres.
O vous, des nations jadis heureux arbitres,
Attendez-vous ici, sans force et sans secours,
Qu'un tyran forcené dispose de vos jours?
Fermerez-vous les yeux au bord des précipices?
Si vous ne vous vengez, vous êtes ses complices.
Rome ou Catilina doit périr aujourd'hui.
Vous n'avez qu'un moment : jugez entre elle et lui.

CÉSAR.

Un jugement trop prompt est souvent sans justice.
C'est la cause de Rome; il faut qu'on l'éclaircisse.
Aux droits de nos égaux est-ce à nous d'attenter?
Toujours dans ses pareils il faut se respecter.
Trop de sévérité tient de la tyrannie.

CATON.

Trop d'indulgence ici tient de la perfidie.
Quoi! Rome est d'un côté, de l'autre un assassin;
C'est Cicéron qui parle, et l'on est incertain?

CÉSAR.

Il nous faut une preuve; on n'a que des alarmes.
Si l'on trouve en effet ces parricides armes,
Et si de Nonnius le crime est avéré,
Catilina nous sert, et doit être honoré *.

* César avait eu, dans sa jeunesse, des liaisons avec Catilina.

(*A Catilina.*)
Tu me connais : en tout je te tiendrai parole.
CICÉRON.
O Rome! ô ma patrie! ô Dieux du Capitole!
Ainsi d'un scélérat un héros est l'appui!
Agissez-vous pour vous, en nous parlant pour lui?
César, vous m'entendez, et Rome, trop à plaindre,
N'aura donc désormais que ses enfants à craindre?
CLODIUS.
Rome est en sûreté; César est citoyen.
Qui peut avoir ici d'autre avis que le sien?
CICÉRON.
Clodius, achevez : que votre main seconde
La main qui prépara la ruine du monde.
C'en est trop, je ne vois dans ces murs menacés
Que conjurés ardents, et citoyens glacés.
Catilina l'emporte; et sa tranquille rage
Sans crainte et sans danger médite le carnage.
Au rang des sénateurs il est encore admis;
Il proscrit le sénat, et s'y fait des amis;
Il dévore des yeux le fruit de tous ses crimes;
Il vous voit, vous menace, et marque ses victimes :
Et lorsque je m'oppose à tant d'énormités,
César parle de droits et de formalités;
Clodius, à mes yeux, de son parti se range;
Aucun ne veut souffrir que Cicéron le venge.
Nonnius par ce traître est mort assassiné.
N'avons-nous pas sur lui le droit qu'il s'est donné?
Le devoir le plus saint, la loi la plus chérie,
Est d'oublier la loi pour sauver la patrie.
Mais vous n'en avez plus.

SCÈNE V.

LE SÉNAT, AURÉLIE.

AURÉLIE.

      O vous, sacrés vengeurs,
Demi-Dieux sur la terre, et mes seuls protecteurs,
Consul, auguste appui qu'implore l'innocence,
Mon père par ma voix vous demande vengeance :
J'ai retiré ce fer enfoncé dans son flanc.
  (*En voulant se jeter aux pieds de Cicéron qui la relève.*)
Mes pleurs mouillent vos pieds arrosés de son sang.
Secourez-moi ; vengez ce sang qui fume encore,
Sur l'infame assassin que ma douleur ignore.

CICÉRON, *en montrant Catilina.*

Le voici.

AURÉLIE.

   Dieux !

CICÉRON.

     C'est lui, lui qui l'assassina,
Qui s'en ose vanter.

AURÉLIE.

      O Ciel ! Catilina !
L'ai-je bien entendu ? Quoi ! monstre sanguinaire,
Quoi ! c'est toi, c'est ta main qui massacra mon père !
    (*Des licteurs la soutiennent.*)
CATILINA, *se tournant vers Céthégus, et se jetant*
     éperdu entre ses bras.
Quel spectacle, grands Dieux ! je suis trop bien puni.

CÉTHÉGUS.

A ce fatal objet quel trouble t'a saisi ?
Aurélie à nos pieds vient demander vengeance :
Mais, si tu servis Rome, attends ta récompense.

CATILINA, *se tournant vers Aurélie.*

Aurélie, il est vrai... qu'un horrible devoir...
M'a forcé... Respectez mon cœur, mon désespoir...
Songez qu'un nœud plus saint et plus inviolable...

SCÈNE VI.

LE SÉNAT, AURÉLIE, LE CHEF DES LICTEURS.

LE CHEF DES LICTEURS.

Seigneur, on a saisi ce dépôt formidable.

CICÉRON.

Chez Nonnius ?

LE CHEF DES LICTEURS.

Chez lui. Ceux qui sont arrêtés,
N'accusent que lui seul de tant d'iniquités.

AURÉLIE.

O comble de la rage et de la calomnie !
On lui donne la mort : on veut flétrir sa vie !
Le cruel dont la main porta sur lui les coups...

CICÉRON.

Achevez.

AURÉLIE.

Justes Dieux ! où me réduisez-vous ?

CICÉRON.

Parlez ; la vérité dans son jour doit paraître.
Vous gardez le silence à l'aspect de ce traître ;

Vous baissez devant lui vos yeux intimidés ;
Il frémit devant vous. Achevez, répondez.

AURÉLIE.

Ah! je vous ai trahis ; c'est moi qui suis coupable.

CATILINA.

Non, vous ne l'êtes point...

AURÉLIE.

Va, monstre impitoyable ;
Va, ta pitié m'outrage ; elle me fait horreur.
Dieux! j'ai trop tard connu ma détestable erreur.
Sénat, j'ai vu le crime, et j'ai tû les complices ;
Je demandais vengeance, il me faut des supplices.
Ce jour menace Rome, et vous, et l'univers.
Ma faiblesse a tout fait ; et c'est moi qui vous perds.
Traître, qui m'as conduite à travers tant d'abîmes,
Tu forças ma tendresse à servir tous tes crimes.
Périsse, ainsi que moi, le jour, l'horrible jour
Où ta rage a trompé mon innocent amour !
Ce jour où, malgré moi, secondant ta furie,
Fidèle à mes serments, perfide à ma patrie,
Conduisant Nonnius à cet affreux trépas,
Et, pour mieux l'égorger, le pressant dans mes bras,
J'ai présenté sa tête à ta main sanguinaire !

(Tandis qu'Aurélie parle au bout du théâtre, Cicéron est assis plongé dans la douleur.)

Murs sacrés, Dieux vengeurs, Sénat, mânes d'un père,

Romains, voilà l'époux dont j'ai suivi la loi,
Voilà votre ennemi... Perfide, imite-moi.

(Elle se frappe.)

CATILINA.

Où suis-je? malheureux!

CATON.

O jour épouvantable!

CICÉRON, se levant.

Jour trop digne en effet d'un siècle si coupable!

AURÉLIE.

Je devais... un billet remis entre vos mains...
Consul... de tous côtés je vois vos assassins...
Je me meurs...

(On emmène Aurélie.)

CICÉRON.

S'il se peut, qu'on la secoure, Aufide;
Qu'on cherche cet écrit. En est-ce assez, perfide?
Sénateurs, vous tremblez? vous ne vous joignez pas
Pour venger tant de sang, et tant d'assassinats?
Il vous impose encor! Vous laissez impunie
La mort de Nonnius, et celle d'Aurélie!

CATILINA.

Va, toi-même as tout fait; c'est ton inimitié
Qui me rend dans ma rage un objet de pitié :
Toi, dont l'ambition de la mienne rivale,
Dont la fortune heureuse à mes destins fatale,
M'entraîna dans l'abîme où tu me vois plongé.
Tu causas mes fureurs; mes fureurs t'ont vengé.
J'ai haï ton génie, et Rome qui l'adore;

ACTE IV, SCÈNE VI.

J'ai voulu ta ruine, et je la veux encore.
Je vengerai sur toi tout ce que j'ai perdu;
Ton sang paîra ce sang à tes yeux répandu :
Meurs en craignant la mort, meurs de la mort d'un traître,
D'un esclave échappé que fait punir son maître.
Que tes membres sanglants dans ta tribune épars,
Des inconstants Romains repaissent les regards.
Voilà ce qu'en partant ma douleur et ma rage
Dans ces lieux abhorrés te laissent pour présage;
C'est le sort qui t'attend, et qui va s'accomplir;
C'est l'espoir qui me reste, et je cours le remplir.

CICÉRON.

Qu'on saisisse ce traître.

CÉTHÉGUS.

En as-tu la puissance?

SURA.

Oses-tu prononcer, quand le sénat balance?

CATILINA.

La guerre est déclarée; amis, suivez mes pas.
C'en est fait; le signal vous appelle aux combats.
Vous, Sénat incertain, qui venez de m'entendre,
Choisissez à loisir le parti qu'il faut prendre.
(*Il sort avec quelques sénateurs de son parti.*)

CICÉRON.

Eh bien! choisissez donc, vainqueurs de l'univers,
De commander au monde, ou de porter des fers.
O grandeur des Romains! ô majesté flétrie!
Sur le bord du tombeau, réveille-toi, Patrie!
Lucullus, Muréna, César même, écoutez!
Rome demande un chef en ces calamités;

CATILINA.

Gardons l'égalité pour des temps plus tranquilles :
Les Gaulois sont dans Rome, il vous faut des Camilles!
Il faut un dictateur, un vengeur, un appui :
Qu'on nomme le plus digne, et je marche sous lui *.

SCÈNE VII.

LE SÉNAT, LE CHEF DES LICTEURS.

LE CHEF DES LICTEURS.

Seigneur, en secourant la mourante Aurélie,
Que nos soins vainement rappelaient à la vie,
J'ai trouvé ce billet par son père adressé.

CICÉRON, *en lisant.*

Quoi! d'un danger plus grand l'Etat est menacé!
« César qui nous trahit, veut enlever Préneste. »
Vous, César, vous trempiez dans ce complot funeste!
Lisez, mettez le comble à des malheurs si grands.
César, étiez-vous fait pour servir des tyrans?

CÉSAR.

J'ai lu; je suis Romain, notre perte s'annonce.
Le danger croît, j'y vole; et voilà ma réponse.

(Il sort.)

CATON.

Sa réponse est douteuse; il est trop leur appui.

CICÉRON.

Marchons, servons l'Etat, contre eux et contre lui.

---

* C'était au consul du jour à nommer un dictateur; et Cicéron ne pouvait se nommer lui-même. Il n'y eut point de dictateur nommé : mais un décret déféra au consul une autorité absolue, pour un temps limité.

ACTE IV, SCÈNE VII.

(*A une partie des sénateurs.*)
Vous, si les derniers cris d'Aurélie expirante,
Ceux du monde ébranlé, ceux de Rome sanglante,
Ont réveillé dans vous l'esprit de vos aïeux,
Courez au Capitole, et défendez vos Dieux :
Du fier Catilina soutenez les approches.
Je ne vous ferai point d'inutiles reproches,
D'avoir pu balancer entre ce monstre et moi.
(*A d'autres sénateurs.*)
Vous, sénateurs blanchis dans l'amour de la loi,
Nommez un chef enfin, pour n'avoir point de maître;
Amis de la vertu, séparez-vous des traîtres.
(*Les sénateurs se séparent de Céthégus et de Lentulus-Sura.*)
Point d'esprit de parti, de sentiments jaloux :
C'est par-là que jadis Sylla régna sur nous.
Je vole en tous les lieux où vos dangers m'appellent,
Où de l'embrasement les flammes étincellent.
Dieux, animez ma voix, mon courage et mon bras;
Et sauvez les Romains, dussent-ils être ingrats!

FIN DU QUATRIÈME ACTE.

ACTE CINQUIÈME.

SCÈNE I.

CATON, et une partie des SÉNATEURS *debout en habit de guerre.*

CLODIUS, *à Caton.*

Quoi! lorsque défendant cette enceinte sacrée
A peine aux factieux nous en fermons l'entrée,
Quand partout le sénat s'exposant au danger
Aux ordres d'un Samnite a daigné se ranger;
Cet altier plébéien nous outrage et nous brave :
Il sert un peuple libre, et le traite en esclave!
Un pouvoir passager est à peine en ses mains :
Il ose en abuser, et contre des Romains!
Contre ceux dont le sang a coulé dans la guerre!
Les cachots sont remplis des vainqueurs de la terre;
Et cet homme inconnu, ce fils heureux du sort
Condamne insolemment ses maîtres à la mort *.
Catilina pour nous serait moins tyrannique;
On ne le verrait point flétrir la république.
Je partage avec vous les malheurs de l'Etat;
Mais je ne peux souffrir la honte du sénat.

* Cicéron, avant de faire de son autorité un usage contraire à une loi, consulta le sénat, et suivit l'avis de Caton pour la mort des conjurés; ce qui ne l'empêcha pas d'être accusé dans la suite par Clodius.

CATON.

La honte, Clodius, n'est que dans vos murmures.
Allez de vos amis déplorer les injures ;
Mais sachez que le sang de nos patriciens,
Ce sang des Céthégus et des Cornéliens,
Ce sang si précieux, quand il devient coupable,
Devient le plus abject et le plus condamnable.
Regrettez, respectez ceux qui nous ont trahis ;
On les mène à la mort, et c'est par mon avis.
Celui qui vous sauva, les condamne au supplice.
De quoi vous plaignez-vous? est-ce de sa justice?
Est-ce elle qui produit cet indigne courroux?
En craignez-vous la suite, et la méritez-vous?
Quand vous devez la vie aux soins de ce grand homme,
Vous osez l'accuser d'avoir trop fait pour Rome !
Murmurez, mais tremblez : la mort est sur vos pas.
Il n'est pas encor temps de devenir ingrats.
On a, dans les périls, de la reconnaissance ;
Et c'est le temps du moins d'avoir de la prudence.
Catilina paraît jusqu'aux pieds du rempart;
On ne sait point encor quel parti prend César,
S'il veut ou conserver ou perdre la patrie.
Cicéron agit seul, et seul se sacrifie ;
Et vous considérez, entourés d'ennemis,
Si celui qui vous sert vous a trop bien servis.

CLODIUS.

Caton, plus implacable encor que magnanime,
Aime les châtiments plus qu'il ne hait le crime.
Respectez le sénat; ne lui reprochez rien.
Vous parlez en censeur; il nous faut un soutien.

Quand la guerre s'allume, et quand Rome est en cendre,
Les édits d'un consul pourront-ils nous défendre?
N'a-t-il contre une armée et des conspirateurs
Que l'orgueil des faisceaux et les mains des licteurs?
Vous parlez de dangers? Pensez-vous nous instruire
Que ce peuple insensé s'obstine à se détruire?
Vous redoutez César! Et qui n'est informé
Combien Catilina de César fut aimé?
Dans le péril pressant qui croît et nous obsède,
Vous montrez tous nos maux : montrez-vous le remède?

CATON.

Oui, j'ose conseiller, esprit fier et jaloux,
Que l'on veille à-la-fois sur César et sur vous.
Je conseillerais plus : mais voici votre père.

SCÈNE II.

CICÉRON, CATON, une partie des Sénateurs.

CATON, *à Cicéron.*

Viens; tu vois des ingrats. Mais Rome te défère
Les noms, les sacrés noms de père et de vengeur;
Et l'envie à tes pieds t'admire avec terreur.

CICÉRON.

Romains, j'aime la gloire, et ne veux point m'en taire;
Des travaux des humains, c'est le digne salaire.
Sénat, en vous servant il la faut acheter :
Qui n'ose la vouloir, n'ose la mériter.
Si j'applique à vos maux une main salutaire,
Ce que j'ai fait est peu; voyons ce qu'il faut faire.
Le sang coulait dans Rome : ennemis, citoyens,

ACTE V, SCÈNE II.

Gladiateurs, soldats, chevaliers, plébéiens,
Etalaient à mes yeux la déplorable image
Et d'une ville en cendre et d'un champ de carnage.
La flamme, en s'élançant de cent toits dévorés,
Dans l'horreur du combat guidait les conjurés.
Céthégus et Sura s'avançaient à leur tête :
Ma main les a saisis; leur juste mort est prête.
Mais quand j'étouffe l'hydre, il renaît en cent lieux :
Il faut fendre partout les flots des factieux.
Tantôt Catilina, tantôt Rome l'emporte.
Il marche au Quirinal, il s'avance à la porte;
Et là, sur des amas de mourants et de morts,
Ayant fait à mes yeux d'incroyables efforts,
Il se fraie un passage, il vole à son armée.
J'ai peine à rassurer Rome entière alarmée.
Antoine, qui s'oppose au fier Catilina,
A tous ces vétérans aguerris sous Sylla,
Antoine, que poursuit notre mauvais génie,
Par un coup imprévu voit sa force affaiblie;
Et son corps accablé, désormais sans vigueur,
Sert mal en ces moments les soins de son grand cœur :
Pétréius étonné vainement le seconde.
Ainsi de tous côtés la maîtresse du monde,
Assiégée au-dehors, embrasée au-dedans,
Est cent fois en un jour à ses derniers moments.

CRASSUS.

Que fait César?

CICÉRON.

Il a, dans ce jour mémorable,
Déployé, je l'avoue, un courage indomptable :

Mais Rome exigeait plus d'un cœur tel que le sien.
Il n'est pas criminel, il n'est pas citoyen.
Je l'ai vu dissiper les plus hardis rebelles;
Mais bientôt, ménageant des Romains infidèles,
Il s'efforçait de plaire aux esprits égarés,
Aux peuples, aux soldats, et même aux conjurés;
Dans le péril horrible où Rome était en proie,
Son front laissait briller une secrète joie :
Sa voix, d'un peuple entier sollicitant l'amour,
Semblait inviter Rome à le servir un jour;
D'un trop coupable sang sa main était avare.

CATON.

Je vois avec horreur tout ce qu'il nous prépare.
Je le redis encore, et veux le publier,
De César en tout temps il faut se défier.

SCÈNE III.

LE SÉNAT, CÉSAR.

CÉSAR.

Eh bien! dans ce sénat, trop prêt à se détruire,
La vertu de Caton cherche encore à me nuire.
De quoi m'accuse-t-il?

CATON.

D'aimer Catilina,
De l'avoir protégé lorsqu'on le soupçonna,
De ménager encor ceux qu'on pouvait abattre,
De leur avoir parlé quand il fallait combattre.

CÉSAR.

Un tel sang n'est pas fait pour teindre mes lauriers.
Je parle aux citoyens; je combats les guerriers.

ACTE V, SCÈNE III.

CATON.

Mais tous ces conjurés, ce peuple de coupables,
Que sont-ils à vos yeux?

CÉSAR.

     Des mortels méprisables.
A ma voix, à mes coups ils n'ont pu résister.
Qui se soumet à moi, n'a rien à redouter.
C'est maintenant qu'on donne un combat véritable.
Des soldats de Sylla l'élite redoutable
Est sous un chef habile, et qui sait se venger.
Voici le vrai moment où Rome est en danger.
Pétréius est blessé; Catilina s'avance.
Le soldat sous les murs est à peine en défense.
Les guerriers de Sylla font trembler les Romains.
Qu'ordonnez-vous, Consul? et quels sont vos desseins?

CICÉRON.

Les voici : que le Ciel m'entende et les couronne!
Vous avez mérité que Rome vous soupçonne!
Je veux laver l'affront dont vous êtes chargé;
Je veux qu'avec l'Etat votre honneur soit vengé.
Au salut des Romains je vous crois nécessaire;
Je vous connais; je sais ce que vous pouvez faire;
Je sais quels intérêts vous peuvent éblouir :
César veut commander, mais il ne peut trahir.
Vous êtes dangereux, vous êtes magnanime.
En me plaignant de vous, je vous dois mon estime.
Partez, justifiez l'honneur que je vous fais.
Le monde entier sur vous a les yeux désormais.
Secondez Pétréius, et délivrez l'empire.
Méritez que Caton vous aime et vous admire.

Dans l'art des Scipions vous n'avez qu'un rival.
Nous avons des guerriers, il faut un général :
Vous l'êtes, c'est sur vous que mon espoir se fonde.
César, entre vos mains je mets le sort du monde.

CÉSAR, *en l'embrassant.*

Cicéron à César a dû se confier;
Je vais mourir, Seigneur, ou vous justifier.
(*Il sort.*)

CATON.

De son ambition vous allumez les flammes.

CICÉRON.

Va; c'est ainsi qu'on traite avec les grandes ames.
Je l'enchaîne à l'Etat, en me fiant à lui.
Ma générosité le rendra notre appui.
Apprends à distinguer l'ambitieux du traître.
S'il n'est pas vertueux, ma voix le force à l'être.
Un courage indompté, dans le cœur des mortels,
Fait ou les grands héros ou les grands criminels.
Qui du crime à la terre a donné les exemples,
S'il eût aimé la gloire, eût mérité des temples.
Catilina lui-même, à tant d'horreurs instruit,
Eût été Scipion, si je l'avais conduit.
Je réponds de César; il est l'appui de Rome.
J'y vois plus d'un Sylla, mais j'y vois un grand homme.

(*Se tournant vers le chef des licteurs, qui entre en armes.*)

Eh bien ! les conjurés ?

LE CHEF DES LICTEURS.

Seigneur, ils sont punis;
Mais leur sang a produit de nouveaux ennemis.
C'est le feu de l'Etna qui couvait sous la cendre;

Un tremblement de plus va partout le répandre;
Et si de Pétréius le succès est douteux,
Ces murs sont embrasés, vous tombez avec eux.
Un nouvel Annibal nous assiége et nous presse;
D'autant plus redoutable en sa cruelle adresse,
Que jusqu'au sein de Rome, et parmi ses enfants,
En creusant vos tombeaux il a des partisans.
On parle en sa faveur dans Rome qu'il ruine;
Il l'attaque au-dehors, au-dedans il domine;
Tout son génie y règne, et cent coupables voix
S'élèvent contre vous, et condamnent vos lois.
Les plaintes des ingrats et les clameurs des traîtres
Réclament contre vous les droits de nos ancêtres,
Redemandent le sang répandu par vos mains :
On parle de punir le vengeur des Romains.

CLODIUS.

Vos égaux après tout, que vous deviez entendre,
Par vous seul condamnés, n'ayant pu se défendre,
Semblent autoriser...

CICÉRON.

Clodius, arrêtez;
Renfermez votre envie et vos témérités;
Ma puissance absolue est de peu de durée :
Mais, tant qu'elle subsiste, elle sera sacrée.
Vous aurez tout le temps de me persécuter;
Mais, quand le péril dure, il faut me respecter.
Je connais l'inconstance aux humains ordinaire.
J'attends sans m'ébranler les retours du vulgaire.
Scipion, accusé sur des prétextes vains,
Remercia les Dieux, et quitta les Romains.

Je puis en quelque chose imiter ce grand homme.
Je rendrai grâce au Ciel, et resterai dans Rome.
A l'Etat, malgré vous, j'ai consacré mes jours;
Et, toujours envié, je servirai toujours.

CATON.

Permettez que dans Rome encor je me présente,
Que j'aille intimider une foule insolente,
Que je vole au rempart, que du moins mon aspect
Contienne encor César, qui m'est toujours suspect.
Et si, dans ce grand jour, la fortune contraire...

CICÉRON.

Caton, votre présence est ici nécessaire.
Mes ordres sont donnés; César est au combat;
Caton, de la vertu, doit l'exemple au sénat.
Il en doit soutenir la grandeur expirante.
Restez... Je vois César, et Rome est triomphante.

(*Il court au-devant de César.*)

Ah! c'est donc par vos mains que l'Etat soutenu...

CÉSAR.

Je l'ai servi peut-être, et vous m'aviez connu.
Pétréius est couvert d'une immortelle gloire :
Le courage et l'adresse ont fixé la victoire.
Nous n'avons combattu, sous ce sacré rempart,
Que pour ne rien laisser au pouvoir du hasard,
Que pour mieux enflammer des ames héroïques
A l'aspect imposant de leurs dieux domestiques.
Métellus, Muréna, les braves Scipions,
Ont soutenu le poids de leurs augustes noms;
Ils ont aux yeux de Rome étalé le courage
Qui subjugua l'Asie, et détruisit Carthage.

ACTE V, SCÈNE III.

Tous sont de la patrie et l'honneur et l'appui.
Permettez que César ne parle point de lui.
  Les soldats de Sylla renversés sur la terre
Semblent braver la mort et défier la guerre.
De tant de nations ces tristes conquérants
Menacent Rome encor de leurs yeux expirants.
Si de pareils guerriers la valeur nous seconde,
Nous mettrons sous nos lois ce qui reste du monde.
Mais il est, grâce au Ciel, encor de plus grands cœurs,
Des héros plus choisis, et ce sont leurs vainqueurs.
  Catilina, terrible au milieu du carnage,
Entouré d'ennemis immolés à sa rage,
Sanglant, couvert de traits, et combattant toujours,
Dans nos rangs éclaircis a terminé ses jours.
Sur des morts entassés l'effroi de Rome expire.
Romain je le condamne, et soldat je l'admire.
J'aimai Catilina : mais vous voyez mon cœur;
Jugez si l'amitié l'emporte sur l'honneur.

CICÉRON.

Tu n'as point démenti mes vœux et mon estime.
Va, conserve à jamais cet esprit magnanime.
Que Rome admire en toi son éternel soutien.
Grands Dieux! que ce héros soit toujours citoyen!
Dieux! ne corrompez pas cette ame généreuse;
Et que tant de vertu ne soit pas dangereuse!

FIN DE CATILINA.

L'ORPHELIN
DE LA CHINE,

TRAGÉDIE

Représentée, pour la première fois, le 20 auguste 1755.

A

M. LE MARÉCHAL

DUC DE RICHELIEU,

PAIR DE FRANCE, PREMIER GENTILHOMME DE LA CHAMBRE DU ROI, COMMANDANT EN LANGUEDOC, L'UN DES QUARANTE DE L'ACADÉMIE FRANÇAISE.

Je voudrais, Monseigneur, vous présenter de beau marbre comme les Génois, et je n'ai que des figures chinoises à vous offrir. Ce petit ouvrage ne paraît pas fait pour vous : il n'y a aucun héros, dans cette pièce, qui ait réuni tous les suffrages par les agréments de son esprit, ni qui ait soutenu une république prête à succomber, ni qui ait imaginé de renverser une colonne anglaise avec quatre canons. Je sens mieux que personne le peu que je vous offre; mais tout se pardonne à un attachement de quarante années. On dira peut-être, qu'au pied des Alpes, et vis-à-vis des neiges éternelles où je me suis retiré, et où je devais n'être que philosophe, j'ai succombé à la vanité d'imprimer que ce qu'il y a eu de plus brillant sur les bords de la Seine ne m'a jamais oublié. Cependant je n'ai consulté que mon cœur; il me conduit seul; il a toujours inspiré mes actions et mes paroles : il se trompe quelquefois, vous le savez, mais ce n'est pas après des épreuves si longues. Permettez donc que, si cette faible tragédie peut durer quelque temps après moi, on sache que l'auteur ne vous a pas été indifférent; permettez qu'on apprenne que, si votre oncle fonda les beaux-arts en France, vous les avez soutenus dans leur décadence.

L'idée de cette tragédie me vint, il y a quelque temps, à la lecture de l'*Orphelin de Tchao,* tragédie chinoise, traduite par le père Brémare, qu'on trouve dans le recueil que le père Du Halde a donné au public. Cette pièce chinoise fut composée au quatorzième siècle, sous la dynastie même de Gengis-Kan. C'est une nouvelle preuve que les vainqueurs tartares ne changèrent point les mœurs de la nation vaincue; ils protégèrent tous les arts établis à la Chine; ils adoptèrent toutes ses lois.

Voilà un grand exemple de la supériorité naturelle que donnent la raison et le génie sur la force aveugle et barbare; et les Tartares ont deux fois donné cet exemple : car, lorsqu'ils ont conquis encore ce grand empire au commencement du siècle passé, ils se sont soumis une seconde fois à la sagesse des vaincus; et les deux peuples n'ont formé qu'une nation gouvernée par les plus anciennes lois du monde : événement frappant, qui a été le premier but de mon ouvrage.

La tragédie chinoise, qui porte le nom de l'*Orphelin,* est tirée d'un recueil immense des pièces de théâtre de cette nation : elle cultivait depuis plus de trois mille ans cet art, inventé un peu plus tard par les Grecs, de faire des portraits vivants des actions des hommes, et d'établir de ces écoles de morale où l'on enseigne la vertu en actions et en dialogues. Le poème dramatique ne fut donc long-temps en honneur que dans ce vaste pays de la Chine, séparé et ignoré du reste du monde, et dans la seule ville d'Athènes. Rome ne le cultiva qu'au bout de quatre cents années. Si vous le cherchez chez les Perses, chez les Indiens, qui passent pour des peuples inventeurs, vous ne l'y trouvez pas : il n'y est jamais parvenu. L'Asie se contentait des fables de Pilpay et de Lokman, qui renferment toute la morale, et qui instruisent en allégories toutes les nations et tous les siècles.

Il semble qu'après avoir fait parler les animaux, il n'y eût qu'un pas à faire pour faire parler les hommes, pour les introduire sur la scène, pour former l'art dramatique : cependant ces peuples ingénieux ne s'en avisèrent jamais. On doit inférer de là que les Chinois, les Grecs et les Romains, sont les seuls peuples anciens qui aient connu le véritable esprit de la société. Rien, en effet, ne rend les hommes plus sociables, n'adoucit plus leurs mœurs, ne perfectionne plus leur raison, que de les rassembler pour leur faire goûter ensemble les plaisirs purs de l'esprit : aussi nous voyons qu'à peine Pierre-le-Grand eut policé la Russie, et bâti Pétersbourg, que les théâtres s'y sont établis. Plus l'Allemagne s'est perfectionnée, et plus nous l'avons vue adopter nos spectacles : le peu de pays où ils n'étaient pas reçus dans le siècle passé, n'étaient pas mis au rang des pays civilisés.

L'*Orphelin de Tchao* est un monument précieux, qui sert plus à faire connaître l'esprit de la Chine que toutes les relations qu'on a faites et qu'on fera jamais de ce vaste empire. Il est vrai que cette pièce est toute barbare en comparaison des bons ouvrages de nos jours; mais aussi c'est un chef-d'œuvre, si on le compare à nos pièces du quatorzième siècle. Certainement nos troubadours, notre bazoche, la société des enfants sans souci, et de la Mère-sotte, n'approchaient pas de l'auteur chinois. Il faut encore remarquer que cette pièce est écrite dans la langue des mandarins, qui n'a point changé, et qu'à peine entendons-nous la langue qu'on parlait du temps de Louis XII et de Charles VIII.

On ne peut comparer l'*Orphelin de Tchao* qu'aux tragédies françaises et espagnoles du dix-septième siècle, qui ne laissent pas encore de plaire au-delà des Pyrénées et de la mer. L'action de la pièce chinoise dure vingt-cinq ans, comme dans les farces monstrueuses de Shakspeare et de Lopez de Vega, qu'on a nommées tragédies : c'est un entassement d'événements incroyables. L'ennemi de la maison de Tchao veut d'abord en faire périr le chef, en lâchant sur lui un gros dogue, qu'il fait croire être doué de l'instinct de découvrir les criminels, comme Jacques Aymard, parmi nous, devinait les voleurs par sa baguette. Ensuite il suppose un ordre de l'empereur, et envoie à son ennemi Tchao une corde, du poison, et un poignard : Tchao chante selon l'usage, et se coupe la gorge, en vertu de l'obéissance que tout homme sur la terre doit de droit divin à un empereur de la Chine. Le persécuteur fait mourir trois cents personnes de la maison de Tchao. La princesse veuve accouche de l'Orphelin. On dérobe cet enfant à la fureur de celui qui a exterminé toute la maison, et qui veut encore faire périr au berceau le seul qui reste. Cet exterminateur ordonne qu'on égorge dans les villages d'alentour tous les enfants, afin que l'Orphelin soit enveloppé dans la destruction générale.

On croit lire les *Mille et une Nuits* en action et en scènes : mais, malgré l'incroyable, il y règne de l'intérêt; et malgré la foule des événements, tout est de la clarté la plus lumineuse : ce sont deux grands mérites en tout temps et chez toutes nations; et ce mérite manque à beaucoup de nos pièces modernes. Il est vrai que la pièce chinoise n'a pas d'autres beautés : unité de temps et d'action, développements de sentiments, peinture des mœurs, éloquence, raison, passion, tout lui manque; et cependant, comme je l'ai déjà dit, l'ouvrage est supérieur à tout ce que nous faisions alors.

Comment les Chinois, qui, au quatorzième siècle, et si long-temps auparavant, savaient faire de meilleurs poèmes dramatiques que tous les Européans (1), sont-ils restés toujours dans l'enfance grossière de l'art, tandis qu'à force de soins et de temps notre nation est parvenue à produire environ une douzaine de pièces qui, si elles ne

---

(1) Le père Du Halde, tous les auteurs des *Lettres édifiantes*, tous les voyageurs, ont toujours écrit *Européans*; et ce n'est que depuis quelques années qu'on s'est avisé d'imprimer *Européens*.

sont pas parfaites, sont pourtant fort au-dessus de tout ce que le reste de la terre a jamais produit en ce genre? Les Chinois, comme les autres Asiatiques, sont demeurés aux premiers éléments de la poésie, de l'éloquence, de la physique, de l'astronomie, de la peinture, connus par eux si long-temps avant nous. Il leur a été donné de commencer en tout plus tôt que les autres peuples, pour ne faire ensuite aucun progrès. Ils ont ressemblé aux anciens Egyptiens, qui, ayant d'abord enseigné les Grecs, finirent par n'être pas capables d'être leurs disciples.

Ces Chinois chez qui nous avons voyagé à travers tant de périls, ces peuples de qui nous avons obtenu avec tant de peine la permission de leur apporter l'argent de l'Europe, et de venir les instruire, ne savent pas encore à quel point nous leur sommes supérieurs : ils ne sont pas assez avancés pour oser seulement vouloir nous imiter. Nous avons puisé, dans leur histoire, des sujets de tragédie; et ils ignorent si nous avons une histoire.

Le célèbre abbé Métastasio a pris pour sujet d'un de ses poèmes dramatiques le même sujet à-peu-près que moi, c'est-à-dire un orphelin échappé au carnage de sa maison; et il a puisé cette aventure dans une dynastie qui régnait neuf cents ans avant notre ère.

La tragédie chinoise de l'*Orphelin de Tchao* est tout un autre sujet. J'en ai choisi un, tout différent encore des deux autres, et qui ne leur ressemble que par le nom. Je me suis arrêté à la grande époque de Gengis-Kan, et j'ai voulu peindre les mœurs des Tartares et des Chinois. Les aventures les plus intéressantes ne sont rien quand elles ne peignent pas les mœurs; et cette peinture, qui est un des plus grands secrets de l'art, n'est encore qu'un amusement frivole quand elle n'inspire pas la vertu.

J'ose dire que, depuis la *Henriade* jusqu'à *Zaïre*, et jusqu'à cette pièce chinoise, bonne ou mauvaise, tel a été toujours le principe qui m'a inspiré; et que, dans l'histoire du siècle de Louis XIV, j'ai célébré mon roi et ma patrie, sans flatter ni l'un ni l'autre. C'est dans un tel travail que j'ai consumé plus de quarante années. Mais voici ce que dit un auteur chinois traduit en espagnol par le célèbre Navarette :

« Si tu composes quelque ouvrage, ne le montre
« qu'à tes amis: crains le public et tes confrères;
« car on falsifiera, on empoisonnera ce que tu
« auras fait, et on t'imputera ce que tu n'auras
« pas fait. La calomnie, qui a cent trompettes, les
« fera sonner pour te perdre, tandis que la vérité,
« qui est muette, restera auprès de toi. Le célèbre

« Ming fut accusé d'avoir mal pensé du Tien et
« du Li, et de l'empereur Vang : on trouva le
« vieillard moribond qui achevait le panégyrique
« de Vang, et un hymne au Tien et au Li, etc. »

PERSONNAGES.

GENGIS-KAN, empereur tartare.
OCTAR, }
OSMAN, } guerriers tartares.
ZAMTI, mandarin lettré.
IDAMÉ, femme de Zamti.
ASSÉLI, attachée à Idamé.
ÉTAN, attaché à Zamti.

La scène est dans un palais des mandarins, qui tient au palais impérial, dans la ville de Cambalu, aujourd'hui Pékin.

L'ORPHELIN DE LA CHINE,

TRAGÉDIE.

ACTE PREMIER.

SCÈNE I.

IDAMÉ, ASSÉLI.

IDAMÉ.

Se peut-il qu'en ce temps de désolation,
En ce jour de carnage et de destruction,
Quand ce palais sanglant, ouvert à des Tartares,
Tombe avec l'univers sous ces peuples barbares,
Dans cet amas affreux de publiques horreurs,
Il soit encor pour moi de nouvelles douleurs?

ASSÉLI.

Eh! qui n'éprouve, hélas! dans la perte commune,
Les tristes sentiments de sa propre infortune?
Qui de nous vers le ciel n'élève pas ses cris
Pour les jours d'un époux, ou d'un père, ou d'un fils?
Dans cette vaste-enceinte, au Tartare inconnue,
Où le roi dérobait à la publique vue

Ce peuple désarmé de paisibles mortels,
Interprètes des lois, ministres des autels,
Vieillards, femmes, enfants, troupeau faible et timide,
Dont n'a point approché cette guerre homicide,
Nous ignorons encore à quelle atrocité
Le vainqueur insolent porte sa cruauté.
Nous entendons gronder la foudre et les tempêtes.
Le dernier coup approche, et vient frapper nos têtes.

IDAMÉ.

O fortune! ô pouvoir au-dessus de l'humain!
Chère et triste Asséli, sais-tu quelle est la main
Qui du Catai sanglant presse le vaste empire,
Et qui s'appesantit sur tout ce qui respire?

ASSÉLI.

On nomme ce tyran du nom de roi des rois.
C'est ce fier Gengis-Kan, dont les affreux exploits
Font un vaste tombeau de la superbe Asie.
Octar, son lieutenant, déjà, dans sa furie,
Porte au palais, dit-on, le fer et les flambeaux.
Le Catai passe enfin sous des maîtres nouveaux.
Cette ville, autrefois souveraine du monde,
Nage de tous côtés dans le sang qui l'inonde.
Voilà ce que cent voix, en sanglots superflus,
Ont appris dans ces lieux à mes sens éperdus.

IDAMÉ.

Sais-tu que ce tyran de la terre interdite,
Sous qui de cet Etat la fin se précipite,
Ce destructeur des rois, de leur sang abreuvé,
Est un Scythe, un soldat dans la poudre élevé,

Un guerrier vagabond de ces déserts sauvages,
Climat qu'un ciel épais ne couvre que d'orages?
C'est lui qui, sur les siens briguant l'autorité,
Tantôt fort et puissant, tantôt persécuté,
Vint jadis à tes yeux, dans cette auguste ville,
Aux portes du palais demander un asile.
Son nom est Témugin; c'est t'en apprendre assez.

ASSÉLI.

Quoi! c'est lui dont les vœux vous furent adressés!
Quoi! c'est ce fugitif, dont l'amour et l'hommage
A vos parents surpris parurent un outrage!
Lui, qui traîne après lui tant de rois ses suivants,
Dont le nom seul impose au reste des vivants!

IDAMÉ.

C'est lui-même, Asséli : son superbe courage,
Sa future grandeur, brillaient sur son visage;
Tout semblait, je l'avoue, esclave auprès de lui;
Et lorsque de la cour il mendiait l'appui,
Inconnu, fugitif, il ne parlait qu'en maître.
Il m'aimait; et mon cœur s'en applaudit peut-être :
Peut-être qu'en secret je tirais vanité
D'adoucir ce lion dans mes fers arrêté,
De plier à nos mœurs cette grandeur sauvage,
D'instruire à nos vertus son féroce courage,
Et de le rendre enfin, grâces à ces liens,
Digne un jour d'être admis parmi nos citoyens.
Il eût servi l'Etat, qu'il détruit par la guerre :
Un refus a produit les malheurs de la terre.
De nos peuples jaloux tu connais la fierté;
De nos arts, de nos lois l'auguste antiquité,

Une religion de tout temps épurée,
De cent siècles de gloire une suite avérée,
Tout nous interdisait, dans nos préventions,
Une indigne alliance avec les nations.
Enfin un autre hymen, un plus saint nœud m'engage ;
Le vertueux Zamti mérita mon suffrage.
Qui l'eût cru, dans ces temps de paix et de bonheur,
Qu'un Scythe méprisé serait notre vainqueur ?
Voilà ce qui m'alarme, et qui me désespère.
J'ai refusé sa main ; je suis épouse et mère :
Il ne pardonne pas ; il se vit outrager,
Et l'univers sait trop s'il aime à se venger.
Etrange destinée, et revers incroyable !
Est-il possible, ô Dieu, que ce peuple innombrable
Sous le glaive du Scythe expire sans combats,
Comme de vils troupeaux que l'on mène au trépas ?

ASSÉLI.

Les Coréens, dit-on, rassemblaient une armée ;
Mais nous ne savons rien que par la renommée,
Et tout nous abandonne aux mains des destructeurs.

IDAMÉ.

Que cette incertitude augmente mes douleurs !
J'ignore à quel excès parviennent nos misères,
Si l'empereur encore, au palais de ses pères,
A trouvé quelque asile ou quelque défenseur ;
Si la reine est tombée aux mains de l'oppresseur ;
Si l'un et l'autre touche à son heure fatale.
Hélas ! ce dernier fruit de leur foi conjugale,
Ce malheureux enfant, à nos soins confié,
Excite encor ma crainte, ainsi que ma pitié.

ACTE I, SCÈNE I.

Mon époux au palais porte un pied téméraire;
Une ombre de respect pour son saint ministère,
Peut-être adoucira ces vainqueurs forcenés.
On dit que ces brigands, aux meurtres acharnés,
Qui remplissent de sang la terre intimidée,
Ont d'un dieu cependant conservé quelque idée;
Tant la nature même, en toute nation,
Grava l'Etre suprême et la religion!
Mais je me flatte en vain qu'aucun respect les touche.
La crainte est dans mon cœur, et l'espoir dans ma bouche.
Je me meurs...

SCÈNE II.

IDAMÉ, ZAMTI, ASSÉLI.

IDAMÉ.

Est-ce vous, époux infortuné?
Notre sort sans retour est-il déterminé?
Hélas! qu'avez-vous vu?

ZAMTI.

Ce que je tremble à dire.
Le malheur est au comble; il n'est plus, cet empire :
Sous le glaive étranger j'ai vu tout abattu.
De quoi nous a servi d'adorer la vertu?
Nous étions vainement, dans une paix profonde,
Et les législateurs et l'exemple du monde.
Vainement par nos lois l'univers fut instruit :
La sagesse n'est rien; la force a tout détruit.
J'ai vu de ces brigands la horde hyperborée,
Par des fleuves de sang se frayant une entrée

Sur les corps entassés de nos frères mourants,
Portant partout le glaive et les feux dévorants.
Ils pénètrent en foule à la demeure auguste
Où de tous les humains le plus grand, le plus juste,
D'un front majestueux attendait le trépas.
La reine évanouie était entre ses bras.
De leurs nombreux enfants ceux en qui le courage
Commençait vainement à croître avec leur âge,
Et qui pouvaient mourir les armes à la main,
Etaient déjà tombés sous le fer inhumain.
Il restait près de lui ceux dont la tendre enfance
N'avait que la faiblesse et des pleurs pour défense;
On les voyait encore autour de lui pressés,
Tremblants à ses genoux, qu'ils tenaient embrassés.
J'entre par des détours inconnus au vulgaire;
J'approche, en frémissant, de ce malheureux père;
Je vois ces vils humains, ces monstres des déserts,
A notre auguste maître osant donner des fers,
Traîner dans son palais, d'une main sanguinaire,
Le père, les enfants, et leur mourante mère.

IDAMÉ.
C'est donc là leur destin! quel changement, ô Cieux!

ZAMTI.
Ce prince infortuné tourne vers moi les yeux;
Il m'appelle, il me dit, dans la langue sacrée,
Du conquérant tartare et du peuple ignorée :
« Conserve au moins le jour au dernier de mes fils. »
Jugez si mes serments et mon cœur l'ont promis;
Jugez de mon devoir quelle est la voix pressante.
J'ai senti ranimer ma force languissante;

ACTE I, SCÈNE II.

J'ai revolé vers vous. Les ravisseurs sanglants
Ont laissé le passage à mes pas chancelants ;
Soit que, dans les fureurs de leur horrible joie,
Au pillage acharnés, occupés de leur proie,
Leur superbe mépris ait détourné les yeux ;
Soit que cet ornement d'un ministre des cieux,
Ce symbole sacré du grand Dieu que j'adore,
A la férocité puisse imposer encore ;
Soit qu'enfin ce grand Dieu, dans ses profonds desseins,
Pour sauver cet enfant qu'il a mis dans mes mains,
Sur leurs yeux vigilants répandant un nuage,
Ait égaré leur vue, ou suspendu leur rage.

IDAMÉ.

Seigneur, il serait temps encor de le sauver :
Qu'il parte avec mon fils ; je les puis enlever :
Ne désespérons point, et préparons leur fuite.
De notre prompt départ qu'Etan ait la conduite.
Allons vers la Corée, au rivage des mers,
Aux lieux où l'Océan ceint ce triste univers.
La terre a des déserts et des antres sauvages ;
Portons-y ces enfants, tandis que les ravages
N'inondent point encor ces asiles sacrés,
Eloignés du vainqueur, et peut-être ignorés.
Allons ; le temps est cher, et la plainte inutile.

ZAMTI.

Hélas ! le fils des rois n'a pas même un asile :
J'attends les Coréens ; ils viendront, mais trop tard :
Cependant la mort vole au pied de ce rempart.
Saisissons, s'il se peut, le moment favorable
De mettre en sûreté ce gage inviolable.

SCÈNE III.

ZAMTI, IDAMÉ, ASSÉLI, ÉTAN.

ZAMTI.

Etan, où courez-vous, interdit, consterné?

IDAMÉ.

Fuyons de ce séjour au Scythe abandonné.

ÉTAN.

Vous êtes observés; la fuite est impossible.
Autour de notre enceinte une garde terrible,
Aux peuples consternés offre de toutes parts
Un rempart hérissé de piques et de dards.
Les vainqueurs ont parlé : l'esclavage en silence
Obéit à leurs voix dans cette ville immense.
Chacun reste immobile et de crainte et d'horreur,
Depuis que sous le glaive est tombé l'empereur.

ZAMTI.

Il n'est donc plus!

IDAMÉ.

O Cieux!

ÉTAN.

De ce nouveau carnage
Qui pourra retracer l'épouvantable image?
Son épouse, ses fils sanglants et déchirés...
O famille de dieux sur la terre adorés!
Que vous dirai-je? hélas! leurs têtes exposées
Du vainqueur insolent excitent les risées,
Tandis que leurs sujets, tremblant de murmurer,
Baissent des yeux mourants qui craignent de pleurer.

ACTE I, SCÈNE III.

De nos honteux soldats les phalanges errantes
A genoux ont jeté leurs armes impuissantes.
Les vainqueurs fatigués dans nos murs asservis,
Lassés de leur victoire et de sang assouvis,
Publiant à la fin le terme du carnage,
Ont, au lieu de la mort, annoncé l'esclavage.
Mais d'un plus grand désastre on nous menace encor;
On prétend que ce roi des fiers enfants du Nord,
Gengis-Kan, que le Ciel envoya pour détruire,
Dont les seuls lieutenants oppriment cet empire,
Dans nos murs autrefois inconnu, dédaigné,
Vient toujours implacable, et toujours indigné,
Consommer sa colère et venger son injure.
Sa nation farouche est d'une autre nature
Que les tristes humains qu'enferment nos remparts.
Ils habitent des champs, des tentes et des chars;
Ils se croiraient gênés dans cette ville immense :
De nos arts, de nos lois la beauté les offense.
Ces brigands vont changer en d'éternels déserts
Les murs que si long-temps admira l'univers.

IDAMÉ.

Le vainqueur vient sans doute armé de la vengeance.
Dans mon obscurité j'avais quelque espérance;
Je n'en ai plus. Les cieux, à nous nuire attachés,
Ont éclairé la nuit où nous étions cachés.
Trop heureux les mortels inconnus à leur maître !

ZAMTI.

Les nôtres sont tombés : le juste Ciel peut-être
Voudra pour l'Orphelin signaler son pouvoir.

Veillons sur lui ; voilà notre premier devoir.
Que nous veut ce Tartare ?

IDAMÉ.

O Ciel, prends ma défense.

SCÈNE IV.

ZAMTI, IDAMÉ, ASSÉLI, OCTAR, GARDES.

OCTAR.

Esclaves, écoutez ; que votre obéissance
Soit l'unique réponse aux ordres de ma voix.
Il reste encore un fils du dernier de vos rois ;
C'est vous qui l'élevez : votre soin téméraire
Nourrit un ennemi dont il faut se défaire.
Je vous ordonne, au nom du vainqueur des humains,
De remettre aujourd'hui cet enfant dans mes mains :
Je vais l'attendre : allez ; qu'on m'apporte ce gage.
Pour peu que vous tardiez, le sang et le carnage
Vont de mon maître encor signaler le courroux ;
Et la destruction commencera par vous.
La nuit vient, le jour fuit ; vous, avant qu'il finisse,
Si vous aimez la vie, allez, qu'on obéisse.

SCÈNE V.

ZAMTI, IDAMÉ.

IDAMÉ.

Où sommes-nous réduits ? O monstres ! ô terreur !
Chaque instant fait éclore une nouvelle horreur,
Et produit des forfaits dont l'ame intimidée
Jusqu'à ce jour de sang n'avait point eu d'idée.

ACTE I, SCÈNE V.

Vous ne répondez rien; vos soupirs élancés
Au Ciel qui nous accable en vain sont adressés.
Enfant de tant de rois, faut-il qu'on sacrifie
Aux ordres d'un soldat ton innocente vie?

ZAMTI.

J'ai promis, j'ai juré de conserver ses jours.

IDAMÉ.

De quoi lui serviront vos malheureux secours?
Qu'importent vos serments, vos stériles tendresses?
Etes-vous en état de tenir vos promesses?
N'espérons plus.

ZAMTI.

      Ah Ciel! Eh quoi! vous voudriez
Voir du fils de mes rois les jours sacrifiés?

IDAMÉ.

Non, je n'y puis penser sans des torrents de larmes;
Et si je n'étais mère, et si, dans mes alarmes,
Le Ciel me permettait d'abréger un destin
Nécessaire à mon fils élevé dans mon sein,
Je vous dirais : Mourons; et lorsque tout succombe,
Sur les pas de nos rois descendons dans la tombe.

ZAMTI.

Après l'atrocité de leur indigne sort,
Qui pourrait redouter et refuser la mort?
Le coupable la craint, le malheureux l'appelle;
Le brave la défie, et marche au-devant d'elle;
Le sage, qui l'attend, la reçoit sans regrets *.

---

* Catilina, dans la pièce de Crébillon, dit :

   . . . . . . La mort n'est qu'un instant;
   Que le grand cœur défie, et que le lâche attend.

Zamti n'est point un soldat : c'est un philosophe résigné à la mort.

IDAMÉ.

Quels sont en me parlant vos sentiments secrets?
Vous baissez vos regards, vos cheveux se hérissent;
Vous pâlissez, vos yeux de larmes se remplissent :
Mon cœur répond au vôtre; il sent tous vos tourments.
Mais que résolvez-vous?

ZAMTI.

De garder mes serments.
Auprès de cet enfant, allez, daignez m'attendre.

IDAMÉ.

Mes prières, mes cris pourront-ils le défendre?

SCÈNE VI.

ZAMTI, ÉTAN.

ÉTAN.

Seigneur, votre pitié ne peut le conserver.
Ne songez qu'à l'Etat, que sa mort peut sauver :
Pour le salut du peuple il faut bien qu'il périsse.

ZAMTI.

Oui... je vois qu'il faut faire un triste sacrifice.
Ecoute : cet empire est-il cher à tes yeux?
Reconnais-tu ce Dieu de la terre et des cieux,
Ce Dieu que sans mélange annonçaient nos ancêtres,
Méconnu par le bonze, insulté par nos maîtres?

ÉTAN.

Dans nos communs malheurs il est mon seul appui;
Je pleure la patrie, et n'espère qu'en lui.

ZAMTI.

Jure ici par son nom, par sa toute-puissance,
Que tu conserveras dans l'éternel silence

ACTE I, SCÈNE VI.

Le secret qu'en ton sein je dois ensevelir.
Jure-moi que tes mains oseront accomplir
Ce que les intérêts et les lois de l'empire,
Mon devoir et mon Dieu, vont par moi te prescrire.

ÉTAN.

Je le jure; et je veux, dans ces murs désolés,
Voir nos malheurs communs sur moi seul assemblés,
Si, trahissant vos vœux, et démentant mon zèle,
Ou ma bouche, ou ma main, vous était infidèle.

ZAMTI.

Allons, il ne m'est plus permis de reculer.

ÉTAN.

De vos yeux attendris je vois des pleurs couler.
Hélas, de tant de maux les atteintes cruelles
Laissent donc place encore à des larmes nouvelles!

ZAMTI.

On a porté l'arrêt! rien ne peut le changer!

ÉTAN.

On presse; et cet enfant, qui vous est étranger...

ZAMTI.

Etranger! lui, mon roi!

ÉTAN.

                Notre roi fut son père:
Je le sais, j'en frémis : parlez, que dois-je faire?

ZAMTI.

On compte ici mes pas; j'ai peu de liberté.
Sers-toi de la faveur de ton obscurité.
De ce dépôt sacré tu sais quel est l'asile :
Tu n'es point observé; l'accès t'en est facile.

Cachons, pour quelque temps, cet enfant précieux
Dans le sein des tombeaux bâtis par nos aïeux.
Nous remettrons bientôt au chef de la Corée
Ce tendre rejeton d'une tige adorée.
Il peut ravir du moins à nos cruels vainqueurs
Ce malheureux enfant, l'objet de leurs terreurs.
Il peut sauver mon roi. Je prends sur moi le reste.

ÉTAN.

Et que deviendrez-vous sans ce gage funeste ?
Que pourrez-vous répondre au vainqueur irrité ?

ZAMTI.

J'ai de quoi satisfaire à sa férocité.

ÉTAN.

Vous, Seigneur ?

ZAMTI.

O nature ! ô devoir tyrannique !

ÉTAN.

Eh bien ?

ZAMTI.

Dans son berceau saisis mon fils unique.

ÉTAN.

Votre fils !

ZAMTI.

Songe au roi que tu dois conserver.
Prends mon fils... que son sang... Je ne puis achever.

ÉTAN.

Ah ! que m'ordonnez-vous ?

ZAMTI.

Respecte ma tendresse ;
Respecte mon malheur, et surtout ma faiblesse :

N'oppose aucun obstacle à cet ordre sacré,
Et remplis ton devoir après l'avoir juré.

ÉTAN.

Vous m'avez arraché ce serment téméraire.
A quel devoir affreux me faut-il satisfaire?
J'admire avec horreur ce dessein généreux :
Mais si mon amitié...

ZAMTI.

C'en est trop, je le veux.
Je suis père; et ce cœur, qu'un tel arrêt déchire,
S'en est dit cent fois plus que tu ne peux m'en dire.
J'ai fait taire le sang; fais taire l'amitié.
Pars.

ÉTAN.

Il faut obéir.

ZAMTI.

Laisse-moi, par pitié.

SCÈNE VII.

ZAMTI, *seul.*

J'ai fait taire le sang! Ah, trop malheureux père!
J'entends trop cette voix si fatale et si chère.
Ciel, impose silence aux cris de ma douleur!
Mon épouse, mon fils, me déchirent le cœur.
De ce cœur effrayé cache-moi la blessure.
L'homme est trop faible, hélas! pour dompter la nature :
Que peut-il par lui-même? Achève, soutiens-moi;
Affermis la vertu prête à tomber sans toi.

FIN DU PREMIER ACTE.

ACTE SECOND.

SCÈNE I.

ZAMTI, *seul*.

ÉTAN auprès de moi tarde trop à se rendre :
Il faut que je lui parle; et je crains de l'entendre.
Je tremble, malgré moi, de son fatal retour.
O mon fils! mon cher fils! as-tu perdu le jour?
Aura-t-on consommé ce fatal sacrifice?
Je n'ai pu de ma main te conduire au supplice;
Je n'en eus pas la force. En ai-je assez au moins
Pour apprendre l'effet de mes funestes soins?
En ai-je encore assez pour cacher mes alarmes?

SCÈNE II.

ZAMTI, ÉTAN.

ZAMTI.
Viens, ami... je t'entends... je sais tout par tes larmes.

ÉTAN.
Votre malheureux fils...

ZAMTI.
    Arrête; parle-moi
De l'espoir de l'empire, et du fils de mon roi :
Est-il en sûreté?

ÉTAN.

Les tombeaux de ses pères
Cachent à nos tyrans sa vie et ses misères.
Il vous devra des jours pour souffrir commencés;
Présent fatal peut-être!

ZAMTI.

Il vit : c'en est assez.
O vous, à qui je rends ces services fidèles,
O mes rois! pardonnez mes larmes paternelles.

ÉTAN.

Osez-vous en ces lieux gémir en liberté?

ZAMTI.

Où porter ma douleur et ma calamité?
Et comment désormais soutenir les approches,
Le désespoir, les cris, les éternels reproches,
Les imprécations d'une mère en fureur?
Encor si nous pouvions prolonger son erreur!

ÉTAN.

On a ravi son fils dans sa fatale absence :
A nos cruels vainqueurs on conduit son enfance;
Et soudain j'ai volé pour donner mes secours
Au royal Orphelin, dont on poursuit les jours.

ZAMTI.

Ah! du moins, cher Etan, si tu pouvais lui dire
Que nous avons livré l'héritier de l'empire,
Que j'ai caché mon fils, qu'il est en sûreté!
Imposons quelque temps à sa crédulité.
Hélas, la vérité si souvent est cruelle!
On l'aime; et les humains sont malheureux par elle.
Allons... Ciel! elle-même approche de ces lieux;
La douleur et la mort sont peintes dans ses yeux.

SCÈNE III.

ZAMTI, IDAMÉ.

IDAMÉ.
Qu'ai-je vu ? Qu'a-t-on fait ? Barbare, est-il possible ?
L'avez-vous commandé ce sacrifice horrible ?
Non, je ne puis le croire ; et le Ciel irrité
N'a pas dans votre sein mis tant de cruauté.
Non, vous ne serez point plus dur et plus barbare
Que la loi du vainqueur et le fer du Tartare.
Vous pleurez, malheureux !

ZAMTI.
Ah ! pleurez avec moi ;
Mais avec moi songez à sauver votre roi.

IDAMÉ.
Que j'immole mon fils !

ZAMTI.
Telle est notre misère :
Vous êtes citoyenne, avant que d'être mère.

IDAMÉ.
Quoi ! sur toi la nature a si peu de pouvoir !

ZAMTI.
Elle n'en a que trop, mais moins que mon devoir ;
Et je dois plus au sang de mon malheureux maître
Qu'à cet enfant obscur à qui j'ai donné l'être.

IDAMÉ.
Non, je ne connais point cette horrible vertu.
J'ai vu nos murs en cendre, et ce trône abattu ;

ACTE II, SCÈNE III.

J'ai pleuré de nos rois les disgraces affreuses :
Mais par quelles fureurs, encor plus douloureuses,
Veux-tu de ton épouse avançant le trépas,
Livrer le sang d'un fils qu'on ne demande pas?
Ces rois ensevelis, disparus dans la poudre,
Sont-ils pour toi des dieux dont tu craignes la foudre?
A ces dieux impuissants, dans la tombe endormis,
As-tu fait le serment d'assassiner ton fils?
Hélas! grands et petits, et sujets, et monarques,
Distingués un moment par de frivoles marques,
Egaux par la nature, égaux par le malheur,
Tout mortel est chargé de sa propre douleur :
Sa peine lui suffit; et, dans ce grand naufrage,
Rassembler nos débris, voilà notre partage.
Où serais-je, grand Dieu! si ma crédulité
Eût tombé dans le piége à mes pas présenté?
Auprès du fils des rois si j'étais demeurée,
La victime aux bourreaux allait être livrée :
Je cessais d'être mère; et le même couteau
Sur le corps de mon fils me plongeait au tombeau.
Grâces à mon amour, inquiète, troublée,
A ce fatal berceau l'instinct m'a rappelée.
J'ai vu porter mon fils à nos cruels vainqueurs;
Mes mains l'ont arraché des mains des ravisseurs.
Barbare, ils n'ont point eu ta fermeté cruelle.
J'en ai chargé soudain cette esclave fidèle,
Qui soutient de son lait ses misérables jours,
Ces jours qui périssaient sans moi, sans mon secours;
J'ai conservé le sang du fils et de la mère,
Et, j'ose dire encor, de son malheureux père.

ZAMTI.

Quoi! mon fils est vivant!

IDAMÉ.

Oui, rends grâces au Ciel,
Malgré toi favorable à ton cœur paternel.
Repens-toi.

ZAMTI.

Dieu des cieux, pardonnez cette joie,
Qui se mêle un moment aux pleurs où je me noie.
O ma chère Idamé! ces moments seront courts :
Vainement de mon fils vous prolongiez les jours;
Vainement vous cachiez cette fatale offrande :
Si nous ne donnons pas le sang qu'on nous demande,
Nos tyrans soupçonneux seront bientôt vengés;
Nos citoyens tremblants, avec nous égorgés,
Vont payer de vos soins les efforts inutiles;
De soldats entourés, nous n'avons plus d'asiles;
Et mon fils, qu'au trépas vous croyez arracher,
A l'œil qui le poursuit ne peut plus se cacher.
Il faut subir son sort.

IDAMÉ.

Ah! cher époux, demeure;
Ecoute-moi du moins.

ZAMTI.

Hélas!... il faut qu'il meure.

IDAMÉ.

Qu'il meure! arrête, tremble, et crains mon désespoir;
Crains sa mère.

ZAMTI.

Je crains de trahir mon devoir.

ACTE II, SCÈNE III.

Abandonnez le vôtre; abandonnez ma vie
Aux détestables mains d'un conquérant impie.
C'est mon sang qu'à Gengis il vous faut demander.
Allez, il n'aura pas de peine à l'accorder.
Dans le sang d'un époux trempez vos mains perfides;
Allez, ce jour n'est fait que pour des parricides.
Rendez vains mes serments, sacrifiez nos lois;
Immolez votre époux, et le sang de vos rois.

IDAMÉ.

De mes rois! Va, te dis-je; ils n'ont rien à prétendre;
Je ne dois point mon sang en tribut à leur cendre :
Va; le nom de sujet n'est pas plus saint pour nous
Que ces noms si sacrés et de père et d'époux.
La nature et l'hymen, voilà les lois premières,
Les devoirs, les liens des nations entières :
Ces lois viennent des Dieux; le reste est des humains.
Ne me fais point haïr le sang des souverains :
Oui, sauvons l'Orphelin d'un vainqueur homicide;
Mais ne le sauvons pas au prix d'un parricide;
Que les jours de mon fils n'achètent point ses jours :
Loin de l'abandonner, je vole à son secours;
Je prends pitié de lui : prends pitié de toi-même,
De ton fils innocent, de sa mère qui t'aime.
Je ne menace plus; je tombe à tes genoux.
O père infortuné! cher et cruel époux!
Pour qui j'ai méprisé, tu t'en souviens peut-être,
Ce mortel qu'aujourd'hui le sort à fait ton maître;
Accorde-moi mon fils, accorde-moi ce sang,
Que le plus pur amour a formé dans mon flanc,

Et ne résiste point au cri terrible et tendre
Qu'à tes sens désolés l'amour a fait entendre.

ZAMTI.

Ah! c'est trop abuser du charme et du pouvoir
Dont la nature et vous combattez mon devoir.
Trop faible épouse, hélas! si vous pouviez connaître...

IDAMÉ.

Je suis faible, oui, pardonne; une mère doit l'être.
Je n'aurai point de toi ce reproche à souffrir,
Quand il faudra te suivre, et qu'il faudra mourir.
Cher époux, si tu peux au vainqueur sanguinaire,
A la place du fils, sacrifier la mère,
Je suis prête : Idamé ne se plaindra de rien;
Et mon cœur est encore aussi grand que le tien.

ZAMTI.

Oui, j'en crois ta vertu.

SCÈNE IV.

ZAMTI, IDAMÉ, OCTAR, GARDES.

OCTAR.

Quoi! vous osez reprendre
Ce dépôt que ma voix vous ordonna de rendre?
Soldats, suivez leurs pas, et me répondez d'eux :
Saisissez cet enfant qu'ils cachent à mes yeux;
Allez : votre empereur en ces lieux va paraître;
Apportez la victime aux pieds de votre maître.
Soldats, veillez sur eux..

ZAMTI.

Je suis prêt d'obéir.
Vous aurez cet enfant.

ACTE II, SCÈNE IV.

IDAMÉ.

Je ne le puis souffrir.
Non, vous ne l'obtiendrez, cruels, qu'avec ma vie.

OCTAR.

Qu'on fasse retirer cette femme hardie.
Voici votre empereur; ayez soin d'empêcher
Que tous ces vils captifs osent en approcher.

SCÈNE V.

GENGIS, OCTAR, OSMAN, TROUPE DE GUERRIERS.

GENGIS.

On a poussé trop loin le droit de ma conquête.
Que le glaive se cache, et que la mort s'arrête :
Je veux que les vaincus respirent désormais.
J'envoyai la terreur, et j'apporte la paix :
La mort du fils des rois suffit à ma vengeance.
Etouffons dans son sang la fatale semence
Des complots éternels, et des rebellions
Qu'un fantôme de prince inspire aux nations.
Sa famille est éteinte : il vit; il doit la suivre.
Je n'en veux qu'à des rois; mes sujets doivent vivre.
 Cessez de mutiler tous ces grands monuments,
Ces prodiges des arts, consacrés par les temps;
Respectez-les; ils sont le prix de mon courage.
Qu'on cesse de livrer aux flammes, au pillage,
Ces archives de lois, ce vaste amas d'écrits,
Tous ces fruits du génie, objets de vos mépris :
Si l'erreur les dicta, cette erreur m'est utile;
Elle occupe ce peuple, et le rend plus docile.

Octar, je vous destine à porter mes drapeaux
Aux lieux où le soleil renaît du sein des eaux.
(*A un de ses suivants.*)
Vous, dans l'Inde soumise, humble dans sa défaite,
Soyez de mes décrets le fidèle interprète,
Tandis qu'en Occident je fais voler mes fils,
Des murs de Samarcande aux bords du Tanaïs.
Sortez : demeure, Octar.

SCÈNE VI.

GENGIS, OCTAR.

GENGIS.

Eh bien! pouvais-tu croire
Que le sort m'élevât à ce comble de gloire?
Je foule aux pieds ce trône; et je règne en des lieux
Où mon front avili n'osa lever les yeux.
Voici donc ce palais, cette superbe ville
Où, caché dans la foule, et cherchant un asile,
J'essuyai les mépris qu'à l'abri du danger
L'orgueilleux citoyen prodigue à l'étranger.
On dédaignait un Scythe; et la honte et l'outrage
De mes vœux mal conçus devinrent le partage.
Une femme ici même a refusé la main
Sous qui depuis cinq ans tremble le genre humain.

OCTAR.

Quoi! dans ce haut degré de gloire et de puissance,
Quand le monde à vos pieds se prosterne en silence,
D'un tel ressouvenir vous seriez occupé!

ACTE II, SCÈNE VI.

GENGIS.

Mon esprit, je l'avoue, en fut toujours frappé.
Des affronts attachés à mon humble fortune,
C'est le seul dont je garde une idée importune.
Je n'eus que ce moment de faiblesse et d'erreur :
Je crus trouver ici le repos de mon cœur ;
Il n'est point dans l'éclat dont le sort m'environne :
La gloire le promet ; l'amour, dit-on, le donne.
J'en conserve un dépit trop indigne de moi ;
Mais au moins je voudrais qu'elle connût son roi,
Que son œil entrevît, du sein de la bassesse,
De qui son imprudence outragea la tendresse ;
Qu'à l'aspect des grandeurs, qu'elle eût pu partager,
Son désespoir secret servît à me venger.

OCTAR.

Mon oreille, Seigneur, était accoutumée
Aux cris de la victoire et de la renommée,
Au bruit des murs fumants renversés sous vos pas,
Et non à ces discours, que je ne conçois pas.

GENGIS.

Non, depuis qu'en ces lieux mon ame fut vaincue,
Depuis que ma fierté fut ainsi confondue,
Mon cœur s'est désormais défendu sans retour
Tous ces vils sentiments qu'ici l'on nomme amour.
Idamé, je l'avoue, en cette ame égarée
Fit une impression que j'avais ignorée.
Dans nos antres du Nord, dans nos stériles champs,
Il n'est point de beauté qui subjugue nos sens ;
De nos travaux grossiers les compagnes sauvages
Partageaient l'âpreté de nos mâles courages,

Un poison tout nouveau me surprit en ces lieux ;
La tranquille Idamé le portait dans ses yeux :
Ses paroles, ses traits respiraient l'art de plaire.
Je rends grâce au refus qui nourrit ma colère ;
Son mépris dissipa ce charme suborneur,
Ce charme inconcevable et souverain du cœur.
Mon bonheur m'eût perdu ; mon ame tout entière
Se doit aux grands objets de ma vaste carrière.
J'ai subjugué le monde, et j'aurais soupiré !
Ce trait injurieux, dont je fus déchiré,
Ne rentrera jamais dans mon ame offensée.
Je bannis sans regret cette lâche pensée :
Une femme sur moi n'aura point ce pouvoir ;
Je la veux oublier, je ne veux point la voir :
Qu'elle pleure à loisir sa fierté trop rebelle :
Octar, je vous défends que l'on s'informe d'elle.

OCTAR.

Vous avez en ces lieux des soins plus importants.

GENGIS.

Oui, je me souviens trop de tant d'égarements.

SCÈNE VII.

GENGIS, OCTAR, OSMAN.

OSMAN.

La victime, Seigneur, allait être égorgée ;
Une garde autour d'elle était déjà rangée :
Mais un événement, que je n'attendais pas,
Demande un nouvel ordre, et suspend son trépas.
Une femme éperdue, et de larmes baignée,
Arrive, tend les bras à la garde indignée ;

ACTE II, SCÈNE VII. 247

Et, nous surprenant tous par ses cris forcenés,
Arrêtez, c'est mon fils que vous assassinez !
C'est mon fils ! on vous trompe au choix de la victime.
Le désespoir affreux qui parle et qui l'anime,
Ses yeux, son front, sa voix, ses sanglots, ses clameurs,
Sa fureur intrépide au milieu de ses pleurs,
Tout semblait annoncer, par ce grand caractère,
Le cri de la nature, et le cœur d'une mère.
Cependant son époux, devant nous appelé,
Non moins éperdu qu'elle, et non moins accablé,
Mais sombre et recueilli dans sa douleur funeste,
De nos rois, a-t-il dit, voilà ce qui nous reste ;
Frappez : voilà le sang que vous me demandez.
De larmes en parlant ses yeux sont inondés.
Cette femme à ces mots d'un froid mortel saisie,
Long-temps sans mouvement, sans couleur et sans vie,
Ouvrant enfin les yeux, d'horreur appesantis,
Dès qu'elle a pu parler a réclamé son fils.
Le mensonge n'a point des douleurs si sincères ;
On ne versa jamais de larmes plus amères.
On doute, on examine ; et je reviens confus
Demander à vos pieds vos ordres absolus.

GENGIS.

Je saurai démêler un pareil artifice ;
Et qui m'a pu tromper, est sûr de son supplice.
Ce peuple de vaincus prétend-il m'aveugler ?
Et veut-on que le sang recommence à couler ?

OCTAR.

Cette femme ne peut tromper votre prudence.
Du fils de l'empereur elle a conduit l'enfance ;

Aux enfants de son maître on s'attache aisément;
Le danger, le malheur ajoute au sentiment.
Le fanatisme alors égale la nature;
Et sa douleur si vraie ajoute à l'imposture.
Bientôt, de son secret perçant l'obscurité,
Vos yeux sur cette nuit répandront la clarté.

GENGIS.

Quelle est donc cette femme?

OCTAR.

On dit qu'elle est unie
A l'un de ces lettrés que respectait l'Asie,
Qui, trop énorgueillis du faste de leurs lois,
Sur leur vain tribunal osaient braver cent rois.
Leur foule est innombrable; ils sont tous dans les chaînes;
Ils connaîtront enfin des lois plus souveraines :
Zamti, c'est-là le nom de cet esclave altier
Qui veillait sur l'enfant qu'on doit sacrifier.

GENGIS.

Allez interroger ce couple condamnable;
Tirez la vérité de leur bouche coupable;
Que nos guerriers surtout, à leur poste fixés,
Veillent dans tous les lieux où je les ai placés :
Qu'aucun d'eux ne s'écarte. On parle de surprise;
Les Coréens, dit-on, tentent quelque entreprise;
Vers les rives du fleuve on a vu des soldats.
Nous saurons quels mortels s'avancent au trépas,
Et si l'on veut forcer les enfants de la guerre
A porter le carnage aux bornes de la terre.

FIN DU SECOND ACTE.

ACTE TROISIÈME.

SCÈNE I.

GENGIS, OSMAN, troupe de guerriers.

GENGIS.

A-t-on de ces captifs éclairci l'imposture ?
A-t-on connu leur crime, et vengé mon injure ?
Ce rejeton des rois à leur garde commis,
Entre les mains d'Octar est-il enfin remis ?

OSMAN.

Il cherche à pénétrer dans ce sombre mystère.
A l'aspect des tourments, ce mandarin sévère
Persiste en sa réponse avec tranquillité.
Il semble sur son front porter la vérité.
Son épouse en tremblant nous répond par des larmes :
Sa plainte, sa douleur augmente encor ses charmes.
De pitié malgré nous nos cœurs étaient surpris ;
Et nous nous étonnions de nous voir attendris.
Jamais rien de si beau ne frappa notre vue.
Seigneur, le croiriez-vous ? cette femme éperdue
A vos sacrés genoux demande à se jeter :
« Que le vainqueur des rois daigne enfin m'écouter ;
« Il pourra d'un enfant protéger l'innocence ;
« Malgré ses cruautés, j'espère en sa clémence :

« Puisqu'il est tout-puissant, il sera généreux ;
« Pourrait-il rebuter les pleurs des malheureux ? »
C'est ainsi qu'elle parle ; et j'ai dû lui promettre
Qu'à vos pieds en ces lieux vous daignerez l'admettre.

GENGIS.

De ce mystère enfin je dois être éclairci.

(*A sa suite.*)

Oui, qu'elle vienne : allez, et qu'on l'amène ici.
Qu'elle ne pense pas que par de vaines plaintes,
Des soupirs affectés, et quelques larmes feintes,
Aux yeux d'un conquérant on puisse en imposer :
Les femmes de ces lieux ne peuvent m'abuser :
Je n'ai que trop connu leurs larmes infidèles,
Et mon cœur dès long-temps s'est affermi contre elles.
Elle cherche un honneur dont dépendra son sort ;
Et vouloir me tromper, c'est demander la mort.

OSMAN.

Voilà cette captive à vos pieds amenée.

GENGIS.

Que vois-je ? est-il possible ? ô Ciel ! ô destinée !
Ne me trompé-je point ? est-ce un songe, une erreur ?
C'est Idamé ! c'est elle ! et mes sens...

SCÈNE II.

GENGIS, IDAMÉ, OCTAR, OSMAN, GARDES.

IDAMÉ.

Ah ! Seigneur,
Tranchez les tristes jours d'une femme éperdue.
Vous devez vous venger, je m'y suis attendue ;

ACTE III, SCÈNE II.

Mais, Seigneur, épargnez un enfant innocent.
GENGIS.
Rassurez-vous; sortez de cet effroi pressant...
Ma surprise, Madame, est égale à la vôtre...
Le destin qui fait tout, nous trompa l'un et l'autre.
Les temps sont bien changés : mais si l'ordre des Cieux
D'un habitant du Nord, méprisable à vos yeux,
A fait un conquérant sous qui tremble l'Asie,
Ne craignez rien pour vous; votre empereur oublie
Les affronts qu'en ces lieux essuya Témugin.
J'immole à ma victoire, à mon trône, au destin,
Le dernier rejeton d'une race ennemie :
Le repos de l'Etat me demande sa vie;
Il faut qu'entre mes mains ce dépôt soit livré.
Votre cœur sur un fils doit être rassuré.
Je le prends sous ma garde.
IDAMÉ.
A peine je respire.
GENGIS.
Mais de la vérité, Madame, il faut m'instruire.
Quel indigne artifice ose-t-on m'opposer?
De vous, de votre époux, qui prétend m'imposer?
IDAMÉ.
Ah! des infortunés épargnez la misère.
GENGIS.
Vous savez si je dois haïr ce téméraire.
IDAMÉ.
Vous, Seigneur!
GENGIS.
J'en dis trop, et plus que je ne veux.

IDAMÉ.

Ah! rendez-moi, Seigneur, un enfant malheureux;
Vous me l'avez promis; sa grâce est prononcée.

GENGIS.

Sa grâce est dans vos mains : ma gloire est offensée,
Mes ordres méprisés, mon pouvoir avili;
En un mot, vous savez jusqu'où je suis trahi.
C'est peu de m'enlever le sang que je demande,
De me désobéir alors que je commande :
Vous êtes dès long-temps instruite à m'outrager;
Ce n'est pas d'aujourd'hui que je dois me venger.
Votre époux!... ce seul nom le rend assez coupable.
Quel est donc ce mortel pour vous si respectable,
Qui sous ses lois, Madame, a pu vous captiver?
Quel est cet insolent qui pense me braver?
Qu'il vienne.

IDAMÉ.

Mon époux, vertueux et fidèle,
Objet infortuné de ma douleur mortelle,
Servit son dieu, son roi, rendit mes jours heureux.

GENGIS.

Qui!.. lui?.. mais depuis quand formâtes-vous ces nœuds?

IDAMÉ.

Depuis que loin de nous le sort qui vous seconde
Eut entraîné vos pas pour le malheur du monde.

GENGIS.

J'entends; depuis le jour que je fus outragé,
Depuis que de vous deux je dus être vengé,
Depuis que vos climats ont mérité ma haine.

SCÈNE III.

GENGIS, OCTAR, OSMAN, *d'un côté;* IDAMÉ,
ZAMTI, *de l'autre;* GARDES.

GENGIS.

Parle; as-tu satisfait à ma loi souveraine?
As-tu mis dans mes mains le fils de l'empereur?

ZAMTI.

J'ai rempli mon devoir : c'en est fait; oui, Seigneur.

GENGIS.

Tu sais si je punis la fraude et l'insolence;
Tu sais que rien n'échappe aux coups de ma vengeance,
Que si le fils des rois par toi m'est enlevé,
Malgré ton imposture, il sera retrouvé;
Que son trépas certain va suivre ton supplice.

(*A ses gardes.*)

Mais je veux bien le croire. Allez; et qu'on saisisse
L'enfant que cet esclave a remis en vos mains.
Frappez.

ZAMTI.

Malheureux père!

IDAMÉ.

Arrêtez, inhumains!
Ah! Seigneur, est-ce ainsi que la pitié vous presse?
Est-ce ainsi qu'un vainqueur sait tenir sa promesse?

GENGIS.

Est-ce ainsi qu'on m'abuse, et qu'on croit me jouer?
C'en est trop; écoutez, il faut tout m'avouer.
Sur cet enfant, Madame, expliquez-vous sur l'heure,
Instruisez-moi de tout; répondez, ou qu'il meure.

IDAMÉ.

Eh bien! mon fils l'emporte, et si, dans mon malheur,
L'aveu que la nature arrache à ma douleur
Est encore à vos yeux une offense nouvelle;
S'il faut toujours du sang à votre ame cruelle,
Frappez ce triste cœur, qui cède à son effroi,
Et sauvez un mortel plus généreux que moi.
Seigneur, il est trop vrai que notre auguste maître,
Qui, sans vos seuls exploits, n'eût point cessé de l'être,
A remis à mes mains, aux mains de mon époux,
Ce dépôt respectable à tout autre qu'à vous.
Seigneur, assez d'horreurs suivaient votre victoire;
Assez de cruautés ternissaient tant de gloire;
Dans des fleuves de sang tant d'innocents plongés,
L'empereur et sa femme, et cinq fils égorgés,
Le fer de tous côtés dévastant cet empire,
Tous ces champs de carnage auraient dû vous suffire.
Un barbare en ces lieux est venu demander
Ce dépôt précieux que j'aurais dû garder,
Ce fils de tant de rois, notre unique espérance.
A cet ordre terrible, à cette violence,
Mon époux, inflexible en sa fidélité,
N'a vu que son devoir, et n'a point hésité;
Il a livré son fils. La nature outragée
Vainement déchirait son ame partagée;
Il imposait silence à ses cris douloureux.
Vous deviez ignorer ce sacrifice affreux :
J'ai dû plus respecter sa fermeté sévère;
Je devais l'imiter : mais enfin je suis mère;
Mon ame est au-dessus d'un si cruel effort :

ACTE III, SCÈNE III.

Je n'ai pu de mon fils consentir à la mort.
Hélas! au désespoir que j'ai trop fait paraître,
Une mère aisément pouvait se reconnaître.
Voyez de cet enfant le père confondu,
Qui ne vous a trahi qu'à force de vertu.
L'un n'attend son salut que de son innocence;
Et l'autre est respectable alors qu'il vous offense.
Ne punissez que moi, qui trahis à-la-fois
Et l'époux que j'admire, et le sang de mes rois.
Digne époux! digne objet de toute ma tendresse!
La pitié maternelle est ma seule faiblesse;
Mon sort suivra le tien; je meurs, si tu péris :
Pardonne-moi du moins d'avoir sauvé ton fils.

ZAMTI.

Je t'ai tout pardonné; je n'ai plus à me plaindre.
Pour le sang de mon roi je n'ai plus rien à craindre;
Ses jours sont assurés.

GENGIS.

Traître; ils ne le sont pas :
Va réparer ton crime, ou subir ton trépas.

ZAMTI.

Le crime est d'obéir à des ordres injustes.
La souveraine voix de mes maîtres augustes
Du sein de leurs tombeaux parle plus haut que toi.
Tu fus notre vainqueur, et tu n'es pas mon roi;
Si j'étais ton sujet, je te serais fidèle.
Arrache-moi la vie, et respecte mon zèle.
Je t'ai livré mon fils, j'ai pu te l'immoler :
Penses-tu que pour moi je puisse encor trembler?

GENGIS.

Qu'on l'ôte de mes yeux.

IDAMÉ.

Ah! daignez...

GENGIS.

Qu'on l'entraîne.

IDAMÉ.

Non, n'accablez que moi des traits de votre haine.
Cruel! qui m'aurait dit que j'aurais par vos coups
Perdu mon empereur, mon fils et mon époux?
Quoi! votre ame jamais ne peut-être amollie!

GENGIS.

Allez, suivez l'époux à qui le sort vous lie.
Est-ce à vous de prétendre encore à me toucher?
Et quel droit avez-vous de me rien reprocher?

IDAMÉ.

Ah! je l'avais prévu; je n'ai plus d'espérance.

GENGIS.

Allez, dis-je, Idamé : si jamais la clémence
Dans mon cœur malgré moi pouvait encore entrer,
Vous sentez quels affronts il faudrait réparer.

SCÈNE IV.

GENGIS, OCTAR.

GENGIS.

D'où vient que je gémis? d'où vient que je balance?
Quel dieu parlait en elle et prenait sa défense?
Est-il dans les vertus, est-il dans la beauté
Un pouvoir au-dessus de mon autorité?

ACTE III, SCÈNE IV.

Ah! demeurez, Octar; je me crains, je m'ignore :
Il me faut un ami; je n'en eus point encore;
Mon cœur en a besoin.

OCTAR.

Puisqu'il faut vous parler,
S'il est des ennemis qu'on vous doive immoler,
Si vous voulez couper d'une race odieuse,
Dans ses derniers rameaux, la tige dangereuse,
Précipitez sa perte; il faut que la rigueur,
Trop nécessaire appui du trône d'un vainqueur,
Frappe sans intervalle un coup sûr et rapide :
C'est un torrent qui passe en son cours homicide;
Le temps ramène l'ordre et la tranquillité;
Le peuple se façonne à la docilité.
De ses premiers malheurs l'image est affaiblie;
Bientôt il les pardonne, et même il les oublie.
Mais lorsque goutte à goutte on fait couler le sang;
Qu'on ferme avec lenteur, et qu'on rouvre le flanc,
Que les jours renaissants ramènent le carnage,
Le désespoir tient lieu de force et de courage,
Et fait d'un peuple faible un peuple d'ennemis,
D'autant plus dangereux, qu'ils étaient plus soumis.

GENGIS.

Quoi! c'est cette Idamé! quoi! c'est-là cette esclave?
Quoi! l'hymen l'a soumise au mortel qui me brave?

OCTAR.

Je conçois que pour elle il n'est point de pitié;
Vous ne lui devez plus que votre inimitié.
Cet amour, dites-vous, qui vous toucha pour elle,
Fut d'un feu passager la légère étincelle :

Ses imprudents refus, la colère et le temps,
En ont éteint dans vous les restes languissants;
Elle n'est à vos yeux qu'une femme coupable,
D'un criminel obscur épouse méprisable.

GENGIS.

Il en sera puni; je le dois, je le veux;
Ce n'est pas avec lui que je suis généreux.
Moi laisser respirer un vaincu que j'abhorre!
Un esclave! un rival!

OCTAR.

Pourquoi vit-il encore?
Vous êtes tout-puissant, et n'êtes point vengé!

GENGIS.

Juste Ciel! à ce point mon cœur serait changé!
C'est ici que ce cœur connaîtrait les alarmes,
Vaincu par la beauté, désarmé par les larmes,
Dévorant mon dépit, et mes soupirs honteux!
Moi, rival d'un esclave, et d'un esclave heureux!
Je souffre qu'il respire, et cependant on l'aime!
Je respecte Idamé jusqu'en son époux même,
Je crains de la blesser, en enfonçant mes coups
Dans le cœur détesté de cet indigne époux.
Est-il bien vrai que j'aime? est-ce moi qui soupire?
Qu'est-ce donc que l'amour? a-t-il donc tant d'empire?

OCTAR.

Je n'appris qu'à combattre, à marcher sous vos lois;
Mes chars et mes coursiers, mes flèches, mon carquois,
Voilà mes passions et ma seule science:
Des caprices du cœur j'ai peu d'intelligence;
Je connais seulement la victoire et nos mœurs:

ACTE III, SCÈNE IV.

Les captives toujours ont suivi leurs vainqueurs.
Cette délicatesse importune, étrangère,
Dément votre fortune et votre caractère.
Et qu'importe pour vous qu'une esclave de plus
Attende en gémissant vos ordres absolus ?

GENGIS.

Qui connaît mieux que moi jusqu'où va ma puissance?
Je puis, je le sais trop, user de violence.
Mais quel bonheur honteux, cruel, empoisonné,
D'assujettir un cœur qui ne s'est point donné,
De ne voir en des yeux dont on sent les atteintes
Qu'un nuage de pleurs et d'éternelles craintes,
Et de ne posséder, dans sa funeste ardeur,
Qu'une esclave tremblante à qui l'on fait horreur !
Les monstres des forêts qu'habitent nos Tartares
Ont des jours plus sereins, des amours moins barbares.
Enfin il faut tout dire, Idamé prit sur moi
Un secret ascendant qui m'imposait la loi.
Je tremble que mon cœur aujourd'hui s'en souvienne.
J'en étais indigné; son ame eut sur la mienne,
Et sur mon caractère, et sur ma volonté,
Un empire plus sûr et plus illimité
Que je n'en ai reçu des mains de la victoire
Sur cent rois détrônés, accablés de ma gloire :
Voilà ce qui tantôt excitait mon dépit.
Je la veux pour jamais chasser de mon esprit;
Je me rends tout entier à ma grandeur suprême;
Je l'oublie elle arrive; elle triomphe, et j'aime.

SCÈNE V.

GENGIS, OCTAR, OSMAN.

GENGIS.

Eh bien! que résout-elle? et que m'apprenez-vous?

OSMAN.

Elle est prête à périr auprès de son époux,
Plutôt que découvrir l'asile impénétrable
Où leurs soins ont caché cet enfant misérable.
Ils jurent d'affronter le plus cruel trépas.
Son époux la retient tremblante entre ses bras;
Il soutient sa constance, il l'exhorte au supplice:
Ils demandent tous deux que la mort les unisse.
Tout un peuple autour d'eux pleure et frémit d'effroi.

GENGIS.

Idamé, dites-vous, attend la mort de moi?
Ah! rassurez son ame; et faites-lui connaître
Que ses jours sont sacrés, qu'ils sont chers à son maître.
C'en est assez; volez.

SCÈNE VI.

GENGIS, OCTAR.

OCTAR.

Quels ordres donnez-vous
Sur cet enfant des rois qu'on dérobe à nos coups?

GENGIS.

Aucun.

ACTE III, SCÈNE VI.

OCTAR.

Vous commandiez que notre vigilance
Aux mains d'Idamé même enlevât son enfance.

GENGIS.

Qu'on attende.

OCTAR.

On pourrait...

GENGIS.

Il ne peut m'échapper.

OCTAR.

Peut-être elle vous trompe.

GENGIS.

Elle ne peut tromper.

OCTAR.

Voulez-vous de ses rois conserver ce qui reste?

GENGIS.

Je veux qu'Idamé vive; ordonne tout le reste.
Va la trouver. Mais non; cher Octar, hâte-toi
De forcer son époux à fléchir sous ma loi:
C'est peu de cet enfant, c'est peu de son supplice;
Il faut bien qu'il me fasse un plus grand sacrifice.

OCTAR.

Lui?

GENGIS.

Sans doute; oui, lui-même.

OCTAR.

Et quel est votre espoir?

GENGIS.

De dompter Idamé, de l'aimer, de la voir,

D'être aimé de l'ingrate, ou de me venger d'elle,
De la punir : tu vois ma faiblesse nouvelle.
Emporté, malgré moi, par de contraires vœux,
Je frémis, et j'ignore encor ce que je veux.

FIN DU TROISIÈME ACTE.

ACTE QUATRIÈME.

SCÈNE I.

GENGIS, TROUPE DE GUERRIERS TARTARES.

GENGIS.

Ainsi la liberté, le repos et la paix,
Ce but de mes travaux me fuira pour jamais?
Je ne puis être à moi! D'aujourd'hui je commence
A sentir tout le poids de ma triste puissance.
Je cherchais Idamé : je ne vois près de moi
Que ces chefs importuns qui fatiguent leur roi.

(*A sa suite.*)

Allez; au pied des murs hâtez-vous de vous rendre;
L'insolent Coréen ne pourra nous surprendre.
Ils ont proclamé roi cet enfant malheureux,
Et, sa tête à la main, je marcherai contre eux.
Pour la dernière fois que Zamti m'obéisse :
J'ai trop de cet enfant différé le supplice.

(*Il reste seul.*)

Allez. Ces soins cruels, à mon sort attachés,
Gênent trop mes esprits d'un autre soin touchés.
Ce peuple à contenir, ces vainqueurs à conduire,
Des périls à prévoir, des complots à détruire :
Que tout pèse à mon cœur en secret tourmenté!
Ah! je fus plus heureux dans mon obscurité.

SCÈNE II.

GENGIS, OCTAR.

GENGIS.

Eh bien! vous avez vu ce mandarin farouche?

OCTAR.

Nul péril ne l'émeut; nul respect ne le touche.
Seigneur, en votre nom j'ai rougi de parler
A ce vil ennemi qu'il fallait immoler :
D'un œil d'indifférence il a vu le supplice;
Il répète les noms de devoir, de justice;
Il brave la victoire : on dirait que sa voix
Du haut d'un tribunal nous dicte ici des lois.
Confondez avec lui son épouse rebelle :
Ne vous abaissez point à soupirer pour elle;
Et détournez les yeux de ce couple proscrit,
Qui vous ose braver quand la terre obéit.

GENGIS.

Non, je ne reviens point encor de ma surprise :
Quels sont donc ces humains que mon bonheur maîtrise?
Quels sont ces sentiments, qu'au fond de nos climats
Nous ignorions encore, et ne soupçonnions pas?
A son roi, qui n'est plus, immolant la nature,
L'un voit périr son fils sans crainte et sans murmure;
L'autre pour son époux est prête à s'immoler :
Rien ne peut les fléchir, rien ne les fait trembler.
Que dis-je? si j'arrête une vue attentive
Sur cette nation désolée et captive,
Malgré moi je l'admire en lui donnant des fers.
Je vois que ses travaux ont instruit l'univers :

Je vois un peuple antique, industrieux, immense.
Ses rois sur la sagesse ont fondé leur puissance,
De leurs voisins soumis, heureux législateurs,
Gouvernant sans conquête, et régnant par les mœurs.
Le Ciel ne nous donna que la force en partage;
Nos arts sont les combats, détruire est notre ouvrage.
Ah! de quoi m'ont servi tant de succès divers?
Quel fruit me revient-il des pleurs de l'univers?
Nous rougissons de sang le char de la victoire.
Peut-être qu'en effet il est une autre gloire :
Mon cœur est, en secret, jaloux de leurs vertus;
Et, vainqueur, je voudrais égaler les vaincus.

OCTAR.

Pouvez-vous de ce peuple admirer la faiblesse?
Quel mérite ont des arts enfants de la mollesse,
Qui n'ont pu les sauver des fers et de la mort?
Le faible est destiné pour servir le plus fort :
Tout cède sur la terre aux travaux, au courage;
Mais c'est vous qui cédez, qui souffrez un outrage,
Vous qui tendez les mains, malgré votre courroux,
A je ne sais quels fers inconnus parmi nous;
Vous qui vous exposez à la plainte importune
De ceux dont la valeur a fait votre fortune.
Ces braves compagnons de vos travaux passés
Verront-ils tant d'honneurs par l'amour effacés?
Leur grand cœur s'en indigne, et leurs fronts en rougissent;
Leurs clameurs jusqu'à vous par ma voix retentissent :
Je vous parle en leur nom, comme au nom de l'Etat.
Excusez un Tartare, excusez un soldat
Blanchi sous le harnois et dans votre service,

Qui ne peut supporter un amoureux caprice,
Et qui montre la gloire à vos yeux éblouis.

GENGIS.

Que l'on cherche Idamé.

OCTAR.

Vous voulez...

GENGIS.

Obéis.

De ton zèle hardi réprime la rudesse;
Je veux que mes sujets respectent ma faiblesse.

SCÈNE III.

GENGIS, seul.

A mon sort à la fin je ne puis résister;
Le Ciel me la destine, il n'en faut point douter.
Qu'ai-je fait, après tout, dans ma grandeur suprême?
J'ai fait des malheureux, et je le suis moi-même.
Et de tous ces mortels attachés à mon rang,
Avides de combats, prodigues de leur sang,
Un seul a-t-il jamais, arrêtant ma pensée,
Dissipé les chagrins de mon ame oppressée?
Tant d'Etats subjugués ont-ils rempli mon cœur?
Ce cœur, lassé de tout, demandait une erreur
Qui pût de mes ennuis chasser la nuit profonde,
Et qui me consolât sur le trône du monde.
Par ses tristes conseils Octar m'a révolté.
Je ne vois près de moi qu'un tas ensanglanté
De monstres affamés et d'assassins sauvages,
Disciplinés au meurtre, et formés aux ravages.

Ils sont nés pour la guerre, et non pas pour ma cour ;
Je les prends en horreur, en connaissant l'amour :
Qu'ils combattent sous moi, qu'ils meurent à ma suite ;
Mais qu'ils n'osent jamais juger de ma conduite.
Idamé ne vient point... C'est elle, je la voi.

SCÈNE IV.

GENGIS, IDAMÉ.

IDAMÉ.

Quoi ! vous voulez jouir encor de mon effroi ?
Ah ! Seigneur, épargnez une femme, une mère :
Ne rougissez-vous pas d'accabler ma misère ?

GENGIS.

Cessez à vos frayeurs de vous abandonner :
Votre époux peut se rendre ; on peut lui pardonner.
J'ai déjà suspendu l'effet de ma vengeance,
Et mon cœur pour vous seule a connu la clémence.
Peut-être ce n'est pas sans un ordre des Cieux
Que mes prospérités m'ont conduit à vos yeux ;
Peut-être le destin voulut vous faire naître
Pour fléchir un vainqueur, pour captiver un maître,
Pour adoucir en moi cette âpre dureté
Des climats où mon sort en naissant m'a jeté.
Vous m'entendez ; je règne, et vous pourriez reprendre
Un pouvoir que sur moi vous deviez peu prétendre.
Le divorce, en un mot, par mes lois est permis ;
Et le vainqueur du monde à vous seule est soumis.
S'il vous fut odieux, le trône a quelques charmes ;
Et le bandeau des rois peut essuyer des larmes.

L'intérêt de l'Etat, et de vos citoyens
Vous presse autant que moi de former ces liens.
Ce langage sans doute a de quoi vous surprendre.
Sur les débris fumants des trônes mis en cendre,
Le destructeur des rois dans la poudre oubliés
Semblait n'être plus fait pour se voir à vos pieds.
Mais sachez qu'en ces lieux votre foi fut trompée ;
Par un rival indigne elle fut usurpée :
Vous la devez, Madame, au vainqueur des humains ;
Témugin vient à vous vingt sceptres dans les mains.
Vous baissez vos regards, et je ne puis comprendre
Dans vos yeux interdits ce que je dois attendre.
Oubliez mon pouvoir, oubliez ma fierté ;
Pesez vos intérêts, parlez en liberté.

IDAMÉ.

A tant de changements tour-à-tour condamnée,
Je ne le cèle point, vous m'avez étonnée.
Je vais, si je le puis, reprendre mes esprits ;
Et quand je répondrai, vous serez plus surpris.
Il vous souvient du temps et de la vie obscure
Où le Ciel enfermait votre grandeur future ;
L'effroi des nations n'était que Témugin ;
L'univers n'était pas, Seigneur, en votre main :
Elle était pure alors, et me fut présentée :
Apprenez qu'en ce temps je l'aurais acceptée.

GENGIS.

Ciel ! que m'avez-vous dit ? ô Ciel ! vous m'aimeriez !
Vous !

IDAMÉ.

J'ai dit que ces vœux que vous me présentiez

N'auraient point révolté mon ame assujettie,
Si les sages mortels à qui j'ai dû la vie
N'avaient fait à mon cœur un contraire devoir.
De nos parents sur nous vous savez le pouvoir;
Du Dieu que nous servons ils sont la vive image;
Nous leur obéissons en tout temps, en tout âge.
Cet empire détruit, qui dut être immortel,
Seigneur, était fondé sur le droit paternel,
Sur la foi de l'hymen, sur l'honneur, la justice,
Le respect des serments; et, s'il faut qu'il périsse,
Si le sort l'abandonne à vos heureux forfaits,
L'esprit qui l'anima, ne périra jamais.
Vos destins sont changés; mais le mien ne peut l'être.

GENGIS.

Quoi! vous m'auriez aimé!

IDAMÉ.

C'est à vous de connaître
Que ce serait encore une raison de plus
Pour n'attendre de moi qu'un éternel refus.
Mon hymen est un nœud formé par le Ciel même :
Mon époux m'est sacré; je dirai plus, je l'aime.
Je le préfère à vous, au trône, à vos grandeurs.
Pardonnez mon aveu; mais respectez nos mœurs.
Ne pensez pas non plus que je mette ma gloire
A remporter sur vous cette illustre victoire,
A braver un vainqueur, à tirer vanité
De ces justes refus qui ne m'ont point coûté :
Je remplis mon devoir, et je me rends justice;
Je ne fais point valoir un pareil sacrifice.

Portez ailleurs les dons que vous me proposez ;
Détachez-vous d'un cœur qui les a méprisés ;
Et puisqu'il faut toujours qu'Idamé vous implore,
Permettez qu'à jamais mon époux les ignore.
De ce faible triomphe il serait moins flatté
Qu'indigné de l'outrage à ma fidélité.

GENGIS.

Il sait mes sentiments, Madame ; il faut les suivre :
Il s'y conformera, s'il aime encore à vivre.

IDAMÉ.

Il en est incapable ; et si dans les tourments
La douleur égarait ses nobles sentiments,
Si son ame vaincue avait quelque mollesse ;
Mon devoir et ma foi soutiendraient sa faiblesse ;
De son cœur chancelant je deviendrais l'appui,
En attestant des nœuds déshonorés par lui.

GENGIS.

Ce que je viens d'entendre, ô Dieux, est-il croyable ?
Quoi ! lorsqu'envers vous-même il s'est rendu coupable,
Lorsque sa cruauté, par un barbare effort,
Vous arrachant un fils, l'a conduit à la mort !

IDAMÉ.

Il eut une vertu, Seigneur, que je révère :
Il pensait en héros, je n'agissais qu'en mère ;
Et si j'étais injuste assez pour le haïr,
Je me respecte assez pour ne le point trahir.

GENGIS.

Tout m'étonne dans vous ; mais aussi tout m'outrage :
J'adore avec dépit cet excès de courage ;
Je vous aime encor plus quand vous me résistez ;

Vous subjuguez mon cœur, et vous le révoltez.
Redoutez-moi; sachez que, malgré ma faiblesse,
Ma fureur peut aller plus loin que ma tendresse.

IDAMÉ.

Je sais qu'ici tout tremble ou périt sous vos coups :
Les lois vivent encore, et l'emportent sur vous.

GENGIS.

Les lois! il n'en est plus : quelle erreur obstinée
Ose les alléguer contre ma destinée ?
Il n'est ici de lois que celles de mon cœur,
Celles d'un souverain, d'un Scythe, d'un vainqueur :
Les lois que vous suivez, m'ont été trop fatales.
Oui, lorsque dans ces lieux nos fortunes égales,
Nos sentiments, nos cœurs l'un vers l'autre emportés
(Car je le crois ainsi malgré vos cruautés),
Quand tout nous unissait, vos lois, que je déteste,
Ordonnèrent ma honte et votre hymen funeste.
Je les anéantis, je parle, c'est assez :
Imitez l'univers, Madame, obéissez.
Vos mœurs que vous vantez, vos usages austères,
Sont un crime à mes yeux, quand ils me sont contraires.
Mes ordres sont donnés; et votre indigne époux
Doit remettre en mes mains votre empereur et vous :
Leurs jours me répondront de votre obéissance.
Pensez-y : vous savez jusqu'où va ma vengeance;
Et songez à quel prix vous pouvez désarmer
Un maître qui vous aime, et qui rougit d'aimer.

SCÈNE V.

IDAMÉ, ASSÉLI.

IDAMÉ.

Il me faut donc choisir leur perte ou l'infamie.
O pur sang de mes rois! ô moitié de ma vie!
Cher époux, dans mes mains quand je tiens votre sort,
Ma voix sans balancer vous condamne à la mort.

ASSÉLI.

Ah! reprenez plutôt cet empire suprême
Qu'aux beautés, aux vertus, attacha le Ciel même;
Ce pouvoir qui soumit ce Scythe furieux
Aux lois de la raison qu'il lisait dans vos yeux.
Long-temps accoutumée à dompter sa colère,
Que ne pouvez-vous point, puisque vous savez plaire!

IDAMÉ.

Dans l'état où je suis, c'est un malheur de plus.

ASSÉLI.

Vous seule adouciriez le destin des vaincus.
Dans nos calamités, le Ciel, qui vous seconde,
Veut vous opposer seule à ce tyran du monde :
Vous avez vu tantôt son courage irrité
Se dépouiller pour vous de sa férocité.
Il aurait dû cent fois, il devrait même encore
Perdre dans votre époux un rival qu'il abhorre.
Zamti pourtant respire après l'avoir bravé;
A son épouse encore il n'est point enlevé :
On vous respecte en lui; ce vainqueur sanguinaire
Sur les débris du monde a craint de vous déplaire.

Enfin souvenez-vous que, dans ces mêmes lieux,
Il sentit le premier le pouvoir de vos yeux;
Son amour autrefois fut pur et légitime.

IDAMÉ.

Arrête : il ne l'est plus; y penser est un crime.

SCÈNE VI.

ZAMTI, IDAMÉ, ASSÉLI.

IDAMÉ.

Ah! dans ton infortune, et dans mon désespoir,
Suis-je encor ton épouse, et peux-tu me revoir?

ZAMTI.

On le veut : du tyran tel est l'ordre funeste;
Je dois à ses fureurs ce moment qui me reste.

IDAMÉ.

On t'a dit à quel prix ce tyran daigne enfin
Sauver tes tristes jours, et ceux de l'Orphelin?

ZAMTI.

Ne parlons pas des miens; laissons notre infortune.
Un citoyen n'est rien dans la perte commune;
Il doit s'anéantir. Idamé, souviens-toi
Que mon devoir unique est de sauver mon roi :
Nous lui devions nos jours, nos services, notre être,
Tout jusqu'au sang d'un fils qui naquit pour son maître;
Mais l'honneur est un bien que nous ne devons pas.
Cependant l'Orphelin n'attend que le trépas;
Mes soins l'ont enfermé dans ces asiles sombres
Où des rois ses aïeux on révère les ombres :

La mort, si nous tardons, l'y dévore avec eux.
En vain des Coréens le prince généreux
Attend ce cher dépôt que lui promit mon zèle.
Etan, de son salut ce ministre fidèle,
Etan, ainsi que moi, se voit chargé de fers.
Toi seule à l'Orphelin restes dans l'univers ;
C'est à toi maintenant de conserver sa vie,
Et ton fils, et ta gloire à mon honneur unie.

IDAMÉ.

Ordonne ; que veux-tu ? que faut-il ?

ZAMTI.

M'oublier,
Vivre pour ton pays, lui tout sacrifier.
Ma mort, en éteignant les flambeaux d'hyménée,
Est un arrêt des Cieux qui fait ta destinée.
Il n'est plus d'autres soins, ni d'autres lois pour nous.
L'honneur d'être fidèle aux cendres d'un époux
Ne saurait balancer une gloire plus belle.
C'est au prince, à l'Etat qu'il faut être fidèle.
Remplissons de nos rois les ordres absolus ;
Je leur donnai mon fils, je leur donne encor plus.
Libre par mon trépas, enchaîne ce Tartare ;
Eteins sur mon tombeau les foudres du barbare * :
Je commence à sentir la mort avec horreur,
Quand ma mort t'abandonne à cet usurpateur.
Je fais en frémissant ce sacrifice impie ;
Mais mon devoir l'épure, et mon trépas l'expie :

* Var. des premières éditions :

   Passe, sur mon tombeau, dans les bras du barbare.

ACTE IV, SCÈNE VI.

Il était nécessaire autant qu'il est affreux.
Idamé, sers de mère à ton roi malheureux;
Règne; que ton roi vive, et que ton époux meure;
Règne, dis-je, à ce prix : oui, je le veux...

IDAMÉ.

Demeure.
Me connais-tu ? veux-tu que ce funeste rang
Soit le prix de ma honte, et le prix de ton sang ?
Penses-tu que je sois moins épouse que mère ?
Tu t'abuses, cruel; et ta vertu sévère
A commis contre toi deux crimes en un jour,
Qui font frémir tous deux la nature et l'amour.
Barbare envers ton fils, et plus envers moi-même,
Ne te souvient-il plus qui je suis, et qui t'aime ?
Crois-moi : dans nos malheurs il est un sort plus beau,
Un plus noble chemin pour descendre au tombeau.
Soit amour, soit mépris, le tyran qui m'offense,
Sur moi, sur mes desseins, n'est pas en défiance.
Dans ces remparts fumants, et de sang abreuvés,
Je suis libre, et mes pas ne sont point observés.
Le chef des Coréens s'ouvre un secret passage
Non loin de ces tombeaux, où ce précieux gage
A l'œil qui le poursuit fut caché par tes mains :
De ces tombeaux sacrés je sais tous les chemins;
Je cours y ranimer sa languissante vie,
Le rendre aux défenseurs armés pour la patrie,
Le porter dans mes bras dans leurs rangs belliqueux
Comme un présent d'un Dieu qui combat avec eux.
Nous mourrons, je le sais, mais tout couverts de gloire;
Nous laisserons de nous une illustre mémoire.

Mettons nos noms obscurs au rang des plus grands noms,
Et juge si mon cœur a suivi tes leçons.

ZAMTI.

Tu l'inspires, grand Dieu! que ton bras la soutienne!
Idamé, ta vertu l'emporte sur la mienne.
Toi seule as mérité que les Cieux attendris
Daignent sauver par toi ton prince et ton pays.

FIN DU QUATRIÈME ACTE.

ACTE CINQUIÈME.

SCÈNE I.

IDAMÉ, ASSÉLI.

ASSÉLI.

Quoi! rien n'a résisté! tout a fui sans retour!
Quoi! je vous vois deux fois sa captive en un jour!
Fallait-il affronter ce conquérant sauvage?
Sur les faibles mortels il a trop d'avantage.
Une femme, un enfant, des guerriers sans vertu!
Que pouviez-vous? hélas!

IDAMÉ.

J'ai fait ce que j'ai dû:
Tremblante pour mon fils, sans force, inanimée,
J'ai porté dans mes bras l'empereur à l'armée.
Son aspect a d'abord animé les soldats :
Mais Gengis a marché; la mort suivait ses pas;
Et des enfants du Nord la horde ensanglantée
Aux fers dont je sortais m'a soudain rejetée.
C'en est fait.

ASSÉLI.

Ainsi donc ce malheureux enfant
Retombe entre ses mains, et meurt presque en naissant :
Votre époux avec lui termine sa carrière.

IDAMÉ.

L'un et l'autre bientôt voit son heure dernière.
Si l'arrêt de la mort n'est point porté contre eux,
C'est pour leur préparer des tourments plus affreux.
Mon fils, ce fils si cher, va les suivre peut-être.
Devant ce fier vainqueur il m'a fallu paraître;
Tout fumant de carnage, il m'a fait appeler,
Pour jouir de mon trouble, et pour mieux m'accabler.
Ses regards inspiraient l'horreur et l'épouvante.
Vingt fois il a levé sa main toute sanglante
Sur le fils de mes rois, sur mon fils malheureux.
Je me suis en tremblant jetée au-devant d'eux;
Toute en pleurs à ses pieds je me suis prosternée :
Mais lui, me repoussant d'une main forcenée,
La menace à la bouche, et détournant les yeux,
Il est sorti pensif, et rentré furieux;
Et s'adressant aux siens d'une voix oppressée,
Il leur criait vengeance, et changeait de pensée;
Tandis qu'autour de lui ses barbares soldats
Semblaient lui demander l'ordre de mon trépas.

ASSÉLI.

Pensez-vous qu'il donnât un ordre si funeste?
Il laisse vivre encor votre époux qu'il déteste;
L'Orphelin aux bourreaux n'est point abandonné.
Daignez demander grâce, et tout est pardonné.

IDAMÉ.

Non, ce féroce amour est tourné tout en rage.
Ah! si tu l'avais vu redoubler mon outrage,
M'assurer de sa haine, insulter à mes pleurs!

ACTE V, SCÈNE I.

ASSÉLI.

Et vous doutez encor d'asservir ses fureurs?
Ce lion subjugué, qui rugit dans sa chaîne,
S'il ne vous aimait pas, parlerait moins de haine.

IDAMÉ.

Qu'il m'aime ou me haïsse, il est temps d'achever
Des jours que sans horreur je ne puis conserver.

ASSÉLI.

Ah! que résolvez-vous?

IDAMÉ.

Quand le Ciel en colère
De ceux qu'il persécute a comblé la misère,
Il les soutient souvent dans le sein des douleurs,
Et leur donne un courage égal à leurs malheurs.
J'ai pris, dans l'horreur même où je suis parvenue,
Une force nouvelle à mon cœur inconnue.
Va, je ne craindrai plus ce vainqueur des humains;
Je dépendrai de moi : mon sort est dans mes mains.

ASSÉLI.

Mais ce fils, cet objet de crainte et de tendresse,
L'abandonnerez-vous?

IDAMÉ.

Tu me rends ma faiblesse;
Tu me perces le cœur. Ah! sacrifice affreux!
Que n'avais-je point fait pour ce fils malheureux!
Mais Gengis, après tout, dans sa grandeur altière,
Environné de rois couchés dans la poussière,
Ne recherchera point un enfant ignoré,
Parmi les malheureux dans la foule égaré;
Ou peut-être il verra d'un regard moins sévère

Cet enfant innocent dont il aima la mère.
A cet espoir au moins mon triste cœur se rend :
C'est une illusion que j'embrasse en mourant.
Haïra-t-il ma cendre, après m'avoir aimée?
Dans la nuit de la tombe en serai-je opprimée?
Poursuivra-t-il mon fils?

SCÈNE II.

IDAMÉ, ASSÉLI, OCTAR.

OCTAR.

Idamé, demeurez :
Attendez l'empereur en ces lieux retirés.
(*A sa suite.*)
Veillez sur ces enfants; et vous à cette porte,
Tartares, empêchez qu'aucun n'entre et ne sorte.
(*A Asséli.*)
Eloignez-vous.

IDAMÉ.

Seigneur, il veut encor me voir!
J'obéis, il le faut; je cède à son pouvoir.
Si j'obtenais du moins, avant de voir un maître,
Qu'un moment à mes yeux mon époux pût paraître,
Peut-être du vainqueur les esprits ramenés
Rendraient enfin justice à deux infortunés.
Je sens que je hasarde une prière vaine :
La victoire est chez vous implacable, inhumaine;
Mais enfin la pitié, Seigneur, en vos climats,
Est-elle un sentiment qu'on ne connaisse pas?
Et ne puis-je implorer votre voix favorable?

ACTE V, SCÈNE II.

OCTAR.

Quand l'arrêt est porté, qui conseille est coupable.
Vous n'êtes plus ici sous vos antiques rois,
Qui laissaient désarmer la rigueur de leurs lois.
D'autres temps, d'autres mœurs : ici règnent les armes;
Nous ne connaissons point les prières, les larmes.
On commande, et la terre écoute avec terreur.
Demeurez, attendez l'ordre de l'empereur.

SCÈNE III.

IDAMÉ, *seule.*

Dieu des infortunés, qui voyez mon outrage,
Dans ces extrémités soutenez mon courage;
Versez du haut des Cieux, dans ce cœur consterné,
Les vertus de l'époux que vous m'avez donné.

SCÈNE IV.

GENGIS, IDAMÉ.

GENGIS.

Non, je n'ai point assez déployé ma colère,
Assez humilié votre orgueil téméraire,
Assez fait de reproche aux infidélités
Dont votre ingratitude a payé mes bontés.
Vous n'avez pas conçu l'excès de votre crime;
Ni tout votre danger, ni l'horreur qui m'anime;
Vous, que j'avais aimée, et que je dus haïr,
Vous, qui me trahissiez, et que je dois punir.

IDAMÉ.

Ne punissez que moi ; c'est la grâce dernière
Que j'ose demander à la main meurtrière
Dont j'espérais en vain fléchir la cruauté.
Eteignez dans mon sang votre inhumanité.
Vengez-vous d'une femme à son devoir fidèle :
Finissez ses tourments.

GENGIS.

Je ne le puis, cruelle ;
Les miens sont plus affreux, je les veux terminer.
Je viens pour vous punir ; je puis tout pardonner.
Moi, pardonner ! à vous ! non, craignez ma vengeance :
Je tiens le fils des rois, le vôtre, en ma puissance.
De votre indigne époux je ne vous parle pas ;
Depuis que vous l'aimez, je lui dois le trépas :
Il me trahit, me brave ; il ose être rebelle.
Mille morts punissaient sa fraude criminelle :
Vous retenez mon bras, et j'en suis indigné ;
Oui, jusqu'à ce moment le traître est épargné.
Mais je ne prétends plus supplier ma captive.
Il le faut oublier, si vous voulez qu'il vive.
Rien n'excuse à présent votre cœur obstiné :
Il n'est plus votre époux, puisqu'il est condamné.
Il a péri pour vous : votre chaîne odieuse
Va se rompre à jamais par une mort honteuse.
C'est vous qui m'y forcez ; et je ne conçois pas
Le scrupule insensé qui le livre au trépas.
Tout couvert de son sang, je devais sur sa cendre
A mes vœux absolus vous forcer de vous rendre ;
Mais sachez qu'un barbare, un Scythe, un destructeur,

ACTE V, SCÈNE IV.

A quelques sentiments dignes de votre cœur.
Le destin, croyez-moi, nous devait l'un à l'autre;
Et mon ame a l'orgueil de régner sur la vôtre.
Abjurez votre hymen; et dans le même temps
Je place votre fils au rang de mes enfants.
Vous tenez dans vos mains plus d'une destinée;
Du rejeton des rois l'enfance condamnée;
Votre époux, qu'à la mort un mot peut arracher,
Les honneurs les plus hauts tout prêts à le chercher,
Le destin de son fils, le vôtre, le mien même,
Tout dépendra de vous, puisqu'enfin je vous aime.
Oui, je vous aime encor : mais ne présumez pas
D'armer contre mes vœux l'orgueil de vos appas;
Gardez-vous d'insulter à l'excès de faiblesse
Que déjà mon courroux reproche à ma tendresse.
C'est un danger pour vous que l'aveu que je fais :
Tremblez de mon amour, tremblez de mes bienfaits.
Mon ame à la vengeance est trop accoutumée;
Et je vous punirais de vous avoir aimée.
Pardonnez : je menace encore en soupirant;
Achevez d'adoucir ce courroux qui se rend :
Vous ferez d'un seul mot le sort de cet empire;
Mais ce mot important, Madame, il faut le dire :
Prononcez sans tarder, sans feinte, sans détour,
Si je vous dois enfin ma haine ou mon amour.

IDAMÉ.

L'une et l'autre aujourd'hui serait trop condamnable;
Votre haine est injuste, et votre amour coupable :
Cet amour est indigne et de vous et de moi :
Vous me devez justice; et, si vous êtes roi,

Je la veux, je l'attends pour moi contre vous-même.
Je suis loin de braver votre grandeur suprême ;
Je la rappelle en vous, lorsque vous l'oubliez ;
Et vous-même en secret vous me justifiez.

GENGIS.

Eh bien ! vous le voulez ; vous choisissez ma haine,
Vous l'aurez ; et déjà je la retiens à peine :
Je ne vous connais plus ; et mon juste courroux
Me rend la cruauté que j'oubliais pour vous.
Votre époux, votre prince, et votre fils, cruelle,
Vont payer de leur sang votre fierté rebelle.
Ce mot que je voulais, les a tous condamnés ;
C'en est fait, et c'est vous qui les assassinez.

IDAMÉ.

Barbare !

GENGIS.

Je le suis ; j'allais cesser de l'être :
Vous aviez un amant, vous n'avez plus qu'un maître,
Un ennemi sanglant, féroce, sans pitié,
Dont la haine est égale à votre inimitié.

IDAMÉ.

Eh bien ! je tombe aux pieds de ce maître sévère !
Le Ciel l'a fait mon roi ; Seigneur, je le révère :
Je demande à genoux une grâce de lui.

GENGIS.

Inhumaine, est-ce à vous d'en attendre aujourd'hui ?
Levez-vous : je suis prêt encore à vous entendre.
Pourrai-je me flatter d'un sentiment plus tendre ?
Que voulez-vous ? parlez.

ACTE V, SCÈNE IV.

IDAMÉ.

Seigneur, qu'il soit permis
Qu'en secret mon époux près de moi soit admis,
Que je lui parle.

GENGIS.

Vous!

IDAMÉ.

Ecoutez ma prière.
Cet entretien sera ma ressource dernière :
Vous jugerez après si j'ai dû résister.

GENGIS.

Non, ce n'était pas lui qu'il fallait consulter :
Mais je veux bien encor souffrir cette entrevue.
Je crois qu'à la raison son ame enfin rendue
N'osera plus prétendre à cet honneur fatal
De me désobéir, et d'être mon rival.
Il m'enleva son prince ; il vous a possédée.
Que de crimes ! Sa grâce est encore accordée :
Qu'il la tienne de vous, qu'il vous doive son sort;
Présentez à ses yeux le divorce ou la mort :
Oui, j'y consens. Octar, veillez à cette porte.
Vous, suivez-moi. Quel soin m'abaisse et me transporte!
Faut-il encore aimer? est-ce là mon destin !

(*Il sort.*)

IDAMÉ, *seule.*

Je renais, et je sens s'affermir dans mon sein
Cette intrépidité dont je doutais encore.

SCÈNE V.

ZAMTI, IDAMÉ.

IDAMÉ.

O toi, qui me tiens lieu de ce Ciel que j'implore,
Mortel plus respectable, et plus grand à mes yeux
Que tous ces conquérants dont l'homme a fait des dieux!
L'horreur de nos destins ne t'est que trop connue;
La mesure est comblée, et notre heure est venue.

ZAMTI.

Je le sais.

IDAMÉ.

C'est en vain que tu voulus deux fois
Sauver le rejeton de nos malheureux rois.

ZAMTI.

Il n'y faut plus penser, l'espérance est perdue;
De tes devoirs sacrés tu remplis l'étendue :
Je mourrai consolé.

IDAMÉ.

Que deviendra mon fils?
Pardonne encor ce mot à mes sens attendris,
Pardonne à ces soupirs; ne vois que mon courage.

ZAMTI.

Nos rois sont au tombeau; tout est dans l'esclavage.
Va, crois-moi, ne plaignons que les infortunés
Qu'à respirer encor le Ciel a condamnés.

IDAMÉ.

La mort la plus honteuse est ce qu'on te prépare.

ACTE V, SCÈNE V.

ZAMTI.

Sans doute; et j'attendais les ordres du barbare :
Ils ont tardé long-temps.

IDAMÉ.

Eh bien! écoute-moi :
Ne saurons-nous mourir que par l'ordre d'un roi?
Les taureaux aux autels tombent en sacrifice;
Les criminels tremblants sont traînés au supplice;
Les mortels généreux disposent de leur sort :
Pourquoi des mains d'un maître attendre ici la mort?
L'homme était-il donc né pour tant de dépendance?
De nos voisins altiers imitons la constance;
De la nature humaine ils soutiennent les droits,
Vivent libres chez eux, et meurent à leur choix;
Un affront leur suffit pour sortir de la vie;
Et plus que le néant ils craignent l'infamie.
Le hardi Japonais n'attend pas qu'au cercueil
Un despote insolent le plonge d'un coup-d'œil.
Nous avons enseigné ces braves insulaires :
Apprenons d'eux enfin des vertus nécessaires;
Sachons mourir comme eux.

ZAMTI.

Je t'approuve, et je crois
Que le malheur extrême est au-dessus des lois.
J'avais déjà conçu tes desseins magnanimes;
Mais seuls et désarmés, esclaves et victimes,
Courbés sous nos tyrans, nous attendons leurs coups.

IDAMÉ, *en tirant un poignard.*
Tiens, sois libre avec moi; frappe, et délivre-nous.

ZAMTI.

Ciel!

IDAMÉ.

Déchire ce sein, ce cœur qu'on déshonore.
J'ai tremblé que ma main, mal affermie encore,
Ne portât sur moi-même un coup mal assuré.
Enfonce dans ce cœur un bras moins égaré;
Immole avec courage une épouse fidèle;
Tout couvert de mon sang, tombe et meurs auprès d'elle;
Qu'à mes derniers moments j'embrasse mon époux;
Que le tyran le voie, et qu'il en soit jaloux.

ZAMTI.

Grâce au Ciel, jusqu'au bout ta vertu persévère;
Voilà de ton amour la marque la plus chère.
Digne épouse, reçois mes éternels adieux;
Donne ce glaive, donne, et détourne les yeux.

IDAMÉ, *en lui donnant le poignard.*

Tiens, commence par moi; tu le dois : tu balances!

ZAMTI.

Je ne puis.

IDAMÉ.

Je le veux.

ZAMTI.

Je frémis.

IDAMÉ.

Tu m'offenses.
Frappe, et tourne sur toi tes bras ensanglantés.

ZAMTI.

Eh bien! imite-moi.

IDAMÉ, *lui saisissant le bras.*

Frappe, dis-je...

SCÈNE VI.

GENGIS, OCTAR, IDAMÉ, ZAMTI, GARDES.

GENGIS, *accompagné de ses gardes, et désarmant Zamti.*

                                         Arrêtez,
Arrêtez, malheureux! O Ciel! qu'alliez-vous faire?

IDAMÉ.

Nous délivrer de toi, finir notre misère,
A tant d'atrocités dérober notre sort.

ZAMTI.

Veux-tu nous envier jusques à notre mort?

GENGIS.

Oui... Dieu, maître des rois, à qui mon cœur s'adresse,
Témoin de mes affronts, témoin de ma faiblesse,
Toi qui mis à mes pieds tant d'Etats, tant de rois,
Deviendrai-je à la fin digne de mes exploits?
Tu m'outrages, Zamti; tu l'emportes encore
Dans un cœur né pour moi, dans un cœur que j'adore.
Ton épouse à mes yeux, victime de sa foi,
Veut mourir de ta main plutôt que d'être à moi.
Vous apprendrez tous deux à souffrir mon empire,
Peut-être à faire plus.

IDAMÉ.

                  Que prétends-tu nous dire?

ZAMTI.

Quel est ce nouveau trait de l'inhumanité?

IDAMÉ.

D'où vient que notre arrêt n'est pas encor porté?

GENGIS.

Il va l'être, Madame, et vous allez l'apprendre.
Vous me rendiez justice, et je vais vous la rendre.
A peine dans ces lieux je crois ce que j'ai vu :
Tous deux je vous admire, et vous m'avez vaincu.
Je rougis, sur le trône où m'a mis la victoire,
D'être au-dessous de vous au milieu de ma gloire.
En vain par mes exploits j'ai su me signaler ;
Vous m'avez avili : je veux vous égaler.
J'ignorais qu'un mortel pût se dompter lui-même ;
Je l'apprends ; je vous dois cette gloire suprême :
Jouissez de l'honneur d'avoir pu me changer.
Je viens vous réunir ; je viens vous protéger.
Veillez, heureux époux, sur l'innocente vie
De l'enfant de vos rois, que ma main vous confie ;
Par le droit des combats j'en pouvais disposer ;
Je vous remets ce droit, dont j'allais abuser.
Croyez qu'à cet enfant, heureux dans sa misère,
Ainsi qu'à votre fils, je tiendrai lieu de père.
Vous verrez si l'on peut se fier à ma foi.
Je fus un conquérant, vous m'avez fait un roi.

(*A Zamti.*)

Soyez ici des lois l'interprête suprême,
Rendez leur ministère aussi saint que vous-même ;
Enseignez la raison, la justice et les mœurs.
Que les peuples vaincus gouvernent les vainqueurs,
Que la sagesse règne, et préside au courage ;
Triomphez de la force, elle vous doit hommage :
J'en donnerai l'exemple, et votre souverain
Se soumet à vos lois les armes à la main.

IDAMÉ.

Ciel! que viens-je d'entendre? hélas! puis-je vous croire?

ZAMTI.

Etes-vous digne enfin, Seigneur, de votre gloire?
Ah! vous ferez aimer votre joug aux vaincus.

IDAMÉ.

Qui peut vous inspirer ce dessein?

GENGIS.

                              Vos vertus.

FIN DE L'ORPHELIN DE LA CHINE.

TANCRÈDE,

TRAGÉDIE

Représentée, pour la première fois, le 3 septembre 1760.

A MADAME,

LA MARQUISE DE POMPADOUR.

Madame,

Toutes les épîtres dédicatoires ne sont pas de lâches flatteries, toutes ne sont pas dictées par l'intérêt; celles que vous reçûtes de M. Crébillon, mon confrère à l'académie, et mon premier maître dans un art que j'ai toujours aimé, fut un monument de sa reconnaissance : le mien durera moins; mais il est aussi juste. J'ai vu dès votre enfance les grâces et les talents se développer; j'ai reçu de vous, dans tous les temps, des témoignages d'une bonté toujours égale. Si quelque censeur pouvait désapprouver l'hommage que je vous rends, ce ne pourrait être qu'un cœur né ingrat. Je vous dois beaucoup, Madame, et je dois le dire. J'ose encore plus, j'ose vous remercier publiquement du bien que vous avez fait à un très-grand nombre de véritables gens de lettres, de grands artistes, d'hommes de mérite en plus d'un genre.

Les cabales sont affreuses, je le sais; la littérature en sera toujours troublée, ainsi que tous les autres états de la vie. On calomniera toujours les gens de lettres comme les gens en place; et j'avouerai que l'horreur pour ces cabales m'a fait prendre le parti de la retraite, qui seule m'a rendu heureux. Mais j'avoue en même temps que vous n'avez jamais écouté aucune de ces petites factions; que jamais vous ne reçûtes d'impression de l'imposture secrète qui blesse sourdement le mérite, ni de l'imposture publique qui l'attaque insolemment. Vous avez fait du bien avec discernement, parce que vous avez jugé par vous-même; aussi je n'ai connu ni aucun homme de lettres, ni aucune personne sans prévention, qui ne rendît justice à votre caractère, non-seulement en public, mais dans les conversations particulières, où l'on blâme beaucoup plus qu'on ne loue.

Croyez, Madame, que c'est quelque chose que le suffrage de ceux qui savent penser.

De tous les arts que nous cultivons en France, l'art de la tragédie n'est pas celui qui mérite le moins l'attention publique; car il faut avouer que c'est celui dans lequel les Français se sont le plus distingués. C'est, d'ailleurs, au théâtre seul que la nation se rassemble; c'est là que l'esprit et le goût de la jeunesse se forment : les étrangers y viennent apprendre notre langue; nulle mauvaise maxime n'y est tolérée, et nul sentiment estimable n'y est débité sans être applaudi : c'est une école toujours subsistante de poésie et de vertu.

La tragédie n'est pas encore peut-être tout-à-fait ce qu'elle doit être : supérieure à celle d'Athènes en plusieurs endroits, il lui manque ce grand appareil que les magistrats d'Athènes savaient lui donner.

Permettez-moi, Madame, en vous dédiant une tragédie, de m'étendre sur cet art des Sophocle et des Euripide. Je sais que toute la pompe de l'appareil ne vaut pas une pensée sublime, ou un sentiment; de même que la parure n'est presque rien sans la beauté. Je sais bien que ce n'est pas un grand mérite de parler aux yeux; mais j'ose être sûr que le sublime et le touchant portent un coup beaucoup plus sensible, quand ils sont soutenus d'un appareil convenable, et qu'il faut frapper l'ame et les yeux à-la-fois. Ce sera le partage des génies qui viendront après nous. J'aurai du moins encouragé ceux qui me feront oublier.

C'est dans cet esprit, Madame, que je dessinai la faible esquisse que je soumets à vos lumières. Je la crayonnai, dès que je sus que le théâtre de Paris était changé, et devenait un vrai spectacle. Des jeunes gens de beaucoup de talent la représentèrent avec moi sur un petit théâtre que je fis faire à la campagne. Quoique ce théâtre fût extrêmement étroit, les acteurs ne furent point gênés; tout fut exécuté facilement : ces boucliers, ces devises, ces armes qu'on suspendait dans la lice, faisaient un effet qui redoublait l'intérêt, parce que cette décoration, cette action devenait une partie de l'intrigue. Il eût fallu que la pièce eût joint à cet avantage celui d'être écrite avec plus de chaleur, que j'eusse pu éviter les longs récits, que les vers eussent été faits avec plus de soin. Mais le temps où nous nous étions proposé de nous donner ce divertissement, ne permettait pas de délai; la pièce fut faite et apprise en deux mois.

Mes amis me mandent que les comédiens de Paris ne l'ont représentée que parce qu'il en courait une grande quantité de copies infidèles. Il a donc fallu la laisser paraître avec tous les défauts que je n'ai pu corriger. Mais ces défauts mêmes instruiront ceux qui voudront travailler dans le même goût.

Il y a encore, dans cette pièce, une autre nouveauté qui me paraît mériter d'être perfectionnée; elle est écrite en vers croisés. Cette sorte de poésie sauve l'uniformité de la rime : mais aussi ce genre d'écrire est dangereux; car tout a son écueil. Ces grands tableaux, que les anciens regardaient comme une partie essentielle de la tragédie, peuvent aisément nuire au théâtre de France, en le réduisant à n'être presque qu'une vaine décoration; et la sorte de vers que j'ai employée dans *Tancrède,* approche peut-être trop de la prose. Ainsi il pourrait arriver qu'en voulant perfectionner la scène française, on la gâterait entièrement. Il se peut qu'on y ajoute un mérite qui lui manque; il se peut qu'on la corrompe.

J'insiste seulement sur une chose, c'est la variété dont on a besoin dans une ville immense, la seule de la terre qui ait jamais eu des spectacles tous les jours. Tant que nous saurons maintenir par cette variété le mérite de notre scène, ce talent nous rendra toujours agréables aux autres peuples; c'est ce qui fait que des personnes de la plus haute distinction représentent souvent nos ouvrages dramatiques en Allemagne, en Italie, qu'on les traduit même en Angleterre, tandis que nous voyons dans nos provinces des salles de spectacle magnifiques, comme on voyait des cirques dans toutes les provinces romaines ; preuve incontestable du goût qui subsiste parmi nous, et preuve de nos ressources dans les temps les plus difficiles. C'est en vain que plusieurs de nos compatriotes s'efforcent d'annoncer notre décadence en tout genre. Je ne suis pas de l'avis de ceux qui, au sortir d'un spectacle, dans un souper délicieux, dans le sein du luxe et du plaisir, disent gaîment que tout est perdu ; je suis assez près d'une ville de province, aussi peuplée que Rome moderne, et beaucoup plus opulente, qui entretient plus de quarante mille ouvriers, et qui vient de construire en même temps le plus bel hôpital du royaume, et le plus beau théâtre. De bonne-foi, tout cela existerait-il si les campagnes ne produisaient que des ronces ?

J'ai choisi pour mon habitation un des moins bons terrains qui soient en France : cependant rien ne nous y manque. Le pays est orné de maisons qu'on eût regardées autrefois comme trop belles ; le pauvre qui veut s'occuper, y cesse d'être pauvre ; cette petite province est devenue un jardin riant. Il vaut mieux sans doute fertiliser sa terre, que de se plaindre à Paris de la stérilité de sa terre.

Me voilà, Madame, un peu loin de *Tancrède;* j'abuse du droit de mon âge, j'abuse de vos momens, je tombe dans les digressions, je dis peu en beaucoup de paroles. Ce n'est pas là le caractère de votre esprit; mais je serais plus diffus si je m'abandonnais aux sentimens de ma reconnaissance. Recevez, avec votre bonté ordinaire, Madame, mon attachement et mon respect, que rien ne peut altérer jamais.

PERSONNAGES.

ARGIRE,
TANCRÈDE,
ORBASSAN, } chevaliers.
LORÉDAN,
CATANE,

ALDAMON, soldat.

AMÉNAÏDE, fille d'Argire.

FANIE, suivante d'Aménaïde.

Plusieurs chevaliers assistant au conseil.

Ecuyers, soldats, peuple.

La scène est à Syracuse, d'abord dans le palais d'Argire et dans une salle du conseil, ensuite dans la place publique sur laquelle cette salle est construite. L'époque de l'action est de l'année 1005. Les Sarrasins d'Afrique avaient conquis toute la Sicile au neuvième siècle; Syracuse avait secoué leur joug. Des gentilshommes normands commençaient à s'établir vers Salerne, dans la Pouille. Les empereurs grecs possédaient Messine; les Arabes tenaient Palerme et Agrigente.

TANCRÈDE,
TRAGÉDIE.

ACTE PREMIER.

SCÈNE I.

ASSEMBLÉE DES CHEVALIERS RANGÉS EN DEMI-CERCLE.

ARGIRE.

ILLUSTRES chevaliers, vengeurs de la Sicile,
Qui daignez, par égard au déclin de mes ans,
Vous assembler chez moi pour chasser nos tyrans,
Et former un Etat triomphant et tranquille :
Syracuse en ses murs a gémi trop long-temps
Des desseins avortés d'un courage inutile.
Il est temps de marcher à ces fiers Musulmans ;
Il est temps de sauver d'un naufrage funeste
Le plus grand de nos biens, le plus cher qui nous reste,
Le droit le plus sacré des mortels généreux,
La liberté : c'est là que tendent tous nos vœux.
Deux puissants ennemis de notre république,
Des droits des nations, du bonheur des humains,
Les Césars de Byzance, et les fiers Sarrasins,
Nous menacent encor de leur joug tyrannique.

Ces despotes altiers, partageant l'univers,
Se disputent l'honneur de nous donner des fers.
Le Grec a sous ses lois les peuples de Messine;
Le hardi Solamir insolemment domine
Sur les fertiles champs couronnés par l'Etna,
Dans les murs d'Agrigente, aux campagnes d'Enna;
Et tout de Syracuse annonçait la ruine.
Mais nos communs tyrans, l'un de l'autre jaloux,
Armés pour nous détruire, ont combattu pour nous;
Ils ont perdu leur force en disputant leur proie.
A notre liberté le Ciel ouvre une voie;
Le moment est propice, il en faut profiter.
La grandeur musulmane est à son dernier âge;
On commence en Europe à la moins redouter.
Dans la France un Martel, en Espagne un Pélage,
Le grand Léon (1) dans Rome, armé d'un saint courage,
Nous ont assez appris comme on peut la dompter.
  Je sais qu'aux factions Syracuse livrée
N'a qu'une liberté faible et mal assurée.
Je ne veux point ici vous rappeler ces temps
Où nous tournions sur nous nos armes criminelles,
Où l'Etat répandait le sang de ses enfants.
Etouffons dans l'oubli nos indignes querelles.
Orbassan, qu'il ne soit qu'un parti parmi nous,
Celui du bien public, et du salut de tous.
Que de notre union l'Etat puisse renaître;

---

(1) Par le grand Léon, M. de Voltaire entend Léon IV, et non le pape Léon I, connu dans les cloîtres sous le nom de saint Léon, et qui vivait plusieurs siècles avant l'époque où la tragédie de *Tancrède* est placée.

ACTE I, SCÈNE I.

Et si de nos égaux nous fûmes trop jaloux,
Vivons et périssons, sans avoir eu de maître.

ORBASSAN.

Argire, il est trop vrai que les divisions
Ont régné trop long-temps entre nos deux maisons :
L'Etat en fut troublé; Syracuse n'aspire
Qu'à voir les Orbassans unis au sang d'Argire.
Aujourd'hui l'un par l'autre il faut nous protéger.
En citoyen zélé j'accepte votre fille :
Je servirai l'Etat, vous et votre famille;
Et du pied des autels où je vais m'engager,
Je marche à Solamir, et je cours vous venger.

Mais ce n'est pas assez de combattre le Maure;
Sur d'autres ennemis il faut jeter les yeux :
Il fut d'autres tyrans non moins pernicieux,
Que peut-être un vil peuple ose chérir encore.

De quel droit les Français, portant partout leurs pas,
Se sont-ils établis dans nos riches climats ?
De quel droit un Coucy (1) vint-il dans Syracuse,
Des rives de la Seine aux bords de l'Aréthuse ?
D'abord modeste et simple, il voulut nous servir,
Bientôt fier et superbe, il se fit obéir.
Sa race, accumulant d'immenses héritages,
Et d'un peuple ébloui maîtrisant les suffrages,
Osa sur ma famille élever sa grandeur.
Nous l'en avons punie; et, malgré sa faveur,
Nous voyons ses enfants bannis de nos rivages.

---

(1) Un seigneur de Coucy s'établit en Sicile du temps de Charles-le-Chauve.

Tancrède (1), un rejeton de ce sang dangereux,
Des murs de Syracuse éloigné dès l'enfance,
A servi, nous dit-on, les Césars de Byzance;
Il est fier, outragé, sans doute valeureux;
Il doit haïr nos lois, il cherche la vengeance.
Tout Français est à craindre : on voit même en nos jours
Trois simples écuyers (2), sans bien et sans secours,
Sortis des flancs glacés de l'humide Neustrie (3),
Aux champs (4) Apuliens se faire une patrie;
Et n'ayant pour tout droit que celui des combats,
Chasser les possesseurs, et fonder des Etats.
Grecs, Arabes, Français, Germains, tout nous dévore;
Et nos champs, malheureux par leur fécondité,
Appellent l'avarice et la rapacité
Des brigands du Midi, du Nord et de l'Aurore.
Nous devons nous défendre ensemble et nous venger.
J'ai vu plus d'une fois Syracuse trahie :
Maintenons notre loi, que rien ne doit changer;
Elle condamne à perdre et l'honneur et la vie
Quiconque entretiendrait avec nos ennemis
Un commerce secret, fatal à son pays.
A l'infidélité l'indulgence encourage.
On ne doit épargner ni le sexe ni l'âge.
Venise ne fonda sa fière autorité

(1) Ce n'est pas Tancrède de Hauteville, qui n'alla en Italie que quelque temps après.

(2) Les premiers Normands qui passèrent dans la Pouille, Drogon, Bateric et Ripostel.

(3) La Normandie.

(4) Le pays de Naples.

Que sur la défiance et la sévérité :
Imitons sa sagesse en perdant les coupables.
LORÉDAN.
Quelle honte en effet, dans nos jours déplorables,
Que Solamir, un Maure, un chef des Musulmans,
Dans la Sicile encore ait tant de partisans!
Que partout dans cette île et guerrière et chrétienne,
Que même parmi nous Solamir entretienne
Des sujets corrompus vendus à ses bienfaits!
Tantôt chez les Césars occupé de nous nuire,
Tantôt dans Syracuse ayant su s'introduire,
Nous préparant la guerre, et nous offrant la paix,
Et pour nous désunir soigneux de nous séduire!
Un sexe dangereux, dont les faibles esprits
D'un peuple encor plus faible attirent les hommages,
Toujours des nouveautés et des héros épris,
A ce Maure imposant prodigua ses suffrages.
Combien de citoyens aujourd'hui prévenus
Pour ces arts séduisants (1) que l'Arabe cultive!
Arts trop pernicieux, dont l'éclat les captive,
A nos vrais chevaliers noblement inconnus.
Que notre art soit de vaincre, et je n'en veux point d'autre.
J'espère en ma valeur, j'attends tout de la vôtre;
Et j'approuve surtout cette sévérité
Vengeresse des lois et de la liberté.
Pour détruire l'Espagne il a suffi d'un traître (2) :
Il en fut parmi nous; chaque jour en voit naître.

---

(1) En ce temps les Arabes cultivaient seuls les sciences en Occident; et ce sont eux qui fondèrent l'école de Salerne.

(2) Le comte Julien, ou l'archevêque Opas.

Mettons un frein terrible à l'infidélité;
Au salut de l'Etat que toute pitié cède;
Combattons Solamir, et proscrivons Tancrède.
Tancrède, né d'un sang parmi nous détesté,
Est plus à craindre encor pour notre liberté.
Dans le dernier conseil un décret juste et sage
Dans les mains d'Orbassan remit son héritage,
Pour confondre à jamais nos ennemis cachés,
A ce nom de Tancrède en secret attachés;
Du vaillant Orbassan c'est le juste partage,
Sa dot, sa récompense.

CATANE.

Oui, nous y souscrivons.
Que Tancrède, s'il veut, soit puissant à Byzance;
Qu'une cour odieuse honore sa vaillance:
Il n'a rien à prétendre aux lieux où nous vivons.
Tancrède, en se donnant un maître despotique,
A renoncé lui-même à nos sacrés remparts :
Plus de retour pour lui; l'esclave des Césars
Ne doit rien posséder dans une république.
Orbassan de nos lois est le plus ferme appui,
Et l'Etat, qu'il soutient, ne pouvait moins pour lui :
Tel est mon sentiment.

ARGIRE.

Je vois en lui mon gendre;
Ma fille m'est bien chère, il est vrai : mais enfin
Je n'aurais point pour eux dépouillé l'orphelin.
Vous savez qu'à regret on m'y vit condescendre.

LORÉDAN.

Blâmez-vous le sénat?

ARGIRE.
Non; je hais la rigueur :
Mais toujours à la loi je fus prêt à me rendre;
Et l'intérêt commun l'emporta dans mon cœur.
ORBASSAN.
Ces biens sont à l'Etat; l'Etat seul doit les prendre.
Je n'ai point recherché cette faible faveur.
ARGIRE.
N'en parlons plus : hâtons cet heureux hyménée;
Qu'il amène demain la brillante journée
Où ce chef arrogant d'un peuple destructeur,
Solamir, à la fin, doit connaître un vainqueur.
Votre rival en tout, il osa bien prétendre,
En nous offrant la prix, à devenir mon gendre (1);
Il pensait m'honorer par cet hymen fatal.
Allez... dans tous les temps triomphez d'un rival :
Mes amis, soyons prêts... ma faiblesse et mon âge
Ne me permettent plus l'honneur de commander;
A mon gendre Orbassan vous daignez l'accorder.
Vous suivre est pour mes ans un assez beau partage;
Je serai près de vous : j'aurai cet avantage;
Je sentirai mon cœur encor se ranimer,
Mes yeux seront témoins de votre fier courage;
Et vous auront vu vaincre avant de se fermer.
LORÉDAN.
Nous combattrons sous vous, Seigneur; nous osons croire

---

(1) Il était très-commun de marier des chrétiennes à des musulmans; et Abdalise, le fils de Musa, conquérant de l'Espagne, épousa la fille du roi Rodrigue. Cet exemple fut imité dans tous les pays où les Arabes portèrent leurs armes victorieuses.

Que ce jour, quel qu'il soit, nous sera glorieux ;
Nous nous promettons tous l'honneur de la victoire,
Ou l'honneur consolant de mourir à vos yeux.

SCÈNE II.

ARGIRE, ORBASSAN.

ARGIRE.

Eh bien ! brave Orbassan, suis-je enfin votre père ?
Tous vos ressentiments sont-ils bien effacés ?
Pourrai-je en vous d'un fils trouver le caractère ?
Dois-je compter sur vous ?

ORBASSAN.

                    Je vous l'ai dit assez :
J'aime l'Etat, Argire ; il nous réconcilie.
Cet hymen nous rapproche, et la raison nous lie :
Mais le nœud qui nous joint n'eût point été formé,
Si dans notre querelle, à jamais assoupie,
Mon cœur qui vous haït ne vous eût estimé.
L'amour peut avoir part à ma nouvelle chaîne ;
Mais un si noble hymen ne sera point le fruit
D'un feu né d'un instant, qu'un autre instant détruit,
Que suit l'indifférence, et trop souvent la haine.
Ce cœur que la patrie appelle aux champs de Mars,
Ne sait point soupirer au milieu des hasards.
Mon hymen a pour but l'honneur de vous complaire,
Notre union naissante, à tous deux nécessaire,
La splendeur de l'Etat, votre intérêt, le mien :
Devant de tels objets l'amour a peu de charmes.

Il pourra resserrer un si noble lien;
Mais sa voix doit ici se taire au bruit des armes.

ARGIRE.

J'estime en un soldat cette mâle fierté;
Mais la franchise plaît, et non l'austérité.
J'espère que bientôt ma chère Aménaïde
Pourra fléchir en vous ce courage rigide.
C'est peu d'être un guerrier; la modeste douceur
Donne un prix aux vertus, et sied à la valeur.
Vous sentez que ma fille au sortir de l'enfance,
Dans nos temps orageux de trouble et de malheur,
Par sa mère élevée à la cour de Byzance,
Pourrait s'effaroucher de ce sévère accueil,
Qui tient de la rudesse, et ressemble à l'orgueil.
Pardonnez aux avis d'un vieillard et d'un père.

ORBASSAN.

Vous-même, pardonnez à mon humeur austère :
Elevé dans nos camps, je préférai toujours
A ce mérite faux des politesses vaines,
A cet art de flatter, à cet esprit des cours,
La grossière vertu des mœurs républicaines.
Mais je sais respecter la naissance et le rang
D'un estimable objet formé de votre sang;
Je prétends par mes soins mériter qu'elle m'aime,
Vous regarder en elle, et m'honorer moi-même.

ARGIRE.

Par mon ordre en ces lieux elle avance vers vous.

SCÈNE III.

ARGIRE, ORBASSAN, AMÉNAÏDE.

ARGIRE.

Le bien de cet Etat, les voix de Syracuse,
Votre père, le Ciel, vous donnent un époux;
Leurs ordres réunis ne souffrent point d'excuse.
Ce noble chevalier, qui se rejoint à moi,
Aujourd'hui par ma bouche a reçu votre foi.
Vous connaissez son nom, son rang, sa renommée;
Puissant dans Syracuse, il commande l'armée;
Tous les droits de Tancrède entre ses mains remis...

AMÉNAÏDE, *à part.*

De Tancrède!

ARGIRE.

A mes yeux sont le moins digne prix
Qui relève l'éclat d'une telle alliance.

ORBASSAN.

Elle m'honore assez, Seigneur; et sa présence
Rend plus cher à mon cœur le don que je reçois.
Puissé-je, en méritant vos bontés et son choix,
Du bonheur de tous trois confirmer l'espérance!

AMÉNAÏDE.

Mon père, en tous les temps, je sais que votre cœur
Sentit tous mes chagrins, et voulut mon bonheur.
Votre choix me destine un héros en partage;
Et quand ces longs débats qui troublèrent vos jours,
Grâce à votre sagesse, ont terminé leur cours,

Du nœud qui vous rejoint votre fille est le gage;
D'une telle union je conçois l'avantage.
Orbassan permettra que ce cœur étonné,
Qu'opprima dès l'enfance un sort toujours contraire,
Par ce changement même au trouble abandonné,
Se recueille un moment dans le sein de son père.

ORBASSAN.

Vous le devez, Madame; et, loin de m'opposer
A de tels sentiments, dignes de mon estime,
Loin de vous détourner d'un soin si légitime,
Des droits que j'ai sur vous je craindrais d'abuser.
J'ai quitté nos guerriers, je revole à leur tête;
C'est peu d'un tel hymen, il le faut mériter :
La victoire en rend digne; et j'ose me flatter
Que bientôt des lauriers en orneront la fête.

SCÈNE IV.

ARGIRE, AMÉNAÏDE.

ARGIRE.

Vous semblez interdite; et vos yeux pleins d'effroi,
De larmes obscurcis, se détournent de moi.
Vos soupirs étouffés semblent me faire injure :
La bouche obéit mal, lorsque le cœur murmure.

AMÉNAÏDE.

Seigneur, je l'avoûrai, je ne m'attendais pas
Qu'après tant de malheurs, et de si longs débats,
Le parti d'Orbassan dût être un jour le vôtre;
Que mes tremblantes mains uniraient l'un et l'autre,
Et que votre ennemi dût passer dans mes bras.

Je n'oublîrai jamais que la guerre civile
Dans vos propres foyers vous priva d'un asile;
Que ma mère, à regret évitant le danger,
Chercha loin de nos murs un rivage étranger;
Que des bras paternels avec elle arrachée,
A ses tristes destins dans Byzance attachée,
J'ai partagé long-temps les maux qu'elle a soufferts.
Au sortir du berceau j'ai connu les revers :
J'appris sous une mère, abandonnée, errante,
A supporter l'exil et le sort des proscrits,
L'accueil impérieux d'une cour arrogante,
Et la fausse pitié, pire que les mépris.
Dans un sort avili noblement élevée,
De ma mère bientôt cruellement privée,
Je me vis seule au monde, en proie à mon effroi,
Roseau faible et tremblant, n'ayant d'appui que moi.
Votre destin changea. Syracuse en alarmes
Vous remit dans vos biens, vous rendit vos honneurs,
Se reposa sur vous du destin de ses armes,
Et de ses murs sanglants repoussa ses vainqueurs.
Dans le sein paternel je me vis rappelée;
Un malheur inouï m'en avait exilée :
Peut-être j'y reviens pour un malheur nouveau.
Vos mains de mon hymen allument le flambeau.
Je sais quel intérêt, quel espoir vous anime;
Mais de vos ennemis je me vis la victime.
Je suis enfin la vôtre; et ce jour dangereux
Peut-être de nos jours sera le plus affreux.

ARGIRE.

Il sera fortuné; c'est à vous de m'en croire.

Je vous aime, ma fille, et j'aime votre gloire.
On a trop murmuré quand ce fier Solamir,
Pour le prix de la paix qu'il venait nous offrir,
Osa me proposer de l'accepter pour gendre ;
Je vous donne au héros qui marche contre lui,
Au plus grand des guerriers armés pour nous défendre,
Autrefois mon émule, à présent notre appui.

AMÉNAÏDE.

Quel appui! vous vantez sa superbe fortune :
Mes vœux, plus modérés, la voudraient plus commune.
Je voudrais qu'un héros si fier et si puissant
N'eût point, pour s'agrandir, dépouillé l'innocent.

ARGIRE.

Du conseil, il est vrai, la prudence sévère
Veut punir dans Tancrède une race étrangère.
Elle abusa long-temps de son autorité ;
Elle a trop d'ennemis.

AMÉNAÏDE.

           Seigneur, ou je m'abuse,
Ou Tancrède est encore aimé dans Syracuse.

ARGIRE.

Nous rendons tous justice à son cœur indompté ;
Sa valeur a, dit-on, subjugué l'Illyrie ;
Mais plus il a servi sous l'aigle des Césars,
Moins il doit espérer de revoir sa patrie :
Il est, par un décret, chassé de nos remparts.

AMÉNAÏDE.

Pour jamais! lui? Tancrède?

ARGIRE.

           Oui, l'on craint sa présence ;

Et si vous l'avez vu dans les murs de Byzance,
Vous savez qu'il nous hait.
AMÉNAÏDE.
Je ne le croyais pas.
Ma mère avait pensé qu'il pouvait être encore
L'appui de Syracuse, et le vainqueur du Maure;
Et lorsque dans ces lieux des citoyens ingrats
Pour ce fier Orbassan contre vous s'animèrent,
Qu'ils ravirent vos biens, et qu'ils vous opprimèrent,
Tancrède aurait pour vous affronté le trépas.
C'est tout ce que j'ai su.
ARGIRE.
C'est trop, Aménaïde :
Rendez-vous aux conseils d'un père qui vous guide;
Conformez-vous au temps, conformez-vous aux lieux.
Solamir, et Tancrède, et la cour de Byzance,
Sont tous également en horreur à nos yeux.
Votre bonheur dépend de votre complaisance.
J'ai pendant soixante ans combattu pour l'Etat;
Je le servis injuste, et le chéris ingrat :
Je dois penser ainsi jusqu'à ma dernière heure.
Prenez mes sentiments; et, devant que je meure,
Consolez mes vieux ans, dont vous faites l'espoir.
Je suis prêt à finir une vie orageuse :
La vôtre doit couler sous les lois du devoir;
Et je mourrai content, si vous vivez heureuse.
AMÉNAÏDE.
Ah, Seigneur! croyez-moi, parlez moins de bonheur.
Je ne regrette point la cour d'un empereur.
Je vous ai consacré mes sentiments, ma vie;

Mais, pour en disposer, attendez quelques jours.
Au crédit d'Orbassan trop d'intérêt vous lie :
Ce crédit si vanté doit-il durer toujours?
Il peut tomber; tout change; et ce héros peut-être
S'est trop tôt déclaré votre gendre et mon maître.
####### ARGIRE.
Comment? que dites-vous?
####### AMÉNAÏDE.
Cette témérité
Vous offense peut-être, et vous semble une injure.
Je sais que dans les cours mon sexe plus flatté
Dans votre république a moins de liberté :
A Byzance on le sert; ici la loi, plus dure,
Veut de l'obéissance, et défend le murmure.
Les Musulmans altiers, trop long-temps vos vainqueurs,
Ont changé la Sicile, ont endurci vos mœurs :
Mais qui peut altérer vos bontés paternelles?
####### ARGIRE.
Vous seule, vous, ma fille, en abusant trop d'elles.
De tout ce que j'entends mon esprit est confus :
J'ai permis vos délais, mais non pas vos refus.
La loi ne peut plus rompre un nœud si légitime :
La parole est donnée; y manquer est un crime.
Vous me l'avez bien dit, je suis né malheureux :
Jamais aucun succès n'a couronné mes vœux.
Tous les jours de ma vie ont été des orages.
Dieu puissant! détournez ces funestes présages;
Et puisse Aménaïde, en formant ces liens,
Se préparer des jours moins tristes que les miens!

TANCRÈDE.

SCÈNE V.

AMÉNAÏDE, seule.

Tancrède, cher amant! moi, j'aurais la faiblesse
De trahir mes serments pour ton persécuteur!
Plus cruelle que lui, perfide avec bassesse,
Partageant ta dépouille avec cet oppresseur,
Je pourrais...

SCÈNE VI.

AMÉNAÏDE, FANIE.

AMÉNAÏDE.

Viens, approche, ô ma chère Fanie!
Vois le trait détesté qui m'arrache la vie.
Orbassan par mon père est nommé mon époux!

FANIE.

Je sens combien cet ordre est douloureux pour vous.
J'ai vu vos sentiments, j'en ai connu la force.
Le sort n'eut point de traits, la cour n'eut point d'amorce
Qui pussent arrêter ou détourner vos pas,
Quand la route par vous fut une fois choisie.
Votre cœur s'est donné; c'est pour toute la vie.
Tancrède et Solamir, touchés de vos appas,
Dans la cour des Césars en secret soupirèrent;
Mais celui que vos yeux justement distinguèrent,
Qui seul obtint vos vœux, qui sut les mériter,
En sera toujours digne; et, puisque dans Byzance
Sur le fier Solamir il eut la préférence,

ACTE I, SCÈNE VI.

Orbassan dans ces lieux ne pourra l'emporter;
Votre ame est trop constante.

AMÉNAÏDE.

Ah! tu n'en peux douter.
On dépouille Tancrède; on l'exile, on l'outrage :
C'est le sort d'un héros d'être persécuté;
Je sens que c'est le mien de l'aimer davantage.
Ecoute : dans ces murs Tancrède est regretté;
Le peuple le chérit.

FANIE.

Banni dans son enfance,
De son père oublié les fastueux amis
Ont bientôt à son sort abandonné le fils.
Peu de cœurs comme vous tiennent contre l'absence.
A leurs seuls intérêts les grands sont attachés.
Le peuple est plus sensible.

AMÉNAÏDE.

Il est aussi plus juste.

FANIE.

Mais il est asservi : nos amis sont cachés;
Aucun n'ose parler pour ce proscrit auguste.
Un sénat tyrannique est ici tout-puissant.

AMÉNAÏDE.

Oui, je sais qu'il peut tout, quand Tancrède est absent.

FANIE.

S'il pouvait se montrer, j'espérerais encore :
Mais il est loin de vous.

AMÉNAÏDE.

Juste Ciel, je t'implore!

TANCRÈDE.

(*A Fanie.*)

Je me confie à toi. Tancrède n'est pas loin ;
Et quand de l'écarter on prend l'indigne soin,
Lorsque la tyrannie au comble est parvenue,
Il est temps qu'il paraisse, et qu'on tremble à sa vue.
Tancrède est dans Messine.

FANIE.

Est-il vrai ? justes Cieux !
Et cet indigne hymen est formé sous ses yeux !

AMÉNAÏDE.

Il ne le sera pas... non, Fanie ; et peut-être
Mes oppresseurs et moi nous n'aurons plus qu'un maître.
Viens... je t'apprendrai tout... mais il faut tout oser ;
Le joug est trop honteux : ma main doit le briser.
La persécution enhardit ma faiblesse *.
Le trahir est un crime ; obéir est bassesse.
S'il vient, c'est pour moi seule, et je l'ai mérité :
Et moi, timide esclave à son tyran promise,
Victime malheureuse indignement soumise,
Je mettrais mon devoir dans l'infidélité !
Non ; l'amour à mon sexe inspire le courage :
C'est à moi de hâter ce fortuné retour ;
Et s'il est des dangers que ma crainte envisage,
Ces dangers me sont chers, ils naissent de l'amour.

---

* Var. de l'édition de 1761 :
  Le seul nom de Tancrède enhardit ma faiblesse.

FIN DU PREMIER ACTE.

ACTE SECOND.

SCÈNE I.

AMÉNAÏDE, *seule*.

Où porté-je mes pas?... d'où vient que je frissonne?
Moi des remords!... qui! moi? le crime seul les donne...
Ma cause est juste... O Cieux! protégez mes desseins!
(*A Fanie qui entre.*)
Allons, rassurons-nous... Suis-je en tout obéie?

FANIE.

Votre esclave est parti; la lettre est dans ses mains.

AMÉNAÏDE.

Il est maître, il est vrai, du secret de ma vie;
Mais je connais son zèle : il m'a toujours servie.
On doit tout quelquefois aux derniers des humains.
Né d'aïeux musulmans chez les Syracusains,
Instruit dans les deux lois, et dans les deux langages,
Du camp des Sarrasins il connaît les passages,
Et des monts de l'Etna les plus secrets chemins;
C'est lui qui découvrit, par une course utile,
Que Tancrède en secret a revu la Sicile;
C'est lui par qui le Ciel veut changer mes destins.
Ma lettre, par ses soins remise aux mains d'un Maure,
Dans Messine demain doit être avant l'aurore.
Des Maures et des Grecs les besoins mutuels

Ont toujours conservé, dans cette longue guerre,
Une correspondance à tous deux nécessaire ;
Tant la nature unit les malheureux mortels !

FANIE.

Ce pas est dangereux ; mais le nom de Tancrède,
Ce nom si redoutable à qui tout autre cède,
Et qu'ici nos tyrans ont toujours en horreur,
Ce beau nom que l'amour grava dans votre cœur,
N'est point dans cette lettre à Tancrède adressée.
Si vous l'avez toujours présent à la pensée,
Vous avez su du moins le taire en écrivant.
Aux camps des Sarrasins votre lettre portée
Vainement serait lue, ou serait arrêtée.
Enfin jamais l'amour ne fut moins imprudent,
Ne sut mieux se voiler dans l'ombre du mystère,
Et ne fut plus hardi sans être téméraire.
Je ne puis cependant vous cacher mon effroi.

AMÉNAÏDE.

Le Ciel jusqu'à présent semble veiller sur moi ;
Il ramène Tancrède, et tu veux que je tremble ?

FANIE.

Hélas ! qu'en d'autres lieux sa bonté vous rassemble.
La haine et l'intérêt s'arment trop contre lui :
Tout son parti se tait ; qui sera son appui ?

AMÉNAÏDE.

Sa gloire. Qu'il se montre, il deviendra le maître.
Un héros qu'on opprime, attendrit tous les cœurs ;
Il les anime tous quand il vient à paraître.

FANIE.

Son rival est à craindre.

ACTE II, SCÈNE I.

AMÉNAÏDE.

Ah! combats ces terreurs,
Et ne m'en donne point. Souviens-toi que ma mère
Nous unit l'un à l'autre à ses derniers moments;
Que Tancrède est à moi; qu'aucune loi contraire
Ne peut rien sur nos vœux et sur nos sentiments.
Hélas! nous regrettions cette île si funeste,
Dans le sein de la gloire et des murs des Césars :
Vers ces champs trop aimés qu'aujourd'hui je déteste,
Nous tournions tristement nos avides regards.
J'étais loin de penser que le sort qui m'obsède
Me gardât pour époux l'oppresseur de Tancrède;
Et que j'aurais pour dot l'exécrable présent
Des biens qu'un ravisseur enlève à mon amant.
Il faut l'instruire au moins d'une telle injustice :
Qu'il apprenne de moi sa perte et mon supplice;
Qu'il hâte son retour et défende ses droits.
Pour venger un héros je fais ce que je dois.
Ah! si je le pouvais, j'en ferais davantage.
J'aime, je crains un père, et respecte son âge;
Mais je voudrais armer nos peuples soulevés
Contre cet Orbassan qui nous a captivés.
D'un brave chevalier sa conduite est indigne.
Intéressé, cruel, il prétend à l'honneur!
Il croit d'un peuple libre être le protecteur!
Il ordonne ma honte, et mon père la signe!
Et je dois la subir, et je dois me livrer
Au maître impérieux qui pense m'honorer!
Hélas! dans Syracuse on hait la tyrannie :
Mais la plus exécrable, et la plus impunie,

Est celle qui commande et la haine et l'amour,
Et qui veut nous forcer de changer en un jour.
Le sort en est jeté.

FANIE.

Vous aviez paru craindre.

AMÉNAÏDE.

Je ne crains plus.

FANIE.

On dit qu'un arrêt redouté
Contre Tancrède même est aujourd'hui porté;
Il y va de la vie à qui le veut enfreindre.

AMÉNAÏDE.

Je le sais, mon esprit en fut épouvanté ;
Mais l'amour est bien faible alors qu'il est timide.
J'adore, tu le sais, un héros intrépide;
Comme lui je dois l'être.

FANIE.

Une loi de rigueur
Contre vous, après tout, serait-elle écoutée?
Pour effrayer le peuple elle paraît dictée.

AMÉNAÏDE.

Elle attaque Tancrède; elle me fait horreur.
Que cette loi jalouse est digne de nos maîtres!
Ce n'était point ainsi que ses braves ancêtres,
Ces généreux Français, ces illustres vainqueurs,
Subjuguaient l'Italie, et conquéraient des cœurs.
On aimait leur franchise, on redoutait leurs armes;
Les soupçons n'entraient point dans leurs esprits altiers.
L'honneur avait uni tous ces grands chevaliers :
Chez les seuls ennemis ils portaient les alarmes;

Et le peuple, amoureux de leur autorité,
Combattait pour leur gloire et pour sa liberté.
Ils abaissaient les Grecs; ils triomphaient du Maure.
Aujourd'hui je ne vois qu'un sénat ombrageux,
Toujours en défiance, et toujours orageux,
Qui lui-même se craint, et que le peuple abhorre.
Je ne sais si mon cœur est trop plein de ses feux;
Trop de prévention peut-être me possède;
Mais je ne puis souffrir ce qui n'est pas Tancrède :
La foule des humains n'existe point pour moi;
Son nom seul en ces lieux dissipe mon effroi,
Et tous ses ennemis irritent ma colère.

SCÈNE II.

AMÉNAÏDE, FANIE, *sur le devant;* ARGIRE, LES CHEVALIERS *au fond.*

ARGIRE.

Chevaliers... je succombe à cet excès d'horreur.
Ah! j'espérais du moins mourir sans déshonneur.
    (*A sa fille, avec des sanglots mêlés de colère.*)
Retirez-vous... sortez.

AMÉNAÏDE.

Qu'entends-je! vous, mon père!

ARGIRE.

Moi, ton père!... est-ce à toi de prononcer ce nom,
Quand tu trahis ton sang, ton pays, ta maison?

AMÉNAÏDE, *faisant un pas, appuyée sur Fanie.*
Je suis perdue!

ARGIRE.
Arrête... ah, trop chère victime !
Qu'as-tu fait?...

AMÉNAÏDE.
Nos malheurs...

ARGIRE.
Pleures-tu sur ton crime?

AMÉNAÏDE.
Je n'en ai point commis.

ARGIRE.
Quoi! tu déments ton seing?

AMÉNAÏDE.
Non...

ARGIRE.
Tu vois que le crime est écrit de ta main.
Tout sert à m'accabler ; tout sert à te confondre.
Ma fille!... il est donc vrai?... tu n'oses me répondre.
Laisse au moins dans le doute un père au désespoir.
J'ai vécu trop long-temps... Qu'as-tu fait?...

AMÉNAÏDE.
Mon devoir.
Aviez-vous fait le vôtre?

ARGIRE.
Ah ! c'en est trop, cruelle !
Oses-tu te vanter d'être si criminelle ?
Laisse-moi, malheureuse! ôte-toi de ces lieux ;
Va, sors... une autre main saura fermer mes yeux.

AMÉNAÏDE, *sort presque évanouie entre les bras de Fanie.*
Je me meurs!

SCÈNE III.

ARGIRE, LES CHEVALIERS.

ARGIRE.
Mes amis, dans une telle injure...
Après son aveu même... après ce crime affreux...
Excusez d'un vieillard les sanglots douloureux...
Je dois tout à l'Etat... mais tout à la nature.
Vous n'exigerez pas qu'un père malheureux
A vos sévères voix mêle sa voix tremblante.
Aménaïde, hélas! ne peut être innocente :
Mais signer à-la-fois mon opprobre et sa mort,
Vous ne le voulez pas... c'est un barbare effort ;
La nature en frémit, et j'en suis incapable.

LORÉDAN.
Nous plaignons tous, Seigneur, un père respectable ;
Nous sentons sa blessure, et craignons de l'aigrir :
Mais vous-même avez vu cette lettre coupable ;
L'esclave la portait au camp de Solamir ;
Auprès de ce camp même on a surpris le traître,
Et l'insolent Arabe a pu le voir punir.
Ses odieux desseins n'ont que trop su paraître.
L'Etat était perdu. Nos dangers, nos serments
Ne souffrent point de nous de vains ménagements :
Les lois n'écoutent point la pitié paternelle ;
L'Etat parle, il suffit.

ARGIRE.
Seigneur, je vous entends.
Je sais ce qu'on prépare à cette criminelle.

Mais elle était ma fille... et voilà son époux...
Je cède à ma douleur... je m'abandonne à vous...
Il ne me reste plus qu'à mourir avant elle.

(*Il sort.*)

SCÈNE IV.

LES CHEVALIERS.

CATANE.

Déjà de la saisir l'ordre est donné par nous.
Sans doute il est affreux de voir tant de noblesse,
Les grâces, les attraits, la plus tendre jeunesse,
L'espoir des deux maisons, le destin le plus beau,
Par le dernier supplice enfermés au tombeau *.
Mais telle est parmi nous la loi de l'hyménée :
C'est la religion lâchement profanée,
C'est la patrie enfin que nous devons venger.
L'infidèle en nos murs appelle l'étranger!
La Grèce et la Sicile ont vu des citoyennes,
Renonçant à leur gloire, au titre de chrétiennes,
Abandonner nos lois pour ces fiers Musulmans,
Vainqueurs de tous côtés, et partout nos tyrans :
Mais que d'un chevalier la fille respectée,

(*A Orbassan.*)

Sur le point d'être à vous, et marchant à l'autel,
Exécute un complot si lâche et si cruel!
De ce crime nouveau Syracuse infectée,
Veut de notre justice un exemple éternel.

---

* Var. *Avec tant d'infamie, enfermés au tombeau.*

LORÉDAN.

Je l'avoue en tremblant; sa mort est légitime :
Plus sa race est illustre, et plus grand est le crime.
On sait de Solamir l'espoir ambitieux;
On connaît ses desseins, son amour téméraire,
Ce malheureux talent de tromper et de plaire,
D'imposer aux esprits, et d'éblouir les yeux.
C'est à lui que s'adresse un écrit si funeste,
Régnez dans nos Etats : ces mots trop odieux
Nous révèlent assez un complot manifeste.
Pour l'honneur d'Orbassan je supprime le reste :
Il nous ferait rougir. Quel est le chevalier
Qui daignera jamais, suivant l'antique usage,
Pour ce coupable objet signaler son courage,
Et hasarder sa gloire à le justifier?

CATANE.

Orbassan, comme vous nous sentons votre injure;
Nous allons l'effacer au milieu des combats.
Le crime rompt l'hymen : oubliez la parjure.
Son supplice vous venge, et ne vous flétrit pas.

ORBASSAN.

Il me consterne, au moins... et coupable ou fidèle,
Sa main me fut promise... On approche... c'est elle
Qu'au séjour des forfaits conduisent des soldats...
Cette honte m'indigne autant qu'elle m'offense :
Laissez-moi lui parler.

SCÈNE V.

LES CHEVALIERS, *sur le devant;* AMÉNAÏDE, *au fond, entourée de gardes.*

AMÉNAÏDE, *dans le fond.*
O céleste puissance!
Ne m'abandonnez point dans ces moments affreux.
Grand Dieu! vous connaissez l'objet de tous mes vœux,
Vous connaissez mon cœur : est-il donc si coupable?

CATANE.
Vous voulez voir encor cet objet condamnable?

ORBASSAN.
Oui, je le veux.

CATANE.
Sortons. Parlez-lui; mais songez
Que les lois, les autels, l'honneur sont outragés :
Syracuse à regret exige une victime.

ORBASSAN.
Je le sais comme vous : un même soin m'anime.
Eloignez-vous, soldats.

SCÈNE VI.

AMÉNAÏDE, ORBASSAN.

AMÉNAÏDE.
Qu'osez-vous attenter?
A mes derniers moments venez-vous insulter?

ORBASSAN.
Ma fierté jusque-là ne peut-être avilie.

ACTE II, SCÈNE VI.

Je vous donnais ma main, je vous avais choisie;
Peut-être l'amour même avait dicté ce choix.
Je ne sais si mon cœur s'en souviendrait encore,
Ou s'il est indigné d'avoir connu ses lois;
Mais il ne peut souffrir ce qui le déshonore.
Je ne veux point penser qu'Orbassan soit trahi
Pour un chef étranger, pour un chef ennemi,
Pour un de ces tyrans que notre culte abhorre :
Ce crime est trop indigne, il est trop inouï;
Et pour vous, pour l'Etat, et surtout pour ma gloire,
Je veux fermer les yeux, et prétends ne rien croire.
Syracuse aujourd'hui voit en moi votre époux;
Ce titre me suffit, je me respecte en vous :
Ma gloire est offensée, et je prends sa défense.
Les lois des chevaliers ordonnent ces combats;
Le jugement de Dieu (1) dépend de notre bras;
C'est le glaive qui juge, et qui fait l'innocence.
Je suis prêt.

AMÉNAÏDE.

Vous?

ORBASSAN.

Moi seul; et j'ose me flatter
Qu'après cette démarche, après cette entreprise
(Qu'aux yeux de tout guerrier mon honneur autorise),
Un cœur qui m'était dû me saura mériter.
Je n'examine point si votre ame surprise
Ou par mes ennemis, ou par un séducteur,
Un moment aveuglée, eut un moment d'erreur,

---

(1) On sait assez qu'on appelait ces combats *le jugement de Dieu*.

TANCRÈDE.

Si votre aversion fuyait mon hyménée.
Les bienfaits peuvent tout sur une ame bien née;
La vertu s'affermit par un remords heureux.
Je suis sûr, en un mot, de l'honneur de tous deux.
Mais ce n'est point assez : j'ai le droit de prétendre
(Soit fierté, soit amour) un sentiment plus tendre.
Les lois veulent ici des serments solennels;
J'en exige un de vous, non tel que la contrainte
En dicte à la faiblesse, en impose à la crainte,
Qu'en se trompant soi-même on prodigue aux autels :
A ma franchise altière il faut parler sans feinte;
Prononcez. Mon cœur s'ouvre, et mon bras est armé:
Je puis mourir pour vous; mais je dois être aimé.

AMÉNAÏDE.

Dans l'abîme effroyable où je suis descendue,
A peine avec horreur à moi-même rendue,
Cet effort généreux, que je n'attendais pas,
Porte le dernier coup à mon ame éperdue,
Et me plonge au tombeau qui s'ouvrait sous mes pas.
Vous me forcez, Seigneur, à la reconnaissance;
Et tout près du sépulcre, où l'on va m'enfermer,
Mon dernier sentiment est de vous estimer.

Connaissez-moi; sachez que mon cœur vous offense;
Mais je n'ai point trahi ma gloire et mon pays :
Je ne vous trahis point; je n'avais rien promis.
Mon ame envers la vôtre est assez criminelle;
Sachez qu'elle est ingrate, et non pas infidèle...
Je ne peux vous aimer; je ne peux à ce prix
Accepter un combat pour ma cause entrepris.
Je sais de votre loi la dureté barbare,

Celle de mes tyrans, la mort qu'on me prépare.
Je ne me vante pas du fastueux effort
De voir sans m'alarmer les apprêts de ma mort...
Je regrette la vie... elle dut m'être chère.
Je pleure mon destin, je gémis sur mon père ;
Mais, malgré ma faiblesse, et malgré mon effroi,
Je ne puis vous tromper : n'attendez rien de moi.
Je vous parais coupable après un tel outrage ;
Mais ce cœur, croyez-moi, le serait davantage,
Si jusqu'à vous complaire il pouvait s'oublier.
Je ne veux (pardonnez à ce triste langage)
De vous pour mon époux, ni pour mon chevalier.
J'ai prononcé ; jugez, et vengez votre offense *.

ORBASSAN.

Je me borne, Madame, à venger mon pays,
A dédaigner l'audace, à braver le mépris,
A l'oublier. Mon bras prenait votre défense :
Mais, quitte envers ma gloire, aussi-bien qu'envers vous
Je ne suis plus qu'un juge à son devoir fidèle,
Soumis à la loi seule, impassible comme elle,
Et qui ne doit sentir ni regrets, ni courroux.

SCÈNE VII.

AMÉNAÏDE ; *Soldats, dans l'enfoncement.*

AMÉNAÏDE.

J'ai donc dicté l'arrêt... et je me sacrifie !...
O toi, seul des humains qui méritas ma foi,

---

* Var. *Punissez ma franchise et vengez votre offense.*

Toi, pour qui je mourrai, pour qui j'aimais la vie,
Je suis donc condamnée!... Oui, je le suis pour toi;
Allons... je l'ai voulu... Mais tant d'ignominie,
Mais un père accablé, dont les jours vont finir!
Des liens, des bourreaux... ces apprêts d'infamie!
O mort! affreuse mort! puis-je vous soutenir?
Tourments, trépas honteux... tout mon courage cède...
Non, il n'est point de honte en mourant pour Tancrède.
On peut m'ôter le jour, et non pas me punir.
Quoi! je meurs en coupable!... un père! une patrie!
Je les servais tous deux, et tous deux m'ont flétrie!
Et je n'aurai pour moi, dans ces moments d'horreur,
Que mon seul témoignage, et la voix de mon cœur!
(*A Fanie qui entre.*)
Quels moments pour Tancrède! O ma chère Fanie!
(*Fanie lui baise la main en pleurant, et Aménaïde l'embrasse.*)
La douceur de te voir ne m'est donc point ravie!

FANIE.
Que ne puis-je avant vous expirer en ces lieux!
AMÉNAÏDE.
Ah!... je vois s'avancer ces monstres odieux...
(*Les gardes qui étaient dans le fond, s'avancent pour l'emmener.*)
Porte un jour au héros à qui j'étais unie
Mes derniers sentiments, et mes derniers adieux,
Fanie... il apprendra si je mourus fidèle.
Je coûterai du moins des larmes à ses yeux;
Je ne meurs que pour lui!... ma mort est moins cruelle.

FIN DU SECOND ACTE.

ACTE TROISIÈME.

SCÈNE I.

TANCRÈDE, *suivi de deux écuyers qui portent sa lance, son écu,* etc. ALDAMON.

TANCRÈDE.

A tous les cœurs bien nés que la patrie est chère !
Qu'avec ravissement je revois ce séjour !
Cher et brave Aldamon, digne ami de mon père,
C'est toi dont l'heureux zèle a servi mon retour.
Que Tancrède est heureux ! que ce jour m'est prospère !
Tout mon sort est changé. Cher ami, je te dois
Plus que je n'ose dire, et plus que tu ne crois.

ALDAMON.

Seigneur, c'est trop vanter mes services vulgaires ;
Et c'est trop relever un sort tel que le mien :
Je ne suis qu'un soldat, un simple citoyen...

TANCRÈDE.

Je le suis comme vous : les citoyens sont frères.

ALDAMON.

Deux ans dans l'Orient sous vous j'ai combattu ;
Je vous vis effacer l'éclat de vos ancêtres ;
J'admirai d'assez près votre haute vertu :
C'est-là mon seul mérite. Élevé par mes maîtres,
Né dans votre maison, je vous suis asservi.
Je dois...

TANCRÈDE.

Vous ne devez être que mon ami.
Voilà donc ces remparts que je voulais défendre,
Ces murs toujours sacrés pour le cœur le plus tendre,
Ces murs qui m'ont vu naître, et dont je suis banni !
 Apprends-moi dans quels lieux respire Aménaïde.

ALDAMON.

Dans ce palais antique où son père réside ;
Cette place y conduit : plus loin vous contemplez
Ce tribunal auguste, où l'on voit assemblés
Ces vaillants chevaliers, ce sénat intrépide,
Qui font les lois du peuple et combattent pour lui,
Et qui vaincraient toujours le Musulman perfide,
S'ils ne s'étaient privés de leur plus grand appui.
Voilà leurs boucliers, leurs lances, leurs devises,
Dont la pompe guerrière annonce aux nations
La splendeur de leurs faits, leurs nobles entreprises.
Votre nom seul ici manquait à ces grands noms.

TANCRÈDE.

Que ce nom soit caché, puisqu'on le persécute ;
Peut-être en d'autres lieux il est célèbre assez.

(*A ses écuyers.*)

Vous, qu'on suspende ici mes chiffres effacés ;
Aux fureurs des partis qu'ils ne soient plus en butte ;
Que mes armes sans faste, emblème des douleurs,
Telles que je les porte au milieu des batailles,
Ce simple bouclier, ce casque sans couleurs,
Soient attachés sans pompe à ces tristes murailles.

(*Les écuyers suspendent ses armes aux places vides, au milieu des autres trophées.*)

Conservez ma devise, elle est chère à mon cœur;
Elle a dans mes combats soutenu ma vaillance,
Elle a conduit mes pas et fait mon espérance;
Les mots en sont sacrés : c'est *l'amour et l'honneur.*

Lorsque les chevaliers descendront dans la place,
Vous direz qu'un guerrier, qui veut être inconnu,
Pour les suivre aux combats dans leurs murs est venu,
Et qu'à les imiter il borne son audace.
(*A Aldamon.*)
Quel est leur chef, ami?

ALDAMON.

Ce fut depuis trois ans,
Comme vous l'avez su, le respectable Argire.

TANCRÈDE, *à part.*

Père d'Aménaïde!...

ALDAMON.

On le vit trop long-temps
Succomber au parti dont nous craignons l'empire.
Il reprit à la fin sa juste autorité :
On respecte son rang, son nom, sa probité;
Mais l'âge l'affaiblit. Orbassan lui succède.

TANCRÈDE.

Orbassan! l'ennemi, l'oppresseur de Tancrède!
Ami, quel est le bruit répandu dans ces lieux?
Ah! parle; est-il bien vrai que cet audacieux
D'un père trop facile ait surpris la faiblesse,
Que de son alliance il ait eu la promesse,
Que sur Aménaïde il ait levé les yeux,
Qu'il ait osé prétendre à s'unir avec elle?

ALDAMON.

Hier confusément j'en appris la nouvelle.
Pour moi, loin de la ville, établi dans ce fort
Où je vous ai reçu, grâce à mon heureux sort,
A mon poste attaché, j'avoûrai que j'ignore
Ce qu'on a fait depuis dans ces murs que j'abhorre :
On vous y persécute; ils sont affreux pour moi.

TANCRÈDE.

Cher ami, tout mon cœur s'abandonne à ta foi ;
Cours chez Aménaïde, et parais devant elle :
Dis-lui qu'un inconnu, brûlant du plus beau zèle
Pour l'honneur de son sang, pour son auguste nom,
Pour les prospérités de sa noble maison,
Attaché dès l'enfance à sa mère, à sa race,
D'un entretien secret lui demande la grâce.

ALDAMON.

Seigneur, dans sa maison j'eus toujours quelque accès;
On y voit avec joie, on accueille, on honore
Tous ceux qu'à votre nom le zèle attache encore.
Plût au Ciel qu'on eût vu le pur sang des Français
Uni dans la Sicile au noble sang d'Argire !
Quelque soit le dessein, Seigneur, qui vous inspire,
Puisque vous m'envoyez, je réponds du succès.

SCÈNE II.

TANCRÈDE, ses Écuyers, *au fond.*

TANCRÈDE.

Il sera favorable ; et ce Ciel qui me guide,
Ce Ciel qui me ramène aux pieds d'Aménaïde,

ACTE III, SCÈNE II.

Et qui dans tous les temps accorda sa faveur
Au véritable amour, au véritable honneur,
Ce Ciel qui m'a conduit dans les tentes du Maure,
Parmi mes ennemis soutient ma cause encore.
Aménaïde m'aime ; et son cœur me répond
Que le mien dans ces lieux ne peut craindre un affront.
Loin des camps des Césars, et loin de l'Illyrie,
Je viens enfin pour elle au sein de ma patrie,
De ma patrie ingrate, et qui, dans mon malheur,
Après Aménaïde est si chère à mon cœur !
J'arrive : un autre ici l'obtiendrait de son père !
Et sa fille à ce point aurait pu me trahir !
Quel est cet Orbassan ? quel est ce téméraire ?
Quels sont donc les exploits dont il doit s'applaudir ?
Qu'a-t-il fait de si grand qui le puisse enhardir
A demander un prix qu'on doit à la vaillance,
Qui des plus grands héros serait la récompense,
Qui m'appartient du moins par les droits de l'amour ?
Avant de me l'ôter, il m'ôtera le jour.
Après mon trépas même elle serait fidèle.
L'oppresseur de mon sang ne peut régner sur elle.
Oui, ton cœur m'est connu ; je n'en redoute rien.
Ma chère Aménaïde, il est tel que le mien,
Incapable d'effroi, de crainte et d'inconstance.

SCÈNE III.

TANCRÈDE, ALDAMON.

TANCRÈDE.

Ah ! trop heureux ami, tu sors de sa présence ;
Tu vois tous mes transports ; allons, conduis mes pas.

ALDAMON.

Vers ces funestes lieux, Seigneur, n'avancez pas.

TANCRÈDE.

Que me dis-tu? les pleurs inondent ton visage!

ALDAMON.

Ah! fuyez pour jamais ce malheureux rivage.
Après les attentats que ce jour a produits,
Je n'y puis demeurer, tout obscur que je suis.

TANCRÈDE.

Comment?...

ALDAMON.

Portez ailleurs ce courage sublime:
La gloire vous attend aux tentes des Césars;
Elle n'est point pour vous dans ces affreux remparts:
Fuyez, vous n'y verriez que la honte et le crime.

TANCRÈDE.

De quels traits inouïs viens-tu percer mon cœur!
Qu'as-tu vu? que t'a dit, que fait Aménaïde?

ALDAMON.

J'ai trop vu vos desseins... Oubliez-la, Seigneur.

TANCRÈDE.

Ciel! Orbassan l'emporte! Orbassan! la perfide!
L'ennemi de son père, et mon persécuteur!

ALDAMON.

Son père a ce matin signé cet hyménée;
Et la pompe fatale en était ordonnée...

TANCRÈDE.

Et je serais témoin de cet excès d'horreur!

ALDAMON.

Votre dépouille ici leur fut abandonnée;

ACTE III, SCÈNE III.

Vos biens étaient sa dot. Un rival odieux,
Seigneur, vous enlevait le bien de vos aïeux.

TANCRÈDE.

Le lâche! il m'enlevait ce qu'un héros méprise.
Aménaïde, ô Ciel! en ses mains est remise?
Elle est à lui!

ALDAMON.

Seigneur, ce sont les moindres coups
Que le Ciel irrité vient de lancer sur vous.

TANCRÈDE.

Achève donc, cruel, de m'arracher la vie;
Achève... parle... hélas!

ALDAMON.

Elle allait être unie
Au fier persécuteur de vos jours glorieux;
Le flambeau de l'hymen s'allumait en ces lieux,
Lorsqu'on a reconnu quelle est sa perfidie :
C'est peu d'avoir changé, d'avoir trompé vos vœux,
L'infidèle, Seigneur, vous trahissait tous deux.

TANCRÈDE.

Pour qui?

ALDAMON.

Pour une main étrangère, ennemie,
Pour l'oppresseur altier de notre nation,
Pour Solamir.

TANCRÈDE.

O Ciel! ô trop funeste nom!
Solamir!... Dans Byzance il soupira pour elle :
Mais il fut dédaigné, mais je fus son vainqueur;
Elle n'a pu trahir ses serments et mon cœur.

Tant d'horreur n'entre point dans une ame si belle;
Elle en est incapable.

ALDAMON.

A regret j'ai parlé;
Mais ce secret horrible est partout révélé.

TANCRÈDE.

Ecoute; je connais l'envie et l'imposture :
Eh! quel cœur généreux échappe à leur injure!
Proscrit dès mon berceau, nourri dans le malheur,
Moi toujours éprouvé, moi qui suis mon ouvrage,
Qui d'Etats en Etats ai porté mon courage,
Qui partout de l'envie ai senti la fureur,
Depuis que je suis né, j'ai vu la calomnie
Exhaler les venins de sa bouche impunie,
Chez les républicains, comme à la cour des rois.
Argire fut long-temps accusé par sa voix;
Il souffrit comme moi : cher ami, je m'abuse,
Ou ce monstre odieux règne dans Syracuse;
Ses serpents sont nourris de ces mortels poisons,
Que dans les cœurs trompés jettent les factions.
De l'esprit de parti je sais quelle est la rage;
L'auguste Aménaïde en éprouve l'outrage.
Entrons : je veux la voir, l'entendre et m'éclairer.

ALDAMON.

Ah! Seigneur, arrêtez : il faut donc tout vous dire;
On l'arrache des bras du malheureux Argire;
Elle est aux fers.

TANCRÈDE.

Qu'entends-je?

ALDAMON.

Et l'on va la livrer,
Dans cette place même, au plus affreux supplice.
TANCRÈDE.
Aménaïde!
ALDAMON.
Hélas! si c'est une justice,
Elle est bien odieuse : on ose en murmurer,
On pleure; mais, Seigneur, on se borne à pleurer.
TANCRÈDE.
Aménaïde! ô Cieux! crois-moi, ce sacrifice,
Cet horrible attentat ne s'achèvera pas.
ALDAMON.
Le peuple au tribunal précipite ses pas;
Il la plaint, il gémit, en la nommant perfide;
Et d'un cruel spectacle indignement avide,
Turbulent, curieux avec compassion,
Il s'agite en tumulte autour de la prison.
Étrange empressement de voir des misérables!
On hâte en gémissant ces moments formidables.
Ces portiques, ces lieux que vous voyez déserts,
De nombreux citoyens seront bientôt couverts.
Éloignez-vous, venez.
TANCRÈDE.
Quel vieillard vénérable
Sort d'un temple en tremblant, les yeux baignés de pleurs?
Ses suivants consternés imitent ses douleurs.
ALDAMON.
C'est Argire, Seigneur, c'est ce malheureux père...

TANCRÈDE.
Retire-toi... surtout ne me découvre pas.
Que je le plains!

SCÈNE IV.

ARGIRE, *dans un des côtés de la scène,* TANCRÈDE, *sur le devant,* ALDAMON, *loin de lui, dans l'enfoncement.*

ARGIRE.
O Ciel! avance mon trépas.
O mort! viens me frapper; c'est ma seule prière!
TANCRÈDE.
Noble Argire, excusez un de ces chevaliers
Qui, contre le croissant déployant leur bannière,
Dans de si saints combats vont chercher des lauriers.
Vous voyez le moins grand de ces dignes guerriers.
Je venais... pardonnez... dans l'état où vous êtes,
Si je mêle à vos pleurs mes larmes indiscrètes.
ARGIRE.
Ah! vous êtes le seul qui m'osiez consoler;
Tout le reste me fuit, ou cherche à m'accabler.
Vous-même pardonnez à mon désordre extrême.
A qui parlé-je? hélas!
TANCRÈDE.
Je suis un étranger,
Plein de respect pour vous, touché comme vous-même,
Honteux et frémissant de vous interroger;
Malheureux comme vous... Ah! par pitié... de grâce,
Une seconde fois excusez tant d'audace.
Est-il vrai?... votre fille!... est-il possible?...

ARGIRE.

                                                      Hélas !
Il est trop vrai, bientôt on la mène au trépas.

TANCRÈDE.

Elle est coupable?

ARGIRE, *avec des soupirs et des pleurs.*

                    Elle est... la honte de son père.

TANCRÈDE.

Votre fille!... Seigneur, nourri loin de ces lieux,
Je pensais, sur le bruit de son nom glorieux,
Que si la vertu même habitait sur la terre,
Le cœur d'Aménaïde était son sanctuaire.
Elle est coupable! ô jour! ô détestables bords!
Jour à jamais affreux!

ARGIRE.

                      Ce qui me désespère,
Ce qui creuse ma tombe, et ce qui chez les morts
Avec plus d'amertume encor me fait descendre,
C'est qu'elle aime son crime, et qu'elle est sans remords.
Aussi nul chevalier ne cherche à la défendre.
Ils ont, en gémissant, signé l'arrêt mortel;
Et, malgré notre usage antique et solennel,
Si vanté dans l'Europe, et si cher au courage,
De défendre en champ clos le sexe qu'on outrage,
Celle qui fut ma fille à mes yeux va périr,
Sans trouver un guerrier qui l'ose secourir.
Ma douleur s'en accroît; ma honte s'en augmente:
Tout frémit, tout se tait; aucun ne se présente.

TANCRÈDE.

Il s'en présentera; gardez-vous d'en douter.

ARGIRE.

De quel espoir, Seigneur, daignez-vous me flatter?

TANCRÈDE.

Il s'en présentera, non pas pour votre fille;
Elle est loin d'y prétendre et de le mériter,
Mais pour l'honneur sacré de sa noble famille,
Pour vous, pour votre gloire, et pour votre vertu.

ARGIRE.

Vous rendez quelque vie à ce cœur abattu.
Eh! qui pour nous défendre entrera dans la lice?
Nous sommes en horreur, on est glacé d'effroi;
Qui daignera me tendre une main protectrice?
Je n'ose m'en flatter... qui combattra?

TANCRÈDE.

Qui? moi,
Moi, dis-je; et si le Ciel seconde ma vaillance,
Je demande de vous, Seigneur, pour récompense,
De partir à l'instant sans être retenu,
Sans voir Aménaïde, et sans être connu.

ARGIRE.

Ah! Seigneur, c'est le Ciel, c'est Dieu qui vous envoie.
Mon cœur triste et flétri ne peut goûter de joie;
Mais je sens que j'expire avec moins de douleur.
Ah! ne puis-je savoir à qui, dans mon malheur,
Je dois tant de respect et de reconnaissance?
Tout annonce à mes yeux votre haute naissance.
Hélas! que vois-je en vous?

TANCRÈDE.

Vous voyez un vengeur.

SCÈNE V.

ORBASSAN, ARGIRE, TANCRÈDE, CHEVALIERS, SUITE.

ORBASSAN, *à Argire.*

L'Etat est en danger; songeons à lui, Seigneur.
Nous prétendions demain sortir de nos murailles;
Nous sommes prévenus. Ceux qui nous ont trahis,
Sans doute avertissaient nos cruels ennemis.
Solamir veut tenter le destin des batailles;
Nous marcherons à lui. Vous, si vous m'en croyez,
Dérobez à vos yeux un spectacle funeste,
Insupportable, horrible à nos sens effrayés.

ARGIRE.

Il suffit, Orbassan : tout l'espoir qui me reste,
C'est d'aller expirer au milieu des combats.
(*Montrant Tancrède.*)
Ce brave chevalier y guidera mes pas;
Et, malgré les horreurs dont ma race est flétrie,
Je périrai du moins en servant ma patrie.

ORBASSAN.

Des sentiments si grands sont bien dignes de vous.
Allez, aux Musulmans portez vos derniers coups;
Mais avant tout, fuyez cet appareil barbare,
Si peu fait pour vos yeux, et déjà qu'on prépare.
On approche.

ARGIRE.

Ah! grand Dieu!

LORÉDAN.

Les regards paternels

Doivent se détourner de ces objets cruels.
Ma place me retient; et mon devoir sévère
Veut qu'ici je contienne un peuple téméraire.
L'inexorable loi ne sait rien ménager :
Tout horrible qu'elle est, je la dois protéger.
Mais vous, qui n'avez point cet affreux ministère,
Qui peut vous retenir; et qui peut vous forcer
A voir couler le sang que la loi va verser?
On vient; éloignez-vous.

TANCRÈDE, *à Argire.*

Non, demeurez, mon père.

ORBASSAN.

Et qui donc êtes-vous?

TANCRÈDE.

Votre ennemi, Seigneur,
L'ami de ce vieillard, peut-être son vengeur,
Peut-être, autant que vous, à l'Etat nécessaire.

SCÈNE VI.

La scène s'ouvre : on voit AMÉNAÏDE *au milieu des gardes;*
LES CHEVALIERS, *le Peuple remplissent la place.*

ARGIRE, *à Tancrède.*
Généreux inconnu, daignez me soutenir;
Cachez-moi ces objets... c'est ma fille elle-même.

TANCRÈDE.
Quels moments pour tous trois!

AMÉNAÏDE.

O justice suprême!
Toi qui vois le passé, le présent, l'avenir,

Tu lis seule en mon cœur, toi seule es équitable ;
Des profanes humains la foule impitoyable
Parle et juge en aveugle, et condamne au hasard.
  Chevaliers, Citoyens, vous qui tous avez part
Au sanguinaire arrêt porté contre ma vie,
Ce n'est pas devant vous que je me justifie :
Que ce Ciel qui m'entend juge entre vous et moi.
Organes odieux d'un jugement inique,
Oui, je vous outrageais, j'ai trahi votre loi ;
Je l'avais en horreur, elle était tyrannique.
Oui, j'offensais un père, il a forcé mes vœux ;
J'offensais Orbassan, qui, fier et rigoureux,
Prétendait sur mon ame une injuste puissance.
Citoyens, si la mort est due à mon offense,
Frappez ; mais écoutez : sachez tout mon malheur.
Qui va répondre à Dieu, parle aux hommes sans peur.
Et vous, mon père, et vous, témoin de mon supplice,
Qui ne deviez pas l'être, et de qui la justice
            (*Apercevant Tancrède.*)
Aurait pu... Ciel! ô Ciel! qui vois-je à ses côtés?
Est-ce lui ?... je me meurs.
        (*Elle tombe évanouie entre les gardes.*)
              TANCRÈDE.
                      Ah! ma seule présence
Est pour elle un reproche! il n'importe... arrêtez,
Ministres de la mort, suspendez la vengeance ;
Arrêtez, Citoyens, j'entreprends sa défense ;
Je suis son chevalier : ce père infortuné,
Prêt à mourir comme elle, et non moins condamné,
Daigne avouer mon bras propice à l'innocence.

TANCRÈDE.

Que la seule valeur rende ici des arrêts ;
Des dignes chevaliers c'est le plus beau partage ;
Que l'on ouvre la lice à l'honneur, au courage ;
Que les juges du camp fassent tous les apprêts.
Toi, superbe Orbassan, c'est toi que je défie ;
Viens mourir de mes mains, ou m'arracher la vie.
Tes exploits et ton nom ne sont pas sans éclat ;
Tu commandes ici, je veux t'en croire digne :
Je jette devant toi le gage du combat.

(*Il jette son gantelet sur la scène.*)

L'oses-tu relever ?

ORBASSAN.

Ton arrogance insigne
Ne mériterait pas qu'on te fît cet honneur :

(*Il fait signe à son écuyer de ramasser le gage de bataille.*)

Je le fais à moi-même ; et, consultant mon cœur,
Respectant ce vieillard qui daigne ici t'admettre,
Je veux bien avec toi descendre à me commettre,
Et daigner te punir de m'oser défier.
Quel est ton rang, ton nom ? ce simple bouclier
Semble nous annoncer peu de marques de gloire.

TANCRÈDE.

Peut-être il en aura des mains de la victoire.
Pour mon nom, je le tais, et tel est mon dessein :
Mais je te l'apprendrai les armes à la main.
Marchons.

ORBASSAN.

Qu'à l'instant même on ouvre la barrière ;
Qu'Aménaïde ici ne soit plus prisonnière
Jusqu'à l'événement de ce léger combat.

ACTE III, SCÈNE VI. 351

Vous, sachez, compagnons, qu'en quittant la carrière,
Je marche à votre tête, et je défends l'Etat.
D'un combat singulier la gloire est périssable;
Mais servir la patrie est l'honneur véritable.

TANCRÈDE.
Viens : et vous, Chevaliers, j'espère qu'aujourd'hui
L'Etat sera sauvé par d'autres que par lui.

SCÈNE VII.

ARGIRE, *sur le devant;* AMÉNAÏDE *au fond, à qui l'on a ôté les fers.*

AMÉNAÏDE, *revenant à elle.*
Ciel! que deviendra-t-il? si l'on sait sa naissance,
Il est perdu.

ARGIRE.
Ma fille...

AMÉNAÏDE, *appuyée sur Fanie, et se retournant vers son père.*

Ah! que me voulez-vous?
Vous m'avez condamnée.

ARGIRE.
O destins en courroux!
Voulez-vous, ô mon Dieu qui prenez sa défense,
Ou pardonner sa faute, ou venger l'innocence?
Quels bienfaits à mes yeux daignez-vous accorder?
Est-ce justice ou grâce? Ah! je tremble et j'espère.
Qu'as-tu fait? et comment dois-je te regarder!
Avec quels yeux, hélas!

AMÉNAÏDE.
Avec les yeux d'un père.
Votre fille est encore au bord de son tombeau.
Je ne sais si le Ciel me sera favorable :
Rien n'est changé, je suis encor sous le couteau.
Tremblez moins pour ma gloire, elle est inaltérable.
Mais si vous êtes père, ôtez-moi de ces lieux;
Dérobez votre fille accablée, expirante,
A tout cet appareil, à la foule insultante
Qui sur mon infortune arrête ici ses yeux,
Observe mes affronts, et contemple des larmes,
Dont la cause est si belle... et qu'on ne connaît pas.
ARGIRE.
Viens; mes tremblantes mains rassureront tes pas.
Ciel, de son défenseur favorisez les armes,
Ou d'un malheureux père avancez le trépas!

FIN DU TROISIÈME ACTE.

ACTE QUATRIÈME.

SCÈNE I.

TANCRÈDE, LORÉDAN, CHEVALIERS.

Marche guerrière : on porte les armes de Tancrède devant lui.

LORÉDAN.

Seigneur, votre victoire est illustre et fatale ;
Vous nous avez privé d'un brave chevalier,
Dont le cœur à l'Etat se livrait tout entier,
Et de qui la valeur fut à la vôtre égale.
Ne pouvons-nous savoir votre nom, votre sort ?

TANCRÈDE, *dans l'attitude d'un homme pensif et affligé.*

Orbassan ne l'a su qu'en recevant la mort ;
Il emporte au tombeau mon secret et ma haine.
De mon sort malheureux ne soyez point en peine ;
Si je puis vous servir, qu'importe qui je sois ?

LORÉDAN.

Demeurez ignoré, puisque vous voulez l'être :
Mais que votre vertu se fasse ici connaître
Par un courage utile et de dignes exploits.
Les drapeaux du croissant dans nos champs vont paraître :
Défendez avec nous notre culte et nos lois ;
Voyez dans Solamir un plus grand adversaire :

Nous perdons notre appui, mais vous le remplacez.
Rendez-nous le héros que vous nous ravissez ;
Le vainqueur d'Orbassan nous devient nécessaire.
Solamir vous attend.

TANCRÈDE.

Oui, je vous ai promis
De marcher avec vous contre vos ennemis ;
Je tiendrai ma parole ; et Solamir peut-être
Est plus mon ennemi que celui de l'Etat.
Je le hais plus que vous ; mais, quoi qu'il en puisse être,
Sachez que je suis prêt pour ce nouveau combat.

CATANE.

Nous attendons beaucoup d'une telle vaillance ;
Attendez tout aussi de la reconnaissance
Que devra Syracuse à votre illustre bras.

TANCRÈDE.

Il n'en est point pour moi ; je n'en exige pas :
Je n'en veux point, Seigneur ; et cette triste enceinte
N'a rien qui désormais soit l'objet de mes vœux.
Si je verse mon sang, si je meurs malheureux,
Je ne prétends ici récompense, ni plainte,
Ni gloire, ni pitié. Je ferai mon devoir ;
Solamir me verra, c'est-là tout mon espoir.

LORÉDAN.

C'est celui de l'Etat : déjà le temps nous presse.
Ne songeons qu'à l'objet qui tous nous intéresse,
A la victoire ; et vous qui l'allez partager,
Vous serez averti quand il faudra vous rendre
Au poste où l'ennemi croit bientôt nous surprendre.
Dans le sang musulman tout prêts à nous plonger,

Tout autre sentiment nous doit être étranger.
Ne pensons, croyez-moi, qu'à servir la patrie.
(*Les chevaliers sortent.*)

TANCRÈDE.

Qu'elle en soit digne ou non, je lui donne ma vie.

SCÈNE II.

TANCRÈDE, ALDAMON.

ALDAMON.

Ils ne connaissent pas quel trait envenimé
Est caché dans ce cœur trop noble et trop charmé.
Mais, malgré vos douleurs, et malgré votre outrage,
Ne remplirez-vous pas l'indispensable usage
De paraître en vainqueur aux yeux de la beauté
Qui vous doit son honneur, ses jours, sa liberté,
Et de lui présenter, de vos mains triomphantes,
D'Orbassan terrassé les dépouilles sanglantes?

TANCRÈDE.

Non, sans doute, Aldamon, je ne la verrai pas.

ALDAMON.

Eh quoi! pour la servir vous cherchiez le trépas,
Et vous fuyez loin d'elle?

TANCRÈDE.

Et son cœur le mérite.

ALDAMON.

Je vois trop à quel point son crime vous irrite.
Mais pour ce crime, enfin, vous avez combattu.

TANCRÈDE.

Oui, j'ai tout fait pour elle, il est vrai, je l'ai dû.

Je n'ai pu, cher ami, malgré sa perfidie,
Supporter ni sa mort, ni son ignominie.
Et l'eussé-je aimé moins, comment l'abandonner?
J'ai dû sauver ses jours, et non lui pardonner.
Qu'elle vive, il suffit, et que Tancrède expire.
Elle regrettera l'amant qu'elle a trahi,
Le cœur qu'elle a perdu, ce cœur qu'elle déchire...
A quel excès, ô Ciel! je lui fus asservi!
Pouvais-je craindre, hélas! de la trouver parjure?
Je pensais adorer la vertu la plus pure,
Je croyais les serments, les autels moins sacrés
Qu'une simple promesse, un mot d'Aménaïde...

ALDAMON.

Tout est-il en ces lieux ou barbare ou perfide?
A la proscription vos jours furent livrés;
La loi vous persécute, et l'amour vous outrage.
Eh bien! s'il est ainsi, fuyons de ce rivage :
Je vous suis aux combats, je vous suis pour jamais,
Loin de ces murs affreux, trop souillés de forfaits.

TANCRÈDE.

Quel charme, dans son crime, à mes esprits rappelle
L'image des vertus que je crus voir en elle!
Toi, qui me fais descendre avec tant de tourment
Dans l'horreur du tombeau dont je t'ai délivrée,
Odieuse coupable... et peut-être adorée!
Toi, qui fais mon destin jusqu'au dernier moment;
Ah! s'il était possible, ah! si tu pouvais être
Ce que mes yeux trompés t'ont vu toujours paraître!
Non, ce n'est qu'en mourant que je puis l'oublier;
Ma faiblesse est affreuse... il la faut expier,

ACTE IV, SCÈNE II.

Il faut périr... mourons, sans nous occuper d'elle.

ALDAMON.

Elle vous a paru tantôt moins criminelle.
L'univers, disiez-vous, au mensonge est livré;
La calomnie y règne.

TANCRÈDE.

Ah! tout est avéré;
Tout est approfondi dans cet affreux mystère.
Solamir en ces lieux adora ses attraits;
Il demanda sa main pour le prix de la paix.
Hélas! l'eût-il osé, s'il n'avait pas su plaire?
Ils sont d'intelligence. En vain j'ai cru mon cœur,
En vain j'avais douté; je dois en croire un père :
Le père le plus tendre est son accusateur;
Il condamne sa fille; elle-même s'accuse :
Enfin mes yeux l'ont vu ce billet plein d'horreur :
« Puissiez-vous vivre en maître au sein de Syracuse,
« Et régner dans nos murs, ainsi que dans mon cœur!»
Mon malheur est certain.

ALDAMON.

Que ce grand cœur l'oublie,
Qu'il dédaigne une ingrate à ce point avilie.

TANCRÈDE.

Et pour comble d'horreur, elle a cru s'honorer!
Au plus grand des humains elle a cru se livrer!
Que cette idée encor m'accable et m'humilie!
L'Arabe impérieux domine en Italie;
Et le sexe imprudent, que tant d'éclat séduit,
Ce sexe à l'esclavage en leurs Etats réduit,
Frappé de ce respect que des vainqueurs impriment,

TANCRÈDE.

Se livre par faiblesse aux maîtres qui l'oppriment !
Il nous trahit pour eux, nous, son servile appui,
Qui vivons à ses pieds, et qui mourons pour lui !
Ma fierté suffirait, dans une telle injure,
Pour détester ma vie, et pour fuir la parjure.

SCÈNE III.

TANCRÈDE, ALDAMON, PLUSIEURS CHEVALIERS.

CATANE.

Nos chevaliers sont prêts ; le temps est précieux.

TANCRÈDE.

Oui, j'en ai trop perdu ; je m'arrache à ces lieux ;
Je vous suis, c'en est fait.

SCÈNE IV.

TANCRÈDE, AMÉNAÏDE, ALDAMON, FANIE, CHEVALIERS.

AMÉNAÏDE, *arrivant avec précipitation.*
     O mon Dieu tutélaire !
Maître de mon destin, j'embrasse vos genoux.
(*Tancrède la relève, mais en se détournant.*)
Ce n'est point m'abaisser : et mon malheureux père
A vos pieds, comme moi, va tomber devant vous.
Pourquoi nous dérober votre auguste présence ?
Qui pourra condamner ma juste impatience ?
Je m'arrache à ses bras... mais ne puis-je, Seigneur,
Me permettre ma joie, et montrer tout mon cœur ?
Je n'ose vous nommer... et vous baissez la vue...

ACTE IV, SCÈNE IV.

Ne puis-je vous revoir, en cet affreux séjour,
Qu'au milieu des bourreaux qui m'arrachaient le jour?
Vous êtes consterné... mon ame est confondue;
Je crains de vous parler... quelle contrainte, hélas!
Vous détournez les yeux... vous ne m'écoutez pas.

TANCRÈDE, *d'une voix entrecoupée.*

Retournez... consolez ce vieillard que j'honore;
D'autres soins plus pressants me rappellent encore.
Envers vous, envers lui, j'ai rempli mon devoir,
J'en ai reçu le prix... je n'ai point d'autre espoir :
Trop de reconnaissance est un fardeau peut-être;
Mon cœur vous en dégage... et le vôtre est le maître
De pouvoir à son gré disposer de son sort.
Vivez heureuse... et moi je vais chercher la mort.

SCÈNE V.

AMÉNAÏDE, FANIE.

AMÉNAÏDE.

Veillé-je? et du tombeau suis-je en effet sortie?
Est-il vrai que le Ciel m'ait rendue à la vie?
Ce jour, ce triste jour éclaire-t-il mes yeux?
Ce que je viens d'entendre, ô ma chère Fanie,
Est un arrêt de mort, plus dur, plus odieux,
Plus affreux que les lois qui m'avaient condamnée.

FANIE.

L'un et l'autre est horrible à mon ame étonnée *.

AMÉNAÏDE.

Est-ce Tancrède, ô Ciel! qui vient de me parler?

* Var. *Craint-il de s'expliquer? vous a-t-il soupçonnée?*

As-tu vu sa froideur altière, avilissante,
Ce courroux dédaigneux dont il m'ose accabler?
Fanie, avec horreur il voyait son amante!
Il m'arrache à la mort, et c'est pour m'immoler!
Qu'ai-je donc fait, Tancrède? ai-je pu vous déplaire?
FANIE.
Il est vrai que son front respirait la colère,
Sa voix entrecoupée affectait des froideurs :
Il détournait les yeux; mais il cachait ses pleurs.
AMÉNAÏDE.
Il me rebute, il fuit, me renonce et m'outrage!
Quel changement affreux a formé cet orage?
Que veut-il? quelle offense excite son courroux?
De qui dans l'univers peut-il être jaloux?
Oui, je lui dois la vie, et c'est toute ma gloire.
Seul objet de mes vœux, il est mon seul appui.
Je mourais, je le sais, sans lui, sans sa victoire;
Mais s'il sauva mes jours, je les perdais pour lui.
FANIE.
Il le peut ignorer; la voix publique entraîne :
Même en s'en défiant, on lui résiste à peine.
Cet esclave, sa mort, ce billet malheureux,
Le nom de Solamir, l'éclat de sa vaillance,
L'offre de son hymen, l'audace de ses feux,
Tout parlait contre vous, jusqu'à votre silence,
Ce silence si fier, si grand, si généreux,
Qui dérobait Tancrède à l'injuste vengeance
De vos communs tyrans armés contre vous deux.
Quels yeux pouvaient percer ce voile ténébreux?
Le préjugé l'emporte, et l'on croit l'apparence.

ACTE IV, SCÈNE V.

AMÉNAÏDE.

Lui, me croire coupable!

FANIE.

Ah! s'il peut s'abuser,
Excusez un amant.

AMÉNAÏDE, *reprenant sa fierté et ses forces.*

Rien ne peut l'excuser...
Quand l'univers entier m'accuserait d'un crime:
Sur son jugement seul un grand homme appuyé,
A l'univers séduit oppose son estime.
Il aura donc pour moi combattu par pitié!
Cet opprobre est affreux, et j'en suis accablée.
Hélas! mourant pour lui, je mourais consolée;
Et c'est lui qui m'outrage, et m'ose soupçonner!
C'en est fait, je ne veux jamais lui pardonner.
Ses bienfaits sont toujours présents à ma pensée,
Ils resteront gravés dans mon ame offensée:
Mais, s'il a pu me croire indigne de sa foi,
C'est lui qui pour jamais est indigne de moi.
Ah! de tous mes affronts c'est le plus grand peut-être.

FANIE.

Mais il ne connaît pas...

AMÉNAÏDE.

Il devait me connaître,
Il devait respecter un cœur tel que le mien;
Il devait présumer qu'il était impossible
Que jamais je trahisse un si noble lien.
Ce cœur est aussi fier que son bras invincible;
Ce cœur était en tout aussi grand que le sien,
Moins soupçonneux sans doute, et surtout plus sensible.

Je renonce à Tancrède, au reste des mortels :
Ils sont faux ou méchants; ils sont faibles, cruels,
Ou trompeurs, ou trompés; et ma douleur profonde,
En oubliant Tancrède, oublira tout le monde.

SCÈNE VI.

ARGIRE, AMÉNAÏDE, suite.

ARGIRE, *soutenu par ses écuyers.*

Mes amis, avancez, sans plaindre mes tourments :
On va combattre; allons, guidez mes pas tremblants.
Ne pourrai-je embrasser ce héros tutélaire ?
Ah! ne puis-je savoir qui t'a sauvé le jour ?

AMÉNAÏDE, *plongée dans sa douleur, appuyée d'une main sur Fanie, et se tournant à moitié vers son père.*

Un mortel autrefois digne de mon amour,
Un héros en ces lieux opprimé par mon père,
Que je n'osais nommer, que vous avez proscrit;
Le seul et cher objet de ce fatal écrit,
Le dernier rejeton d'une famille auguste,
Le plus grand des humains, hélas! le plus injuste;
En un mot, c'est Tancrède.

ARGIRE.

O Ciel! que m'as-tu dit?

AMÉNAÏDE.

Ce que ne peut cacher la douleur qui m'égare,
Ce que je vous confie en craignant tout pour lui.

ARGIRE.

Lui, Tancrède!

ACTE IV, SCÈNE VI.

AMÉNAÏDE.
Et quel autre eût été mon appui?

ARGIRE.
Tancrède qu'opprima notre sénat barbare!

AMÉNAÏDE.
Oui, lui-même.

ARGIRE.
Et pour nous il fait tout aujourd'hui!
Nous lui ravissions tout, biens, dignités, patrie :
Et c'est lui qui pour nous vient prodiguer sa vie!
O juges malheureux, qui dans nos faibles mains
Tenons aveuglément le glaive et la balance,
Combien nos jugements sont injustes et vains,
Et combien nous égare une fausse prudence!
Que nous étions ingrats! que nous étions tyrans!

AMÉNAÏDE.
Je puis me plaindre à vous, je le sais... mais, mon père,
Votre vertu se fait des reproches si grands,
Que mon cœur désolé tremble de vous en faire;
Je les dois à Tancrède.

ARGIRE.
A lui par qui je vis,
A qui je dois tes jours?

AMÉNAÏDE.
Il sont trop avilis;
Ils sont trop malheureux. C'est en vous que j'espère;
Réparez tant d'horreurs et tant de cruauté :
Ah! rendez-moi l'honneur que vous m'avez ôté.
Le vainqueur d'Orbassan n'a sauvé que ma vie;
Venez, que votre voix parle et me justifie.

ARGIRE.

Sans doute je le dois.

AMÉNAÏDE.

Je vole sur vos pas.

ARGIRE.

Demeure.

AMÉNAÏDE.

Moi rester! je vous suis aux combats.
J'ai vu la mort de près, et je l'ai vue horrible;
Croyez qu'aux champs d'honneur elle est bien moins terrible
Qu'à l'indigne échafaud où vous me conduisiez.
Seigneur, il n'est plus temps que vous me refusiez;
J'ai quelques droits sur vous; mon malheur me les donne.
Faudra-t-il que deux fois mon père m'abandonne?

ARGIRE.

Ma fille, je n'ai plus d'autorité sur toi;
J'en avais abusé, je dois l'avoir perdue.
Mais quel est ce dessein qui me glace d'effroi?
Crains les égarements de ton ame éperdue.
Ce n'est point en ces lieux, comme en d'autres climats,
Où le sexe, élevé loin d'une triste gêne,
Marche avec les héros, et s'en distingue à peine :
Et nos mœurs et nos lois ne le permettent pas.

AMÉNAÏDE.

Quelles lois! quelles mœurs, indignes et cruelles!
Sachez qu'en ce moment je suis au-dessus d'elles;
Sachez que, dans ce jour d'injustice et d'horreur,
Je n'écoute plus rien que la loi de mon cœur.
Quoi! ces affreuses lois, dont le poids vous opprime,
Auront pris dans vos bras votre sang pour victime!

Elles auront permis qu'aux yeux des citoyens
Votre fille ait paru dans d'infames liens,
Et ne permettront pas qu'aux champs de la victoire
J'accompagne mon père et défende ma gloire!
Et le sexe en ces lieux, conduit aux échafauds,
Ne pourra se montrer qu'au milieu des bourreaux!
L'injustice à la fin produit l'indépendance.
Vous frémissez, mon père; ah! vous deviez frémir
Quand, de vos ennemis caressant l'insolence,
Au superbe Orbassan vous pûtes vous unir
Contre le seul mortel qui prend votre défense,
Quand vous m'avez forcée à vous désobéir.

ARGIRE.

Va, c'est trop accabler un père déplorable;
N'abuse point du droit de me trouver coupable;
Je le suis, je le sens; je me suis condamné.
Ménage ma douleur; et si ton cœur encore
D'un père au désespoir ne s'est point détourné,
Laisse-moi seul mourir par les flèches du Maure.
Je vais joindre Tancrède, et tu n'en peux douter.
Vous, observez ses pas.

SCÈNE VII.

AMÉNAÏDE, *seule*.

Qui pourra m'arrêter?
Tancrède, qui me hais, et qui m'as outragée,
Qui m'oses mépriser après m'avoir vengée,
Oui, je veux à tes yeux combattre et t'imiter;

Des traits sur toi lancés affronter la tempête,
En recevoir les coups... en garantir ta tête;
Te rendre à tes côtés tout ce que je te doi,
Punir ton injustice en expirant pour toi;
Surpasser, s'il se peut, ta rigueur inhumaine,
Mourante entre tes bras, t'accabler de ma haine,
De ma haine trop juste, et laisser, à ma mort,
Dans ton cœur qui m'aima, le poignard du remord,
L'éternel repentir d'un crime irréparable,
Et l'amour que j'abjure, et l'horreur qui m'accable.

FIN DU QUATRIÈME ACTE.

ACTE CINQUIÈME.

SCÈNE I.

LES CHEVALIERS *et leurs Ecuyers, l'épée à la main; des Soldats portant des trophées; le Peuple dans le fond.*

LORÉDAN.

Allez, et préparez les chants de la victoire,
Peuple, au dieu des combats prodiguez votre encens;
C'est lui qui nous fait vaincre, à lui seul est la gloire.
S'il ne conduit nos coups, nos bras sont impuissants.
Il a brisé les traits; il a rompu les piéges
Dont nous environnaient ces brigands sacriléges,
De cent peuples vaincus dominateurs cruels.
Sur leurs corps tout sanglants érigez vos trophées;
Et foulant à vos pieds leurs fureurs étouffées,
Des trésors du croissant ornez nos saints autels.
Que l'Espagne opprimée, et l'Italie en cendre,
L'Egypte terrassée, et la Syrie aux fers,
Apprennent aujourd'hui comme on peut se défendre
Contre ces fiers tyrans, l'effroi de l'univers.
C'est à nous maintenant de consoler Argire;
Que le bonheur public apaise ses douleurs;
Puissions-nous voir en lui, malgré tous ses malheurs,
L'homme d'état heureux, quand le père soupire!

Mais pourquoi ce guerrier, ce héros inconnu,
A qui l'on doit, dit-on, le succès de nos armes,
Avec nos chevaliers n'est-il point revenu?
Ce triomphe à ses yeux a-t-il si peu de charmes?
Croit-il de ses exploits que nous soyons jaloux?
Nous sommes assez grands pour être sans envie.
Veut-il fuir Syracuse, après l'avoir servie?
   (*A Catane.*)
Seigneur, il a long-temps combattu près de vous :
D'où vient qu'ayant voulu courir notre fortune,
Il ne partage point l'allégresse commune?

    CATANE.

Apprenez-en la cause, et daignez m'écouter.
Quand du chemin d'Etna vous fermiez le passage,
Placé loin de vos yeux, j'étais vers le rivage
Où nos fiers ennemis osaient nous résister;
Je l'ai vu courir seul et se précipiter.
Nous étions étonnés qu'il n'eût point ce courage
Inaltérable et calme au milieu du carnage,
Cette vertu d'un chef et ce don d'un grand cœur :
Un désespoir affreux égarait sa valeur;
Sa voix entrecoupée, et son regard farouche,
Annonçaient la douleur qui troublait ses esprits.
Il appelait souvent Solamir à grands cris;
Le nom d'Aménaïde échappait de sa bouche;
Il la nommait parjure, et, malgré ses fureurs,
De ses yeux enflammés j'ai vu tomber des pleurs.
Il cherchait à mourir; et, toujours invincible,
Plus il s'abandonnait, plus il était terrible.
Tout cédait à nos coups, et surtout à son bras,

ACTE V, SCÈNE I.

Nous revenions vers vous conduits par la victoire ;
Mais lui, les yeux baissés, insensible à sa gloire,
Morne, triste, abattu, regrettant le trépas,
Il appelle en pleurant Aldamon qui s'avance ;
Il l'embrasse, il lui parle, et loin de nous s'élance
Aussi rapidement qu'il avait combattu.
C'est pour jamais, dit-il. Ces mots nous laissent croire
Que ce grand chevalier, si digne de mémoire,
Veut être à Syracuse à jamais inconnu.
Nul ne peut soupçonner le dessein qui le guide.
Mais dans le même instant je vois Aménaïde,
Je la vois éperdue au milieu des soldats,
La mort dans les regards, pâle, défigurée ;
Elle appelle Tancrède, elle vole égarée :
Son père en gémissant suit à peine ses pas.
Il ramène avec nous Aménaïde en larmes ;
C'est Tancrède, dit-il, ce héros dont les armes
Ont étonné nos yeux par de si grands exploits,
Ce vengeur de l'Etat, vengeur d'Aménaïde,
C'est lui que, ce matin, d'une commune voix
Nous déclarions rebelle, et nous nommions perfide ;
C'est ce même Tancrède exilé par nos lois.
Amis, que faut-il faire, et quel parti nous reste ?

LORÉDAN.

Il n'en est qu'un pour nous, celui du repentir.
Persister dans sa faute est horrible et funeste :
Un grand homme opprimé doit nous faire rougir.
On condamna souvent la vertu, le mérite ;
Mais quand ils sont connus, il les faut honorer.

SCÈNE II.

Les Chevaliers, ARGIRE; AMÉNAÏDE *dans l'enfoncement, soutenue par ses femmes.*

ARGIRE, *arrivant avec précipitation.*
Il les faut secourir, il les faut délivrer.
Tancrède est en péril, trop de zèle l'excite ;
Tancrède s'est lancé parmi les ennemis,
Contre lui ramenés, contre lui seul unis.
Hélas! j'accuse en vain mon âge qui me glace.
O vous, de qui la force est égale à l'audace,
Vous, qui du faix des ans n'êtes point affaiblis,
Courez tous, dissipez ma crainte impatiente ;
Courez, rendez Tancrède à ma fille innocente!
LORÉDAN.
C'est nous en dire trop ; le temps est cher, volons ;
Secourons sa valeur qui devient imprudente,
Et cet emportement que nous désapprouvons.

SCÈNE III.

ARGIRE, AMÉNAÏDE.

ARGIRE.
O Ciel! tu prends pitié d'un père qui t'adore ;
Tu m'as rendu ma fille, et tu me rends encore
L'heureux libérateur qui nous a tous vengés.
(*Aménaïde entre.*)
Ma fille, un juste espoir dans nos cœurs doit renaître.

ACTE V, SCÈNE III.

J'ai causé tes malheurs, je les ai partagés;
Je les termine enfin : Tancrède vâ paraître.
Ne puis-je consoler tes esprits affligés?

AMÉNAÏDE.

Je me consolerai quand je verrai Tancrède,
Quand ce fatal objet de l'horreur qui m'obsède
Aura plus de justice, et sera sans danger;
Quand j'apprendrai de vous qu'il vit sans m'outrager,
Et lorsque ses remords expîront mes injures.

ARGIRE.

Je ressens ton état : sans doute il doit t'aigrir.
On n'essuya jamais des épreuves plus dures.
Je sais ce qu'il en coûte, et qu'il est des blessures
Dont un cœur généreux peut rarement guérir :
La cicatrice en reste, il est vrai; mais, ma fille,
Nous avons vu Tancrède en ces lieux abhorré :
Apprends qu'il est chéri, glorieux, honoré;
Sur toi-même il répand tout l'éclat dont il brille.
Après ce qu'il a fait, il veut nous faire voir,
Par l'excès de sa gloire, et de tant de services,
L'excès où ses rivaux portaient leurs injustices.
Le vulgaire est content, s'il remplit son devoir :
Il faut plus au héros, il faut que sa vaillance
Aille au-delà du terme et de notre espérance :
C'est ce que fait Tancrède; il passe notre espoir.
Il te verra constante, il te sera fidèle.
Le peuple en ta faveur s'élève et s'attendrit;
Tancrède va sortir de son erreur cruelle;
Pour éclairer ses yeux, pour calmer son esprit,
Il ne faudra qu'un mot.

TANCRÈDE.

AMÉNAÏDE.

Et ce mot n'est pas dit.
Que m'importe à présent ce peuple et son outrage,
Et sa faveur crédule, et sa pitié volage,
Et la publique voix que je n'entendrai pas?
D'un seul mortel, d'un seul dépend ma renommée.
Sachez que votre fille aime mieux le trépas
Que de vivre un moment sans en être estimée.
Sachez (il faut enfin m'en vanter devant vous)
Que dans mon bienfaiteur j'adorais mon époux.
Ma mère, au lit de mort, a reçu nos promesses;
Sa dernière prière a béni nos tendresses;
Elle joignit nos mains, qui fermèrent ses yeux.
Nous jurâmes par elle, à la face des Cieux,
Par ses mânes, par vous, vous, trop malheureux père,
De nous aimer en vous, d'être unis pour vous plaire,
De former nos liens dans vos bras paternels.
Seigneur... les échafauds ont été nos autels.
Mon amant, mon époux cherche un trépas funeste;
Et l'horreur de ma honte est tout ce qui me reste.
Voilà mon sort.

ARGIRE.

Eh bien! ce sort est réparé,
Et nous obtiendrons plus que tu n'as espéré.

AMÉNAÏDE.

Je crains tout.

SCÈNE IV.

ARGIRE, AMÉNAÏDE, FANIE.

FANIE.
Partagez l'allégresse publique,
Jouissez plus que nous de ce prodige unique.
Tancrède a combattu : Tancrède a dissipé
Le reste d'une armée au carnage échappé.
Solamir est tombé sous cette main terrible,
Victime dévouée à notre Etat vengé,
Au bonheur d'un pays qui devient invincible,
Surtout à votre nom qu'on avait outragé.
La prompte renommée en répand la nouvelle;
Ce peuple, ivre de joie, et volant après lui,
Le nomme son héros, sa gloire, son appui,
Parle même du trône où sa vertu l'appelle.
Un seul de nos guerriers, Seigneur, l'avait suivi;
C'est ce même Aldamon qui sous vous a servi.
Lui seul a partagé ses exploits incroyables;
Et quand nos chevaliers, dans un danger si grand,
Lui sont venus offrir leurs armes secourables,
Tancrède avait tout fait; il était triomphant.
Entendez-vous ces cris qui vantent sa vaillance?
On l'élève au-dessus des héros de la France,
Des Rolands, des Lisois, dont il est descendu.
Venez de mille mains couronner sa vertu,
Venez voir ce triomphe, et recevoir l'hommage
Que vous avez de lui trop long-temps attendu.

Tout vous rit, tout vous sert, tout venge votre outrage ;
Et Tancrède à vos vœux est pour jamais rendu.

AMÉNAÏDE.

Ah ! je respire enfin ; mon cœur connaît la joie.
Ah ! mon père, adorons le Ciel qui me renvoie,
Par ces coups inouïs, tout ce que j'ai perdu.
De combien de tourments sa bonté nous délivre !
Ce n'est qu'en ce moment que je commence à vivre.
Mon bonheur est au comble ; hélas ! il m'est bien dû.
Je veux tout oublier ; pardonnez-moi mes plaintes,
Mes reproches amers, et mes frivoles craintes.
Oppresseurs de Tancrède, ennemis, citoyens,
Soyez tous à ses pieds ; il va tomber aux miens.

ARGIRE.

Oui, le Ciel pour jamais daigne essuyer nos larmes.
Je me trompe, ou je vois le fidèle Aldamon,
Qui suivait seul Tancrède, et secondait ses armes :
C'est lui, c'est ce guerrier si cher à ma maison.
De nos prospérités la nouvelle est certaine.
Mais d'où vient que vers nous il se traîne avec peine ?
Est-il blessé ? ses yeux annoncent la douleur.

SCÈNE V.

ARGIRE, AMÉNAÏDE, ALDAMON, FANIE.

AMÉNAÏDE.

Parlez, cher Aldamon ; Tancrède est donc vainqueur ?

ALDAMON.

Sans doute, il l'est, Madame.

ACTE V, SCÈNE V.

AMÉNAÏDE.

A ces chants d'allégresse,
A ces voix que j'entends, il s'avance en ces lieux?

ALDAMON.

Ces chants vont se changer en des cris de tristesse.

AMÉNAÏDE.

Qu'entends-je? Ah, malheureuse!

ALDAMON.

Un jour si glorieux
Est le dernier des jours de ce héros fidèle.

AMÉNAÏDE.

Il est mort!

ALDAMON.

La lumière éclaire encor ses yeux,
Mais il est expirant d'une atteinte mortelle;
Je vous apporte ici de funestes adieux.
Cette lettre fatale, et de son sang tracée,
Doit vous apprendre, hélas! sa dernière pensée :
Je m'acquitte, en tremblant, de cet affreux devoir.

ARGIRE.

O jour de l'infortune! ô jour du désespoir!

AMÉNAÏDE, *revenant à elle.*

Donnez-moi mon arrêt, il me défend de vivre;
Il m'est cher... O Tancrède! ô maître de mon sort!
Ton ordre, quel qu'il soit, est l'ordre de te suivre;
J'obéirai... Donnez votre lettre et la mort.

ALDAMON.

Lisez donc; pardonnez ce triste ministère.

AMÉNAÏDE.

O mes yeux! lirez-vous ce sanglant caractère?

Le pourrai-je? il le faut... c'est mon dernier effort.
(Elle lit.)
« Je ne pouvais survivre à votre perfidie;
« Je meurs dans les combats, mais je meurs par vos coups.
« J'aurais voulu, cruelle, en m'exposant pour vous,
« Vous avoir conservé la gloire avec la vie...
Eh bien, mon père !
(Elle se rejette dans les bras de Fanie.)

ARGIRE.
Enfin les destins désormais
Ont assouvi leur haine, ont épuisé leurs traits :
Nous voilà maintenant sans espoir et sans crainte.
Ton état et le mien ne permet plus la plainte.
Ma chère Aménaïde ! avant que de quitter
Ce jour, ce monde affreux que je dois détester,
Que j'apprenne du moins à ma triste patrie
Les honneurs qu'on devait à ta vertu trahie;
Que, dans l'horrible excès de ma confusion,
J'apprenne à l'univers à respecter ton nom.

AMÉNAÏDE.
Eh ! que fait l'univers à ma douleur profonde ?
Que me fait ma patrie, et le reste du monde ?
Tancrède meurt.

ARGIRE.
Je cède aux coups qui m'ont frappé.

AMÉNAÏDE.
Tancrède meurt, ô Ciel ! sans être détrompé !
Vous en êtes la cause... ah ! devant qu'il expire...
Que vois-je ? mes tyrans !

SCÈNE VI.

LORÉDAN, Chevaliers, Suite; AMÉNAÏDE, ARGIRE, FANIE, ALDAMON; TANCRÈDE, *dans le fond, porté par des soldats.*

LORÉDAN.

O malheureux Argire!
O fille infortunée! on conduit devant vous
Ce brave chevalier, percé de nobles coups.
Il a trop écouté son aveugle furie;
Il a voulu mourir, mais il meurt en héros.
De ce sang précieux versé pour la patrie
Nos secours empressés ont suspendu les flots;
Cette ame, qu'enflammait un courage intrépide,
Semble encor s'arrêter pour voir Aménaïde;
Il la nomme; les pleurs coulent de tous les yeux,
Et d'un juste remords je ne puis me défendre.

(*Pendant qu'il parle on approche lentement Tancrède vers Aménaïde, presque évanouie entre les bras de ses femmes; elle se débarrasse précipitamment des femmes qui la soutiennent, et se retournant avec horreur vers Lorédan, dit :*)

Barbares, laissez-là vos remords odieux.

(*Puis courant à Tancrède, et se jetant à ses pieds.*)

Tancrède, cher amant, trop cruel et trop tendre,
Dans nos derniers instants, hélas! peux-tu m'entendre?
Tes yeux appesantis peuvent-ils me revoir?
Hélas! reconnais-moi, connais mon désespoir.
Dans le même tombeau souffre au moins ton épouse;
C'est-là le seul honneur dont mon ame est jalouse.

Ce nom sacré m'est dû ; tu me l'avais promis ;
Ne sois point plus cruel que tous nos ennemis.
Honore d'un regard ton épouse fidèle...
(*Il la regarde.*)
C'est donc là le dernier que tu jettes sur elle !...
De ton cœur généreux son cœur est-il haï ?
Peux-tu me soupçonner ?

TANCRÈDE, *se soulevant un peu.*

Ah ! vous m'avez trahi !

AMÉNAÏDE.

Qui ! moi ? Tancrède !

ARGIRE, *se jetant aussi à genoux de l'autre côté, et
embrassant Tancrède, puis se relevant.*

Hélas ! ma fille infortunée,
Pour t'avoir trop aimé, fut par nous condamnée ;
Et nous la punissions de te garder sa foi.
Nous fûmes tous cruels envers elle, envers toi.
Nos lois, nos chevaliers, un tribunal auguste,
Nous avons failli tous ; elle seule était juste.
Son écrit malheureux qui nous avait armés,
Cet écrit fut pour toi, pour le héros qu'elle aime.
Cruellement trompé, je t'ai trompé moi-même.

TANCRÈDE.

Aménaïde... ô Ciel ! est-il vrai ? vous m'aimez !

AMÉNAÏDE.

Va, j'aurais en effet mérité mon supplice,
Ce supplice honteux dont tu m'as su tirer,
Si j'avais un moment cessé de t'adorer,
Si mon cœur eût commis cette horrible injustice.

ACTE V, SCÈNE VI.

TANCRÈDE, *en reprenant un peu de force, et élevant la voix.*

Vous m'aimez! ô bonheur plus grand que mes revers!
Je sens trop qu'à ce mot je regrette la vie.
J'ai mérité la mort; j'ai cru la calomnie.
Ma vie était horrible, hélas! et je la perds,
Quand un mot de ta bouche allait la rendre heureuse.

AMÉNAÏDE.

Ce n'est donc, juste Dieu! que dans cette heure affreuse,
Ce n'est qu'en le perdant que j'ai pu lui parler!
Ah, Tancrède!

TANCRÈDE.

Vos pleurs devraient me consoler;
Mais il faut vous quitter : ma mort est douloureuse!
Je sens qu'elle s'approche. Argire, écoutez-moi :
Voilà le digne objet qui me donna sa foi,
Voilà de nos soupçons la victime innocente;
A sa tremblante main joignez ma main sanglante :
Que j'emporte au tombeau le nom de son époux.
Soyez mon père.

ARGIRE, *prenant leurs mains.*

Hélas! mon cher fils, puissiez-vous
Vivre encore adoré d'une épouse chérie!

TANCRÈDE.

J'ai vécu pour venger ma femme et ma patrie;
J'expire entre leurs bras, digne de toutes deux,
De toutes deux aimé... j'ai rempli tous mes vœux...
Ma chère Aménaïde!...

AMÉNAÏDE.

Eh bien!

TANCRÈDE.

Gardez de suivre
Ce malheureux amant... et jurez-moi de vivre...
(Il retombe.)

CATANE.

Il expire... et nos cœurs de regrets pénétrés...
Qui l'ont connu trop tard...

AMÉNAÏDE, *se jetant sur le corps de Tancrède.*

Il meurt, et vous pleurez...
Vous, cruels, vous, tyrans, qui lui coûtez la vie !
(Elle se relève et marche.)
Que l'enfer engloutisse et vous et ma patrie !
Et ce sénat barbare, et ces horribles droits
D'égorger l'innocence avec le fer des lois !
Que ne puis-je expirer dans Syracuse en poudre,
Sur vos corps tout sanglants écrasés par la foudre !
(Elle se rejette sur le corps de Tancrède.)
Tancrède ! cher Tancrède !
(Elle se relève avec fureur.)

Il meurt, et vous vivez !
Vous vivez, je le suis... je l'entends ; il m'appelle...
Il se rejoint à moi dans la nuit éternelle.
Je vous laisse aux tourments qui vous sont réservés.
(Elle tombe dans les bras de Fanie.)

ARGIRE.

Ah ! ma fille !

AMÉNAÏDE, *égarée, et le repoussant.*

Arrêtez... vous n'êtes point mon père,
Votre cœur n'en eut point le sacré caractère :

Vous fûtes leur complice... Ah! pardonnez, hélas!
Je meurs en vous aimant... j'expire entre tes bras,
Cher Tancrède...

(Elle tombe à côté de lui.)

ARGIRE.

O ma fille! ô ma chère Fanie!
Qu'avant ma mort, hélas! on la rende à la vie.

FIN DE TANCRÈDE.

COMMENTAIRE GRAMMATICAL
DE LAHARPE,

AVEC

DES REMARQUES DE L'ÉDITEUR ACTUEL *.

ORESTE.

Acte I, scène II, page 27.

HÉLAS! vous me rendez un rayon d'espérance.

On *rend* bien l'espérance; mais *rendre un rayon* d'espérance n'est pas dans l'exacte justesse.

Acte I, scène III, page 29.

. . . . . . Laissez-vous pénétrer
A la secrète voix qui vous daigne inspirer.

Se laisser *pénétrer à la voix*, est une construction inexacte. — Il y a aussi ellipse : *la voix* est pour *l'influence de la voix*.

Acte II, scène I, page 38.

. . . . . . En quels lieux t'a conduit
Le malheur obstiné du destin qui me suit?

Peut-on dire *le malheur du destin*, comme on dit un destin malheureux ? — Le *de* a souvent un sens actif : *du* est mis ici dans ce sens.

---

* On a en général séparé ces Remarques de l'Éditeur par un tiret.

Acte II, scène v, page 48.

Ah! si j'ai quelques droits, s'il est vrai qu'il les craigne,
Dans ce sang malheureux que sa main les éteigne.

Éteigne est un terme impropre. On n'éteint point des droits.

Ibid. même page.

Que n'ai-je point tenté? que pouvais-je plus faire,
Pour fléchir, pour briser ton cruel caractère?.
Tendresse, châtiments, retour de mes bontés, etc.

Rien ne gouverne tous ces nominatifs : mais il est permis, dans un discours animé, de sous-entendre le verbe qui les régit. C'est un gallicisme.

Acte II, scène vi, page 49.

. . . . . . O Ciel! fut-il jamais pour moi,
Depuis la mort d'un père, un jour plus plein d'effroi?

Plus plein pèche contre l'euphonie.

Acte II, scène vii, page 53.

J'ai cru voir, et j'ai vu dans ses yeux interdits,
Le barbare plaisir d'avoir perdu son fils.

Interdits n'est pas le mot propre. *Yeux interdits* revient dans l'*Orphelin de la Chine,* acte IV, scène iv. — Racine a dit aussi figurément, *un visage interdit.*

Acte III, scène iv, page 59.

. . . . . . Le Ciel nous ordonne,
Que, sans peser ses droits, nous respections son trône.

Il faudrait, *le Ciel nous ordonne de respecter,* ou *le Ciel ordonne que nous respections.* Le pronom placé avant le verbe qui en régit un autre, ne doit pas être répété avec l'autre verbe.

Acte III, scène VI, pages 66-67.

Oui, ce superbe objet contre moi conjuré.....
Digne sœur d'un barbare avide de vengeance,
Je *la* mets dans vos fers.

S'il y avait cette sœur, etc., je *la* mets, la phrase serait exacte; elle ne l'est pas, parce que le pronom doit se rapporter, par la construction, à *objet*. — *Digne sœur* est explicatif et incidentel.

Acte IV, scène III, page 75.

Sers un projet plus *digne*, et mes justes efforts.

Digne ne se met ainsi dans un sens absolu qu'avec les personnes et non avec les choses; ainsi l'on dit bien un *digne magistrat*, un *digne fils;* mais on ne dit pas une *digne action*, un *digne projet*, quoiqu'on dise bien une *action indigne*, un *projet indigne:* tel est l'usage. Cette faute se trouve plusieurs fois dans Voltaire. — Une telle locution du moins est un latinisme, et le sens en est clair.

Acte V, scène II, page 88.

Tant *aux cœurs* des humains la justice et les lois,
Même *aux plus* endurcis, font entendre leur voix!

Cela paraît former deux régimes : mais *aux cœurs* est mis ici pour *dans les cœurs*.

Acte V, scène VI, page 94.

Tout ce qui dut servir, s'est tourné contre nous.

Ce verbe *servir* demande ici un régime.

CATILINA.

Acte I, scène II, page 139.

SA faiblesse a tremblé d'offenser son parti.

Pour, *faible il a tremblé d'offenser son parti*. — La personnification n'a plus lieu ici avec le pronom *sa*.

Acte I, scène VI, page 151.

Si quelque rejeton de nos derniers tyrans,
N'allumait en secret des feux plus dévorants?

Un *rejeton qui allume des feux*, ce sont-là des métaphores incohérentes.

Acte II, scène III, page 161.

Il avait une armée, et j'en forme aujourd'hui.

Grammaticalement il fallait, *j'en forme une*.

Acte II, scène VI, page 165.

De ce signal terrible allumez les flambeaux.

Termes impropres, pour dire, *allumez les flambeaux pour signal*.

Acte III, scène II, page 172.

C'est donc là ce grand cœur, *et* qui me fut soumis?

La conjonction est de trop. — Ou bien il faudrait que *grand* eût pu se mettre après *cœur*.

Acte IV, scène I, page 181.

Dans d'impuissants travaux sans relâche occupé.

On dit *occupé de travaux*, et non *dans des travaux*.

Acte V, scène I, page 198.

Catilina, pour nous, serait moins tyrannique.

Tyrannique ne se dit que des choses et non pas des personnes. — L'adjectif dérivé d'un substantif personnel, n'est plus que le qualificatif de la chose. Il en est de même d'*héroïque*, qu'on emploie par abus en parlant des personnes.

Ibid. page 200.

. . . . . . Pensez-vous nous instruire
Que ce peuple insensé s'obstine à nous détruire?

Nous instruire que est contraire à la syntaxe. Il fallait, *nous apprendre que*.

. . . . . . qui n'est informé
Combien, etc.

Est une faute à-peu-près semblable.

Acte V, scène III, page 204.

Qui du crime à la terre a donné des exemples,
S'il eût aimé la gloire, eût mérité des temples.

— Qui, employé absolument pour celui qui, avec le pronom *il*, est une licence.

L'ORPHELIN DE LA CHINE.

Acte I, scène I, page 225.

Une ombre de respect pour son saint ministère,
Peut-être adoucira ces vainqueurs forcenés.

On dit sans doute une ombre de respect... mais il faut qu'il n'y ait point de disconvenances entre le mot *ombre* et le verbe qui suit : or une ombre *n'adoucit point*.

Acte I, scène III, page 229.

Gengis-Kan, que le Ciel envoya pour détruire...
Vient toujours implacable, et toujours indigné.

Le premier et le plus fort des deux adjectifs suffisait.

Acte I, scène V, page 231.

Non, je n'y puis penser sans des torrents de larmes.

Ellipse pour dire *sans verser*, etc. Cette figure n'est-elle pas un peu trop hasardée? — Cela peut être : mais le verbe sous-entendu est facile à suppléer.

Acte I, scène VI, page 234.

Nous remettrons bientôt au chef de la Corée,
Ce tendre rejeton d'une tige adorée.
Il peut ravir du moins à nos cruels vainqueurs,
Ce malheureux enfant, l'objet de leurs terreurs.

Le pronom *il* se rapporte, par la construction, à l'*orphelin*, à ce *tendre rejeton*, et par le sens au chef de la Corée.

Acte III, scène III, page 254.

Ce dépôt respectable à tout autre qu'à vous.

Voilà encore la particule *à* mise à la place de *pour*; ce qui semble devoir être permis en poésie.

Acte III, scène V, page 260.

Elle est prête à périr auprès de son époux,
Plutôt que découvrir l'asile impénétrable, etc.

Il faut, pour la syntaxe, *plutôt que de*, etc.

Acte III, scène VI, page 261.

... Vous commandiez que notre vigilance,
Aux mains d'Idamé même enlevât son enfance.

Vigilance n'est pas le mot propre. — D'ailleurs, le pronom *notre* détruit la personnification du mot *vigilance*, pris ici figurément.

Acte IV, scène IV, page 268.

Je vais, si je le puis, reprendre mes esprits ;
Et quand je répondrai, vous serez plus surpris.

Plus *surpris que moi*, sans doute : mais l'ellipse rend le vers obscur.

Ibid. page 270.

De ce faible triomphe il serait moins flatté
Qu'indigné de l'outrage à ma fidélité.

Cette ellipse pour, *l'outrage fait*, etc., ne peut être blâmée, sa construction étant claire et naturelle.

Acte V, scène I, page 277.

Et des enfants du Nord la horde ensanglantée,
Aux fers dont je sortais m'a soudain rejetée.

On dit *mis aux fers*, mais non *jeté* et *rejeté dans les fers*.

Ibid. page 279.

Et vous doutez encor d'asservir ses fureurs ?

On ne dit point *douter de faire*, mais *douter si l'on fera*. (Vous doutez encore si vous asservirez.)

Ibidem.

Ce lion subjugué, qui rugit dans sa chaîne,
S'il ne vous aimait pas, parlerait moins de haine.

Après avoir mis *ce lion qui rugit*, est-ce suivre la métaphore, que de mettre *parlerait*?

Acte V, scène IV, page 282.

. . . . . . C'est la grâce dernière
Que j'ose demander à la main meurtrière
Dont j'espérais en vain fléchir la cruauté.

On ne demande point *une grâce à une main*, et l'on ne fléchit point *la cruauté d'une main*. Employer la partie pour le tout n'est permis que quand elle ne blesse point l'analogie.

Acte V, scène IV, page 282.

Éteignez dans mon sang votre inhumanité.

Éteindre l'inhumanité, terme impropre.

Acte V, scène VI, page 289.

Quel est ce nouveau trait de l'inhumanité?

Trait d'inhumanité serait plus exact.

Ibid. page 290.

Je fus un conquérant, vous m'avez fait un roi.

Vers beau et incorrect. Il faut, *vous m'avez fait roi*, ou *vous avez fait de moi un roi*.

TANCRÈDE.

Acte I, scène I, page 303.

Qui daignez, par égard au déclin de mes ans.

Par égard au déclin, etc., n'est ni élégant, ni correct.

Ibid. page 304.

Que de notre union l'État puisse renaître.

L'expression est un peu outrée. Le *bonheur*, ou le *repos*, ou la *gloire* de l'État eussent été plus justes.

Ibid. page 305.

Aujourd'hui, l'un par l'autre il faut nous protéger.

Par est de trop. *Nous protéger l'un l'autre* est la construction naturelle.

Acte I, scène I, page 307.

Un sexe dangereux, dont les faibles esprits
D'un peuple encor plus faible attirent les hommages.

Cela manque de justesse. Ce ne sont point les *faibles esprits* du sexe qui *attirent les hommages.*

Ibid. page 308.

Du vaillant Orbassan c'est le juste partage,
Sa dot, sa récompense.

On ne dote point un homme. Quand Sémiramis dit, *pour dot je lui donne le monde,* elle parle d'elle-même : *pour dot* veut dire, *pour ma dot.*

Acte I, scène III, page 312.

.... Ces longs débats qui troublèrent vos jours,
Grâce à votre sagesse, ont terminé leur cours.

On dit bien *terminer le cours des débats,* mais on ne dit point, *les débats ont terminé leur cours.*

Acte I, scène IV, page 316.

...... Des citoyens ingrats,
Pour ce fier Orbassan contre vous s'animèrent.

S'animèrent pour, est un terme impropre.

Ibidem, même page.

...... Et *devant* que je meure
Consolez mes vieux ans.

C'est une faute contre la langue. Il faut *avant que.*

Ibid. page 317.

Mais qui peut altérer vos bontés paternelles?
— Vous seule, vous, ma fille, en abusant trop d'*elles.*

On a déjà remarqué qu'*elle* ne se mettait que pour les personnes.

Acte II, scène I, page 324.

Il y va de la vie à qui le veut enfreindre (l'arrêt).
Il faudrait, *pour qui.*

Acte III, scène I, page 336.

Que ce nom soit caché, puisqu'on le persécute ;
Peut-être en d'autres lieux il est célèbre assez.

Pour *assez célèbre.* L'inversion est inusitée.

Acte III, scène V, page 347.

. . . . Et déjà qu'on prépare.

Pour, *et que déjà l'on prépare.* L'inversion est un peu dure.

Acte IV, scène II, page 356.

Et l'eussé-je aimé moins, comment l'abandonner ?

Il faut pour l'exactitude, *l'eussé-je aimée.* C'est la mesure qui a fait déroger le poète à la règle grammaticale.

Acte V, scènes I et II, pages 369-370.

On condamna souvent la vertu, le mérite ;
Mais quand ils sont connus, il les faut honorer.
(*Argire.*) Il *les* faut secourir, il *les* faut délivrer.

Les par la construction se rapporte à la *vertu* et au *mérite* : mais par le sens, il se rapporte à Tancrède et aux chevaliers en péril.

FIN DU COMMENTAIRE GRAMMATICAL DU QUATRIÈME VOLUME.

TABLE DES PIÈCES

CONTENUES

DANS CE VOLUME.

ORESTE, tragédie.................Pag. 1
    Avertissement............................ 3
    Épître à madame la duchesse du Maine.......... 5
    Extrait de la Dissertation sur les Tragédies qui ont paru sur le sujet d'*Électre*, et en particulier sur celle de Voltaire..................... 103
CATILINA, ou ROME SAUVÉE, tragédie............ 123
    Préface................................ 125
L'ORPHELIN DE LA CHINE, tragédie............ 209
    Épître dédicatoire à M. le maréchal duc de Richelieu. 211
TANCRÈDE, tragédie........................ 293
    Épître dédicatoire à madame la marquise de Pompadour................................ 295
COMMENTAIRE GRAMMATICAL............ 382

FIN DE LA TABLE.

L.-É. HERHAN, IMPRIMEUR-STÉRÉOTYPE,
RUE TRAÎNÉE, N° 15, PRÈS DE SAINT-EUSTACHE.

www.ingramcontent.com/pod-product-compliance
Lightning Source LLC
Chambersburg PA
CBHW052040230426
43671CB00011B/1732